国家社会科学基金项目（10XMZ0054）

民族地区女性农民工返乡创业问题研究

李 玫◎著

中国社会科学出版社

图书在版编目（CIP）数据

民族地区女性农民工返乡创业问题研究／李玫著 .—北京：中国社会科学出版社，2014.12

ISBN 978 - 7 - 5161 - 5319 - 2

Ⅰ.①民… Ⅱ.①李… Ⅲ.①民族地区—女性—民工—劳动就业—研究—中国 Ⅳ.①D669.2

中国版本图书馆 CIP 数据核字 (2014) 第 308890 号

出 版 人	赵剑英
责任编辑	刘志兵
责任校对	芦 苇
责任印制	李寡寡

出 版	中国社会科学出版社
社 址	北京鼓楼西大街甲 158 号
邮 编	100720
网 址	http：//www.csspw.cn
发 行 部	010 - 84083685
门 市 部	010 - 84029450
经 销	新华书店及其他书店

印刷装订	北京金瀑印刷有限责任公司
版 次	2014 年 12 月第 1 版
印 次	2014 年 12 月第 1 次印刷

开 本	880×1230 1/32
印 张	9.75
插 页	2
字 数	244 千字
定 价	36.00 元

凡购买中国社会科学出版社图书，如有质量问题请与本社联系调换
电话：010 - 84083683
版权所有 侵权必究

目　录

前言 …………………………………………………………（1）

第一章　绪论 ……………………………………………（1）
　第一节　研究背景 ……………………………………（1）
　第二节　研究意义 ……………………………………（5）
　　一　从解决剩余劳动力以及丰富产业结构的
　　　　角度来看 ………………………………………（5）
　　二　从创业带动就业以及促进女性发展的
　　　　角度来看 ………………………………………（10）
　第三节　基本概念界定 ………………………………（12）
　　一　民族地区界定 ………………………………（12）
　　二　女性返乡农民工定义 ………………………（14）
　　三　农民工创业类型、含义 ……………………（15）
　　四　女性农民工创业定义 ………………………（17）

第二章　研究综述与研究方法 …………………………（20）
　第一节　研究综述 ……………………………………（20）
　　一　国内外相关研究现状 ………………………（22）
　　二　研究文献简评 ………………………………（26）

三　民族地区女性农民工创业研究的理论基础 …………（27）
　　四　国外政策启示 ………………………………………（30）
　第二节　研究方法与资料来源 ………………………………（34）
　　一　研究方法 ……………………………………………（34）
　　二　资料来源 ……………………………………………（35）

第三章　民族地区外出务工女性农民工春节返乡概况及变动趋势 ……………………………………（51）

　第一节　外出务工动因 ………………………………………（52）
　第二节　春节返乡规模 ………………………………………（52）
　第三节　返乡总体状况 ………………………………………（53）
　　一　统计特征 ……………………………………………（53）
　　二　经济特征 ……………………………………………（54）
　第四节　返乡原因构成 ………………………………………（55）
　第五节　部分人不再外出原因 ………………………………（56）
　第六节　有创业打算者比例 …………………………………（57）
　第七节　返乡变动趋势 ………………………………………（58）
　　一　春节后计划明确 ……………………………………（59）
　　二　创业意向者大幅减少 ………………………………（59）
　　三　创业意向趋于实际 …………………………………（59）
　小结 ……………………………………………………………（60）

第四章　民族地区女性农民工返乡创业现状 ……………（62）

　第一节　创业现状 ……………………………………………（63）
　　一　总体特征 ……………………………………………（63）
　　二　创业特点 ……………………………………………（66）
　　三　创业动机 ……………………………………………（70）

第二节 与其他创业总体的比较 ……………………（72）
　　一　与民族地区农民工男性比 ……………………（72）
　　二　与经济发达地区农民工女性比 ………………（73）
　　三　与国外女性比 …………………………………（76）
第三节 创业成功者的个人特征 ……………………（78）
　　一　坚韧不拔，独立性、目标性超强 ……………（78）
　　二　重视家庭和谐及良好的人际关系 ……………（80）
　　三　对创业持较谨慎的态度 ………………………（82）
第四节 创业起到的作用 ……………………………（84）
　　一　增加了经济收入，带动了一批身边的人 ……（85）
　　二　扩展了就业渠道，取得了一定的社会效益 …（86）
　　三　发展各种产业，促进了当地产业结构的调整 …（89）
第五节 创业者的自我评价 …………………………（90）
　　一　自认创业成功的评价 …………………………（91）
　　二　自认创业不太成功的评价 ……………………（92）
第六节 目前民族地区创业环境 ……………………（93）
　　一　国家采取的扶持政策 …………………………（93）
　　二　各地政府制定的主要政策 ……………………（94）
　　三　目前民族地区创业环境 ………………………（98）
第七节 创业对就业的促进功能 ……………………（102）

第五章　民族地区返乡女性农民工的创业态度及心理预期 …………………………………（105）

第一节 创业态度 ……………………………………（105）
　　一　对创业的关注与认知 …………………………（105）
　　二　创业意愿以及倾向 ……………………………（110）
　　三　创业的困惑以及心态 …………………………（112）

第二节 心理预期 ………………………………… (114)
　一 自我创业预期 ………………………………… (114)
　二 创业政策预期 ………………………………… (119)

第六章 影响民族地区女性农民工创业决策的因素分析 ………………………………… (122)
第一节 影响因素理论分析 ………………………………… (124)
　一 微观因素层面 ………………………………… (124)
　二 中观因素层面 ………………………………… (125)
　三 宏观因素层面 ………………………………… (126)
第二节 影响因素实证分析 ………………………………… (127)
　一 统计调查与数据预备 ………………………………… (128)
　二 假设变量及其赋值 ………………………………… (129)
　三 统计模型选择 ………………………………… (132)
　四 统计模型估计 ………………………………… (133)
第三节 影响因素分析总结 ………………………………… (146)
　一 微观因素的影响及案例启示 ………………………………… (146)
　二 中观因素的影响及案例启示 ………………………………… (149)
　三 宏观因素的影响及案例启示 ………………………………… (152)

第七章 民族地区女性农民工的创业困境与发展障碍 … (157)
第一节 创业困境 ………………………………… (157)
　一 创业基础——条件受限 ………………………………… (159)
　二 微观层面——素质偏低 ………………………………… (169)
　三 中观层面——社会网络狭窄 ………………………………… (179)
　四 宏观层面——创业环境制约 ………………………………… (181)
第二节 发展障碍 ………………………………… (188)

一　性别角色认知观念传统 ………………………（189）
　　二　创业环境不够完善 ……………………………（193）
　　三　地方创业氛围不足 ……………………………（198）
　　四　民族区域市场经济发育不成熟 ………………（202）

第八章　对策建议与可行思路 ………………………（206）
　第一节　构建民族地区女性农民工创业的理论框架 …（207）
　　一　完善国家、地方创业政策体系 ………………（207）
　　二　建立健全地方创业机制 ………………………（209）
　　三　借鉴案例 ………………………………………（212）
　第二节　构建适合民族地区女性的创业模式 …………（216）
　　一　根据不同层次人力资源建立不同的创业模式 …（216）
　　二　政策导向目标群体应以"80后"为主，兼顾
　　　　部分"70后" ……………………………………（217）
　第三节　努力改善创业者资金条件 ……………………（218）
　　一　充分利用小额信贷 ……………………………（220）
　　二　全力提高农村信用社的融资功能 ……………（222）
　　三　积极扩展小额信贷资金扶持模式 ……………（225）
　　四　加强现行扶贫政策与创业政策的融合 ………（227）
　第四节　大力促进个人人力资本积累 …………………（228）
　　一　加强正规教育 …………………………………（229）
　　二　注重扩大农村女性的认知面 …………………（239）
　第五节　积极拓宽女性农民工社会网络 ………………（242）
　　一　拓宽社会网络的需求性与必要性 ……………（245）
　　二　搭建服务平台确立长效机制的需求性
　　　　与必要性 ………………………………………（247）
　第六节　加快民族区域经济发展 ………………………（248）

第七节　努力营造良好的创业氛围 …………………（253）

结束语 ……………………………………………（255）

主要参考文献 ……………………………………（259）

附录 ………………………………………………（268）

前　言

"民族地区女性农民工返乡创业问题研究"是 2010 年 8 月立项的国家社科基金项目,已于 2013 年 3 月以"研究报告"的形式结项,鉴定等级为"良好"。

遵照全国哲学社会科学规划办公室扩大基金项目影响,更好地推动学术发展,促进成果转化的要求,该项目成果根据评审专家的建议,进行了修改完善,于 2014 年正式出版。

经济发展不平衡规律的作用,使我国不同地区的发展差距明显存在。这种差距集中表现为西部地区以及为数众多的少数民族地区迄今仍处于贫困状态。民族地区土地资源多以山地丘陵为主,平坝地较少,农村就业压力巨大。目前农村有大量的剩余劳动力,而这些剩余的劳动力中有相当部分是女性,且"80 后"新生代占据了大部分比例。由于目前民族地区因中小企业特别是乡镇企业发展较慢、城镇化水平偏低而不利于扩大劳动就业容量,更不利于女性就业,因此,部分女性外出走上了漫漫务工之路。但外出务工之路对于女性来说,存在着很多不确定性,而 2008 年底发生的金融风暴为其外出就业的机会更是增加了不确定性。大量的农民工提前返乡,其中包括部分女性农民工。就业是民生之本,没有工作的女性农民工下一步做何打算,是否有创业的想法,对创业的环境是否了解,有什么期望等,新形势提出了新课题，正是在这种背景下课题组进行了立项研究。

促进女性农民工创业并带动就业，其实是落实科学发展观和构建和谐社会的重要内容之一。无论是从促进本地区经济发展，还是从创业带动就业、减少社会矛盾、维护社会稳定，以及从促进女性发展，以此提高女性的经济地位和政治地位，激发其自立自强的信心，并促进新生代积极上进等角度而言，都有着非常重要的意义。返乡的女性农民工，尤其是新生代"80后"，因其文化基础较好，见过世面思维较活跃，有些还掌握了一些基本技能，创业的可能性比留守女性要大。因此，促进这部分女性创业并带动其他女性创业就业则更有着积极的现实意义。

美国经济学家克拉克认为，当个体的属性即身体、智力特征及社会行为方式与其在社会环境中所承担的角色发生冲突时，个体就处于社会边缘状态。而这些个体所获得的现实利益小，放弃现实利益进行创业的机会成本就小，自己创业的可能性就大，返乡女性农民工就属于这一群体。她们缺乏人力资本和社会资本，在经济社会中谈不上有什么大的发展，因此她们创业的顾虑少。而通过创业不仅能够获得收入，还能实现自我发展。只要政府提供较好的创业环境，返乡女性农民工尤其是思维活跃的新生代女性农民工，利用其意识和经验，创业率就会有所提高，并能带动部分剩余劳动力就业，从而进一步促进女性的发展。这是本课题的基本观点。

民族地区返乡女性农民工及其创业的资料、相关数据基本上没有任何部门进行过专门的统计，所以没有可借鉴的资料、数据和方法。虽然国家调查队在一些抽样点对农民工进行了监测，但指标的统计口径、性质等均与本课题有差异，且这些指标都是总体指标，没有单设女性指标，可借鉴的指标数据一点也没有，且这些监测数据只供国家相关部门参考，不对外公开。所有这些都给本课题组的研究增加了不小的难度。出于研究需要，在调查方法上，课题组采取的是在选中的调查地点进行农民工调查，而不是到有农民工的地方调查。这保证了在当地宏观情景变量以及中观结构条件下，来研究影响微观条件下的女性农民工创业的可行性。本课题的研究对象绝大多数是少数民族，据了解，有些民族不喜与陌生人打交道，也不允许陌生人进到家里面，而且民族地区农村分布较分散。针对这些民风民俗特点，本课题的调查员都是由家就在当地农村，且就住在调查点的在校大学生及硕士研究生组成，他们利用寒假在家的这段时间充分调查，以确保问卷质量。仔细筛选的较高素质、较强责任心的调查员们，经课题组针对问卷选项内容、调查方式、问卷技巧、注意事项等方面进行的专门培训以后，在较充裕的时间内以及较熟悉的环境下，以较高质量完成了信息采集任务。

国内近几年对女性创业研究较前几年更全面更丰富，但都比较宏观，而本课题是基于少数民族、女性、农民工这三者弱势叠加的具体研究。其创新与价值体现在以下几个方面：

首先，从研究方法来看，突破了以往女性创业研究中多数没有定量分析，即便是有定量分析也没有对结果做进一步的定性分析以及解释的做法，而该课题的研究采取的是定性和定量分析相结合。其次，该成果在调研中取得了大量第一手资料，其中既有创业成功、失败的案例，也有地方政府政策实施得较成功或做得不够的案例，还有创业成功与失败者的心声。通过这些案例、深入访谈以及问卷调查，了解了民族地区女性农民工成功与不成功创业者在创业过程中的感悟、期待以及对自我创业成功或者不太成功的认同，未创业者对创业以及国家与地方相关政策的态度，包括关注、认知、意愿、倾向；还了解了有创业意向者对创业的困惑、心态以及对创业的自我预期、对国家与地方政策等的预期;并利用嵌入、价值、推拉、人力资本等理论以及民族性和地域性理论,深入、系统、完整地分析了对民族地区女性农民工创业的影响因素。在创业理论上,提出了建立适合民族地区女性农民工创业的理论框架,在创业实践上,提出了适合民族地区女性创业的模式,并针对其创业发展的障碍,提出了有针对性的可供参考的建议。在学科建设上为少数民族女性返乡创业的进一步研究奠定了基础,在应用上也为地方政府以及相关部门的下一步工作提供了借鉴与思路。

本课题的研究,还是留有遗憾的。虽然如此,仍不失为目前分析较透彻、较为系统和完整的对民族地区女性农民工创业问题的研究。

第 一 章

绪 论

第一节 研究背景

经济发展不平衡规律的作用，使中国这一泱泱大国不同地区的发展差距明显存在着。这种差距集中表现为西部地区以及为数众多的少数民族地区迄今仍处于贫困状态。由此造成的民族地区女性发展很是缓慢，对其就业极为不利。就业是民生之本，民族地区经济欠发达，土地资源多以山地丘陵为主，平坝地较少，农村就业压力巨大，目前农村有大量的剩余劳动力，而这些剩余的劳动力中有相当部分是女性，且"80后"新生代占据了大部分比例。由于目前民族地区因中小企业特别是乡镇企业发展较慢、城镇化水平偏低而不利于扩大劳动就业容量，更不利于女性就业，因此，有部分女性外出走上了漫漫务工之路。但是，外出务工之路对于女性来说，存在着很多不确定性，而2008年底发生的金融风暴为外出务工的农民工女性的就业机会更是增加了不确定性。

黔东南苗族侗族自治州从2008年9月起至2009年2月有26.7万农民返乡，其中返乡女农民工达9.8万人。州妇联对其所属的从江、丹寨、麻江三县采取召开返乡女农民工座谈会、听取汇报，发放调查问卷、实地走访等方式，对返乡女农民工问题进行深入调查。调查对象大多属于低收入群体，只能维持基本生计。文化程度偏低，初中及以下学历占55%，高中或中专占40%、大专以上的占5%，受文化素质偏低制约，大多只能从事简单的体力劳动，技术含量低。调查结果显示，该州女农民工外出一般是以长江三角洲地区和珠江三角洲地区为目的地。目前女民工大量提前返乡，主要是因为企业停产、降薪、裁员，以及中央惠农政策的影响，如新的粮食补贴政策、农机具补贴政策、生猪饲养补贴政策、农牧产品保险等。这些政策对农民工有一定的吸引力，还有部分人员是正常回家过节或者是其他原因。返乡女农民工特点是：（1）年龄普遍较年轻，25岁以下的占56%，25岁至35岁的占34%；其中，未婚者占大多数，为68%。（2）文化程度偏低，初中及以下学历占55%，高中或中专占40%。（3）收入普遍较差，600—800元/月占19%，800—1000元/月占30%，1000—1200元/月占32%。（4）创业就业愿望强烈，但是缺乏就业岗位和创业资金。有37%的女农民工等待机会再次外出务工，因为务工不仅是她们增加家庭收入的重要来源，而且也是她们改变生活方式的主要手段。（5）迫切希望得到扶持，其中有34%的女农民工希望得到免费的技能培训，为再次外出务工奠定基础。27%的女农民工希望政府能提供就业机会，以解决目前无工作、无收入的现状。25%的女农民工期望政府能够给予创业政策优惠和资金扶持。在与女农民工交谈中了解到，有26%的想在本地找份工作，有20%的想在家务农，有17%的想在家创业，这部分人有一技之长，年纪相对偏大，文化程度相对要高一些，多年在外打拼积累了一些经验，回乡后想靠自己的本事立足发展。如丹寨县杨武乡朱砂村的L女士有6年在浙江大型养猪场的养猪经验，回乡后想把学到的技术用来创办一家养猪场，但缺乏资金和技术，无从着手。部分出外务工时间较长，子女较小并且有一定积蓄的年轻妇女，想自主创业。但由于没有技术支持，所以她们也不敢轻易尝试去创业。如南明镇的两户返乡女农民工家庭，妇女勤劳能干，丈夫吃苦耐劳，家庭经济条件相对较好，居住的环境非常适合发展养殖业，特别适合养猪。在与她们交谈时了解到，她们其实也有这方面的创业想法，但由于不懂养猪技术，没有学习的门路，没有技术指导，不敢冒险尝试，迫切希望得到政策扶持。

而黔东南苗族侗族自治州所属剑河县妇联2009年初对其所属12个乡镇返乡的女农民工做的调查结果显示，返乡女性农民工在外从事的职业单一，技术含量低。受文化素质偏低的制约，大部分返乡妇女在外从事的职业大都是制造业，在工厂里做的都是一些简单的手工活，技术含量较低，对返乡就业和自主创业没有什么帮助。但是她们就业创业愿望强烈，其中，22%的人想在周边城镇找份工作，这样既能挣钱还能照顾家庭；39%的人想在家务农，这部分妇女主要是文化程度偏低，无一技之长，且家有老有小，丈夫在外打工；33%的想通过学到的技术自主创业，这部分妇女手头有一定的积蓄，并掌握一定的技术。调查结果显示，返乡女性农民工学习愿望比较强烈，其中，22%的妇女想学习种植技术，主要是水果蔬菜的种植技术；32%的妇女想学习养殖技术，主要是养猪、养鸡等方面的技术；29%的妇女想学习服务行业方面的技能知识，主要是农家乐的经营管理和旅游服务接待等方面的知识；17%的妇女想学习经营管理方面的技能知识，主要是想学习创业经验及创业后的经营管理等方面的技能知识。在调查中发现，她们迫切需要政府的关心和扶持。有72%的妇女认为没有资金是自主创业的首要困难，希望政府能在政策和创业资金上有所倾向，加强农村金融服务体系建设，拓宽农民融资渠道，简化农民贷款手续。有41%的妇女认为没有技术是自主创业的第二大困难，希望政府加快种植养殖业技术服务体系建设，为农民工提供技术保障。希望能通过技能培训学到一技之长，解除生活的后顾之忧。

广西壮族自治区隆安县妇联对隆安县返乡女性农民工做了一个调查。隆安县返乡农民工达10290人，其中妇女占30.1%。其返乡的主要原因是：一是正常返乡探亲过节，节后仍然选择外出的占外出务工妇女总人数的61.3%；二是企业倒闭或裁员造成其返乡的，占总数的5.42%；三是创业吸引返乡的，占总数的9.72%；其他原因返乡的占23.56%。这些返乡者多为中年妇女，文化程度普遍偏低，月平均工资一般在900—2000元。虽然在打工的实践中能力和技术水平有所提高，但大部分人受素质所限，虽然有较强的创业愿望，但投资信心不足，难以在竞争激烈的创业道路上应对纷繁复杂的考验。春节以后，女农民工多数愿意重新外出务工，但由于信息不畅，苦于无招工信息，只好在家等待观望。一些想在家创业的女农民工虽然有良好的愿望，希望自己能在种植业、养殖业上有所发展，或经商办企业，但由于对市场需求不了解，不知从何着手。一部分返乡农民工选择了效益好、见效快的项目，如畜禽养殖、经济作物种植、经济林栽种等，但由于资金短缺、技术技能缺乏等因素，在创业上难有大的作为。返乡女农民工主观上渴求培训，但实际参与培训的动力并不足，特别是对于劳动强度大、报酬不高的技能培训兴趣淡漠。对时间较长的十天半个月以上的培训没有足够的耐心，更不希望自己在培训上投资。

新形势提出了新课题，正是在这种背景下课题组进行了立项研究。

第二节 研究意义

一 从解决剩余劳动力以及丰富产业结构的角度来看

我国少数民族绝大部分居住在乡村。第六次全国人口普查资料显示，2010年，中国的城市人口中，少数民族的比重为4.39%，镇为7.15%，乡村却达到11.35%。少数民族地区包括妇女在内的农村剩余劳动力问题，是当地政府难以解决的一个大问题（见表1—1）。

表1—1　　　　　2000年部分地区数据推算[①]

地区	劳动负担耕地（公顷）	劳动剩余率（%）	劳动剩余量（万人）	非农业户口占总人口比重（%）
广西	0.28	46.7	727.0	17.72
贵州	0.36	66.8	917.1	14.76
云南	0.38	62.3	1043.2	14.94
宁夏	0.83	36.9	56.5	27.72
内蒙古	/	/	/	34.70
新疆	/	/	/	30.25
青海	/	67.0	144.8	26.80
西藏	/	/	/	12.78

资料来源：张善余：《中国人口地理》，科学出版社2007年版，第167、174页。

表1—2的数据显示，民族地区除了回族、蒙古族等城镇化

[①] 注：打"/"的地方，在原表里就没有数据。青海数据源于青海省委政策研究室承担课题成果《青海省农村牧区劳动力就业问题战略研究》。

水平较高以外，绝大多数少数民族的城镇化水平是较低的，尤其是贵州、云南、西藏、新疆等少数民族居住地区。

表1—2　　2010年各民族地区部分主要民族城镇人口比重　　（%）

民族	比重	民族	比重	民族	比重
汉族	47.51	壮族	34.37	布依族	26.23
少数民族合计	34.99	白族	34.26	哈萨克族	23.09
回族	53.50	维吾尔族	22.38	瑶族	23.32
蒙古族	46.19	土家族	34.92	苗族	25.63
水族	19.54	侗族	30.46	藏族	19.72
傣族	32.32	土族	32.42	仫佬族	44.25

资料来源：根据《中国2010年人口普查资料》中表1—6数据整理。

比例过高的农业户口人口，体现了民族地区的主要产业结构和就业结构均为农业，且是支柱产业，其农业经济发展表现为一种非集约的农耕或种养型经济，非常不利于产业结构的调整与优化，造成了过多的农业过剩人口。而过低的城镇化水平，又影响了农业剩余人口的有序转移，形成了农业人口的就业挤压并表现出人均生活水平的下降。近年来，虽然民族经济正在迅速发展，但其产业结构和就业结构仍然依赖于农业，农业在整个经济中占主导地位，生产力落后，商品经济不发达，这是其社会经济的主要特征。经济是一切的基础，经济的不发达限制了民族地区产业及行业的发展，限制着人们的物质生活，也限制着人们的观念与行为，更限制了在择业上本来就有局限的女性发展。

一个国家和地区的工业化过程就是进行产业结构的调整和升级，并由此带动就业结构的优化和就业水平的提高。从目前来看，我国就业结构因产业结构调整而处于矛盾较突出的阶段，即：第一产业因劳动生产率的提高而不断地减少劳动力；第二产业由于出现了资本替代劳动或者是劳动节约型的增长方式，其就业与产业之间没能产生互相促进的关系；而第三产业发展水平目前来说还相对较低，不能够有效承接第一、第二产业的剩余劳动力。

在各地区间，就业人员的产业结构落差也很大。第一产业比重在全国的平均水平为44.8%，相当于国际上中低等收入国家的水平，如菲律宾、罗马尼亚、印度尼西亚等国家。其中，宁夏、青海、内蒙古等地的第一产业比重在48%—54%，相当于国际上低收入国家中的较好水平，如阿尔巴尼亚等国家；广西、贵州、西藏、云南等地区的第一产业比重在55%—70%，因为少数民族较多，为全国相对贫困地区，相当于国际上低收入国家中的中等水平，如印度、缅甸等国家[1]（见表1—3）。

表1—3　2005年部分地区就业人员产业结构及2000—2005年第一产业比重的变动率　　　　　　　　　　（%）

地区	第一产业	第二产业	第三产业	第一产业变动率
全国	44.8	23.8	31.4	-10.4
内蒙古	53.8	15.6	30.6	-0.2
广西	56.2	11.2	32.6	-9.1
贵州	57.4	10.3	32.3	-13.6
云南	69.4	10.0	20.6	-5.7
西藏	61.4	9.2	29.4	-14.5
青海	49.2	17.4	33.4	-18.0

---

[1]　参见张善余《中国人口地理》，科学出版社2007年版，第162页。

续表

地区	第一产业	第二产业	第三产业	第一产业变动率
宁夏	48.4	22.3	29.3	-14.3
新疆	53.3	13.3	33.4	-5.8

资料来源：张善余：《中国人口地理》，科学出版社2007年版，第162页。

从职业上看，少数民族地区女性除了内蒙古、新疆以外，也体现出在第一产业劳动者相对较多这一特点，尤其是广西、贵州、云南、西藏。单一且低层次的从业结构体现出民族地区女性从业的特点（见表1—4）。

表1—4　　2010年部分地区少数民族女性职业比重分布　　（%）

地区	国家机关、党群组织企事业单位负责人	专业技术人员	办事人员和有关人员	商业、服务业人员	农、林、牧、渔、水利业生产人员	生产、运输设备操作人员及有关人员	不便分类的其他劳动者
全国	1.00	7.82	3.19	18.72	53.19	15.90	0.08
内蒙古	0.91	10.08	3.91	21.12	56.05	7.82	0.10
广西	0.52	5.54	1.83	14.05	69.71	8.23	0.11
贵州	0.56	5.08	2.13	12.01	74.25	5.88	0.08
云南	0.44	5.19	1.71	12.93	73.79	5.91	0.02
西藏	0.65	4.78	3.11	10.62	77.68	3.05	0.11
青海	0.94	8.32	3.13	15.81	64.94	6.80	0.06
宁夏	0.90	9.00	3.43	19.90	58.67	8.08	0.01
新疆	1.04	10.62	3.41	14.74	63.86	6.19	0.14

资料来源：根据《中国2010年人口普查资料整理》中表4—7数据整理。

虽然如此，最近几年的经济结构调整，还是为农村创业者提供了一定的机会。在我国，少数民族乡村经济中的主导经济行为模式的类型，与乡村经济类型相一致，大体的经济行为模式主要有这么几种：集约农耕或种植养殖结合、非集约的耕猎或耕牧结合、畜牧或牧农结合以及复合的经济行为模式[1]。但是随着时代的变迁，经济的发展，以及自然条件的限制和国家政策（如土地政策）等的约束，人们的经济行为模式也在不断发生变化。山地游耕、草地游牧正在减少，而定居和集约农耕、放牧正在增加。经济结构变化的多样性，催生出新的生产经营模式。比如，新疆哈密市的农村产业结构就发生了很大的变化，从1999年起，种植业已经由粮、经二元结构向粮、经、草三元结构转变，林果业和畜牧业比重逐年上升而成为支柱产业，第二、第三产业比例也在大幅上升[2]。再如，内蒙古锡林郭勒盟太仆寺旗选择的乡村经济结构也是由原来的以种植粮食为主，转变为现在的粮食、经济作物、草地的经济结构[3]，还有逐水草而牧转变为定居放牧或舍饲圈养，等等。

这些模式的转变，有政府导向，但更多的，是自给自足的传统农牧经济向市场导向的新农牧经济发展。2010年10月，国务院决定从2011年起到2015年，在内蒙古、新疆等8个主要草原畜牧区全面建立草原生态保护补助奖励机制，中央财政每年拿出130多亿元，给牧民发放禁牧补助、草畜平衡奖励、生产性补贴等，以此加强草原生态保护，转变畜牧业发展方式，促进牧民持续增收。所有这一切，都为就业以及创业意向者提供了新的参与

---

[1] 参见龙远蔚等《中国少数民族经济研究导论》，民族出版社2004年版。
[2] 参见梅达泉、王健全《以规模求效益·以特色创品牌·以品牌闯市场——哈密市发展特色农业的实践与思考》，《哈密报》2000年7月22日第3版。
[3] 参见何加正、刘红星《草木青青润莽原》，《人民日报》2000年2月13日。

机会。

二 从创业带动就业以及促进女性发展的角度来看

妇女发展需要在经济和社会发展的双重基础上才能实现，而妇女的全面发展，必须通过其就业创业来实现。改革开放以来，妇女虽然比计划经济体制时获得了较多的就业自主权，但历史造成的多数妇女文化技术素质偏低，市场提供的就业机会有限，性别角色的刻板印象的束缚，使得妇女选择的就业形式仍然多偏向于低层次的职业，绝大多数少数民族妇女在从业上更是体现了这一特点（见表1—5）。

表1—5　　2010年部分地区少数民族女性职业分类比重　　（％）

民族	国家机关、党群组织企事业单位负责人	专业技术人员	办事人员和有关人员	商业、服务业人员	农、林、牧、渔、水利业生产人员	生产、运输设备操作人员及有关人员	不便分类的其他劳动者
全国	1.00	7.82	3.19	18.74	53.25	15.92	0.08
汉族	1.04	8.04	3.30	19.46	51.39	16.69	0.08
苗族	0.28	2.99	1.27	8.06	74.29	13.05	0.05
侗族	0.41	4.48	1.81	11.00	67.32	14.88	0.09
布依族	0.31	3.41	1.40	7.54	73.07	14.21	0.05
蒙古族	0.98	11.45	4.19	13.99	64.73	4.58	0.07
彝族	0.24	2.67	0.89	6.31	85.76	4.09	0.02
仫佬族	1.15	7.89	3.58	16.66	56.90	13.76	0.06
壮族	0.38	4.35	1.56	11.17	72.11	10.33	0.09
瑶族	0.36	3.97	1.65	7.41	76.39	10.11	0.11

续表

民族	国家机关、党群组织企事业单位负责人	专业技术人员	办事人员和有关人员	商业、服务业人员	农、林、牧、渔、水利业生产人员	生产、运输设备操作人员及有关人员	不便分类的其他劳动者
哈萨克族	0.95	10.51	3.50	7.25	74.32	3.44	0.02
维吾尔族	0.28	5.30	1.47	4.76	85.55	2.52	0.11
水族	0.29	2.60	1.08	6.07	78.92	11.01	0.03
回族	1.06	8.07	3.50	20.96	58.73	7.61	0.07
傣族	0.25	3.64	1.24	10.45	80.47	3.94	0.01
土家族	0.48	5.16	2.08	13.16	65.29	13.72	0.10

资料来源：根据《中国2010年人口普查资料整理》中表2—2数据整理。

由于民族地区经济欠发达，土地资源多以山地丘陵为主，平坝地较少，农村就业压力巨大。而外出打工一段时间以后，一部分年轻女性到了一定年龄要返乡结婚生子，一部分女性年纪大了，需要返乡照顾家庭，还有少部分女性身体不好，已经不适宜再待在外面，等等。因此，返乡是她们的愿望。但是，返乡以后没有了经济来源，又由于常年在外打工，她们已经不适应农村的生产和生活方式，因此需要寻找新的方法来解决这些问题。

以创业带动就业，是国家针对经济增长对就业的拉动作用呈下降趋势的特点、依据创业带动就业的倍增效应特点以及着眼鼓励劳动者积极创业提出来的。但在民族地区，影响就业的不仅仅是这些问题，还有长期以来由于经济落后而不能提供有效工作岗位的问题，女性就业与劳动力结构性短缺矛盾的问题，女性发展缓慢以及占女性相当比例的"80后"的就业问题，很是复杂。

就业是民生之本，就业是社会财富的源泉，没有就业社会不可能发展；而作为一个家庭，维持生计的基本手段就是工作，否则就不能维持正常的生活；另外，于个人而言，就业也是融入社会，满足一种组织归宿感与成就感的基本方式。因此，扶持和鼓励女性农民工返乡创业，实质是为更多和更好的发挥妇女在民族地区经济社会现代化建设中的作用，并且起到示范效应，带动更多的女性参与创业、就业，以促进女性更快的发展。

而且女性农民工返乡创业，实质上是实现更高质量的就业，为她们提供富裕、充实、有活力的生活保障。对于因中小企业特别是乡镇企业发展较慢、城镇化水平偏低而不利于扩大劳动就业容量的民族地区而言，促进女性创业并带动就业，尤其是新生代80后，文化基础较好，思维较活跃，虽然大多数文化水平不高，但在打工的生涯中，有的人掌握了一些基本技能和经验，开阔了眼界，有了一定的资金积累，促进这部分女性创业并带动其他女性创业就业，并以此提高女性的经济地位和政治地位，促进女性发展，有着积极的现实意义。

另外，从民族层面来说，从促进民族地区经济发展从而减少社会矛盾，维护社会稳定，促进各民族协调发展角度来说，研究民族地区女性农民工返乡创业的问题，也都具有重要的理论意义和现实意义。

第三节　基本概念界定

一　民族地区界定

目前中国有 635 个少数民族县，其中有 596 个在西部省区，占了 94%。全国 55 个少数民族有 50 个集中分布在西部地区，西部少数民族人口占全国少数民族人口的 75%。民族地区概念的弹性较大，既可以是我国民族区域自治地方的总称，又可以是抽象的少数民族聚居区的总称，或是特指某个或者几个自治区、自治州（盟）、自治县（旗），甚至是指民族乡。[①] 在我国，内蒙古、新疆、西藏、广西、宁夏等地区就有30个自治州、120个自治县（旗）、1200多个民族乡均为少数民族聚居的地方，因此，这些州、县（旗）、乡均被划为少数民族自治区。然而，在汉族地区也杂居着许多少数民族，如贵州、云南、青海。因此结合本项目的内涵，本课题的"民族地区"，主要指我国五个自治区（宁夏、内蒙古、西藏、广西、新疆）和少数民族人口较多的云南、贵州、青海，一共八省区。

这些民族地区的经济在某些方面具有共性，这也正是其有别于其他地区经济的地方，如自然地理条件都比较差。藏族大多居住于山区、林区，甚至常年积雪的高原，回族、撒拉族、土族、东乡族等主要聚居于较偏远的山村，维吾尔族、蒙古族有些则居住于人口稀少分散、几十公里不见人烟的牧区，而苗族、布依族、侗族大多数居住于喀斯特岩石地貌区，正因为如此，经济发展普遍落后于全国水平，资源型产业比重高，农牧业产值及就业人口比重大，贫困人口多等。但同时这些民族地区之间又存在着明显的差异。从历史上的经济类型看，广西、贵州、云南等以农耕经济为主，其主体民族壮族、苗族、布依族、白族、傣族等从事农耕经济，以稻作农业和山地农业为代表；新疆的维吾尔族则主要从事农牧业生产，其农耕经济以"绿洲农业"为代表；而内蒙古的蒙古族在以游牧业为基础的同时，大部分人口近百年来转向旱作农业，从事农耕经济；宁夏回族除从事商贸业外，主体从事农业生产；分布在藏南河谷地带的藏族主要从事农业生产，

---

① 参见龙远蔚等《中国少数民族经济研究导论》，民族出版社2004年版。

而藏北高原的藏族则主要从事游牧业。

二 女性返乡农民工定义

女性返乡农民工的内涵，包括以下几方面：

首先是"外出"务工。所谓外出，以国家统计局对外出人口的界定为准。在外出时间范围上来讲，即指在家乡以外务工半年以上的返乡女性农民工。因为只有外出时间达到"半年"，才足以对外出务工的女性农民工产生一定程度的影响。如果短于半年，影响的程度则难以达到。

从外出区域范围来讲，"在家乡以外务工"，是指农民在自己居住地的乡镇以外的地方打工。

其次，本课题研究的创业主体是返乡农民工，因此"返乡"的范围界定，也是与国家统计局相一致的，具体表述如下：

从返乡的区域来讲，返乡，不仅是指那些外出后打算返回农村居住地的女性农民工，也包括返回到家乡所在的乡镇或者县城的女性农民工。因为根据我们以及许多其他的研究调查发现，农民工在外出后返回到本村创业的，所占比重并不高。

从返乡的状态来讲，返乡，并不是一个静止的状态，而是一个动态的过程。因为每年春节以后，大批的返乡农民工仍然要外出务工。她们部分是回到原来的工作岗位，部分则是重新寻找工作。部分人短时间内可能找不到合适的工作，还会返回家乡，又有部分人在家里待了一段时间后又会继续外出务工。因此，本课题的"返乡"，是指春节期间（也就是我们调查的期间）从城市返回到家乡的女性，而这种返回，可能是暂时性的，也可能是永久性的。

最后由于本研究所探讨的是返乡女性农民工创业问题，因此，我们的调查对象既包括已经创业成功的女性农民工，也包括了未创业的女性农民工。在调查问题上，对于已经创业成功的女性农民工群体，我们侧重于她们对于创业过程中的感悟、认知，对国家以及地方政府的看法与期待；对没有创业的女性农民工群体，则侧重于她们对创业的态度，包括意向、认知、对国家及地方政府的创业政策了解以及创业环境的感受、预期等。

三 农民工创业类型、含义

关于农民工创业，目前为止还没有一个统一的定义。

（一）农民工

农民工是指从农民中率先分化出来，与农村土地保持着一定经济联系，从事非农业生产和经营，以工资收入为主要生活来源，并具有非城镇居民身份的非农业化从业人员[①]。

国家统计局在《农民工监测调查方案》中明确规定：农民工的户口性质为本地农业户口且在本年度的从业状况属于以下三种情况：外出农民工，即外出从业6个月及以上的农村劳动力；本地农民工，即从事本地非农活动（包括本地非农务工和非农自营活动）6个月及以上的农村劳动力；期末举家外出的农村劳动力。

（二）农民工创业

中国劳动社会保障服务社所编的《创业培训辅导教程》（初创篇）中指出：创业活动就是指创造事业，即"不受雇于一个组织或个人，自己开办公司或企业，自己做老板的活动，也称自主创业"[②]。

[①] 参见卢海元《适合农民工特点社会养老保险制度的初步设想》，《农村工作通讯》2004年9月。

[②] 中国就业培训技术指导中心上海分中心、上海市职业指导培训指导中心：《上海市开业指导》。

改革开放以来,大批农民跨地区流动,离土离乡进城务工,对工业化以及城镇化的进程作出了重要贡献。正是在这个进程中,部分农民工经过一段时间的务工或者经商以后,开阔了眼界,增长了经验,积累了一定资金,了解或者掌握了一定的技术和信息。回到家乡以后,他们在乡村或者城镇自主创办工、商企业或者是从事非传统意义上的农业规模经营和开发性农业生产,人们把这种现象称为农民工返乡创业。由于受各种条件的制约,因此,农民工的"创业",既可以指投资数百万元创办企业,也可以指投资数千元开饭店经营,或进入非农产业部门,还可以指从事与传统意义上不同的农业生产活动等。

有学者认为,改革开放后,农村劳动力从农村转移出来到城市打工或经商至少半年以上,积累了一定资金、技术和社会资本后又返回到本县内(包括县城、乡镇和村)创办工商企业或商品农业,这种现象就称为农民工返乡创业[1]。

有学者指出,农民工返乡创业是这样一个过程:外出务工农民返回到原籍县域,组织各种资源,提供产品和服务,以创造价值[2]。在此过程中,农民工依托家庭、亲朋好友关系形成的松散的非正式组织或者创建新的组织,通过投入一定的生产资本,通过扩大现有的生产规模或者从事新的生产活动开展一项新的事业以实现财富增加并谋求发展[3]。

根据众学者的研究,农民工创业归纳起来有如下特点:

---

[1] 参见王西玉、崔传义、赵阳《打工与回乡:就业转变和农村发展——关于部分进城民工回乡创业的研究》,《管理世界》2003 年第 7 期。

[2] 参见刘芳《当前农民工返乡创业问题分析及对策研究——以安徽省为例》,《安徽农业科学》2009 年第 12 期。

[3] 参见郭军盈《中国农民创业问题研究》,博士学位论文,南京农业大学,2006 年。

第一，农民工创业不一定要创建新的组织形式。最有可能是依赖家庭这种非企业化的组织形式，以便于有效地降低创业过程中的资本投入，提高其创业成功率。

第二，农民工创业同样也是创新过程。这是因为他们在创业的过程中，资源是从较低的生产力以及产出领域转移到相对来说的较高领域，或是对现有资源进行重组，即便是仿效，但相对于传统的农业而言，就是创新活动。

第三，农民工创业并非要开辟全新的经营领域。他们利用自身优势与特点，扩大其传统经营规模也是一种创业活动[①]。

例如，贵州省松桃苗族自治县为帮助返乡农民工创业，出台优惠政策，吸引农民工回乡创业当老板。规定了几种创业类型，包括：（1）返乡农民工从事生产、加工、经营活动的；（2）返乡农民工从事季节性、临时性农产品流通中介服务，从事走村串寨流动性商业零售、修理服务，或在集贸市场和政府指定区域内销售自产农副产品的；（3）返乡农民工从事个体经营的，从事种植、养殖生产经营活动的；（4）返乡农民工兴办从事加工、生产经营企业的；（5）鼓励、指导返乡农民工大力发展第三产业和兴办农民专业合作社经营组织，鼓励、指导、帮助农产品生产、加工龙头企业建立公司+协会+农户新型合作模式，形成种（养）植（殖）、加工生产、销售产业链，扩大产业化规模经营的。

四 女性农民工创业定义

到目前为止，从各项研究以及文献中，尚未发现返乡女性农

---

① 参见钱晓燕《农民创业能力评估研究》，博士学位论文，西南大学，2009年。

民工创业者的类型与定义。农民工创业的定义范围、口径等方面也还没有严格的标准,更没有性别之分。而在调查中,各地区也没有统一的标准,只是根据其有限的财力制定的扶持政策来衡量创业的标准。因此,本研究中的民族地区返乡女性农民工创业的类型与上述返乡农民工创业类型相同。这一方面说明了农民工女性与男性一样,创业都必须具有创业精神,因而在定义上差异不大,另一方面也意味着农民工女性创业者不多,针对她们的研究也很少,所以也就只能沿用对男性农民工创业者的定义[①]。

在调查中我们发现,在现有的条件下认定女性农民工创业存在着较大的弹性。有些个体经营、企业或者是非传统意义上的农业规模经营和开发性农业生产活动,虽然不是女性挂名,可实质上女性参与了创业的部分过程甚至是全过程,而且她们还握有经营管理权,有些甚至是全权经营和管理(这些现象都较普遍)。因此,在本研究中,只要同时具备下列三个条件,就认定其为"农民工女性创业者":参与了创业的过程;拥有其部分产权;参与了经营。调查中还发现,无论是国家层面、地方政府层面还是具体到乡镇等,都没有统一的创业界定标准,甚至就没有标准。由于各地情况不同,经济发展不一,因此创业标准也不一样,这给本课题带来了困难。也就是说,在以上的创业类型中应该达到一个什么样的量才能够称为创业,每一个地方的说法都不同,甚至每个乡镇也不同。因此,在调查中,女性农民工的经营项目是否算创业,我们是参考当地乡政府的提法来界定的。

而且,少数民族地区农村女性就业比较难,创业主要目的就是解决就业解决生存问题,政府提倡的创业也主要是围绕着这个

---

① 参见李德伟、范松海《西部少数民族地区经济社会发展失衡分析》,《内蒙古社会科学》(汉文版) 2007 年第 7 期。

目的来进行的，其实质就是创业形式意义上的"就业"，相当于非工资就业，绝大多数就是生存型创业。虽然她们的创业带着明显的被动与摸索的痕迹，她们的创业环境还不够完善，创业形式和创业技巧还很不成熟，但是，被认为是第四次创业浪潮主角之一的农民工的她们，正在为改写自己的命运做着积极的尝试。[①]几年十几年之后，这种尝试将对中国社会和经济、对她们的进一步发展产生重要影响。

---

① 参见商界编辑部《创业式生存——中国返乡农民工创业调查》，《商界》2009年第3期。

第二章

研究综述与研究方法

第一节 研究综述

女性创业受到普遍关注也只是最近一二十年的事情,但其发展却十分迅速。无论从企业的数量、创造的收入或者是提供就业岗位方面,其贡献在全球范围内日益突出,且成为经济增长的重要驱动力量之一。据2005年全球创业观察项目(GEM)的女性创业报告,从事创业的女性其所占比例已经超过1/3。而在中国,虽然女性创业的发展相对较晚,但也呈现快速趋势。GEM对35个国家和地区的创业情况调查结果显示,女性全员创业活动指数为6.90%,而中国女性全员创业活动指数高达11.16%,高出平均指数4.26%,排在第6位,是女性创业较活跃的国家之一。

图2—1反映了一个国家或地区的创业活动的整体水平(指男性与女性的总体创业水平)与女性企业家的相对水平之间的关系。这一分析结果包括了2000—2003年4年的时间内所评估的41个国家和地区。在这些国家和地区中,乌干达、委内瑞拉和泰国有着最高水平的整体创业活动,同时,中国香港、克罗地亚和日本却是最低的。泰国、委内瑞拉以及中国女企业家的比例

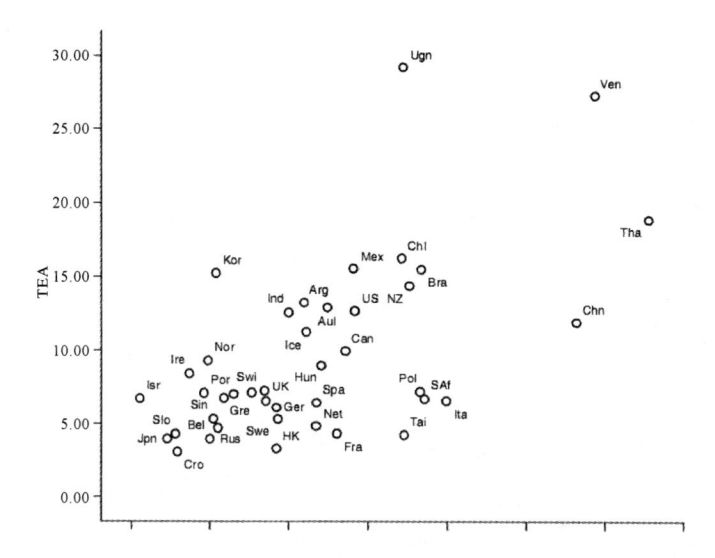

图 2—1 女性/男性比例的创业活动和整体企业家活动指数

资料来源：The Challenge of Entrepreneurship in a Developed Economy: The Problematic Case of Japan.

最高，而在以色列、日本、斯洛文尼亚、克罗地亚的创业活动则以男性为主。[1]

表 2—1　　　　　　　　　　国家或地区简称

简称	国家或地区	简称	国家或地区	简称	国家或地区
Arg	阿根廷	Hun	匈牙利	Rus	俄罗斯联邦
Aul	澳大利亚	Ice	冰岛	SAf	南非

---

[1] C. Christopher Baughn, Bee-Leng Chua and Kent E. Neupert, "The Normative Context for Women's Participation in Entrepreneruship: A Multicountry Study", *Entrepreneurship Theory and Practice*, Vol. 30, No. 5, September 2006.

续表

简称	国家或地区	简称	国家或地区	简称	国家或地区
Bel	比利时	Ind	印度	Sin	新加坡
Bra	巴西	Ire	爱尔兰	Slo	南斯拉夫
Can	加拿大	Isr	以色列	Spa	西班牙
Chl	智利	Ita	意大利	Swe	瑞典
Chn	中国	Jpn	日本	Swi	瑞士
Cro	克罗地亚	Kor	韩国	Tai	中国台湾
Den	丹麦	Mex	墨西哥	Tha	泰国
Fin	芬兰	Net	荷兰	Ugn	乌干达
Fra	法国	NZ	新西兰	UK	英国
Ger	德国	Nor	挪威	US	美国
Gre	希腊	Pol	波兰	Ven	委内瑞拉
HK	中国香港	Por	葡萄牙		

一 国内外相关研究现状

(一) 女性创业动机视角

在 GEM 的研究框架中，女性创业的动机被分为两大类：一是为了利用发现的机会；二是因为没有其他更好的就业选择。它们把前者称为机会型创业（Opportunity Entrepreneurship，OE），后者称为生存型创业（Necessity Entrepreneur—ship，NE）。郎格韦兹和米尼特（2007）则通过对 17 个国家所构成的大样本分析，研究出影响女性创业的因素，丰富了早期对创业者个性及创业动机的研究，为深入地研究女性创业行为奠定了基础[1]。胡怀

---

[1] N. Langowitz and M. Minniti, "The Entrepreneurial Propensity of Women", *Entrepreneurship Theory and Practice*, Vol. 31, No. 3, May 2007.

敏、肖建忠（2007）指出，创业者的动机激励是创业的关键因素，生存驱动型的创业是中国女性创业的主导模式[1]。湛军、张占平（2007）通过对国外的研究表明，中低收入国家的女性就业由于受到更多因素的限制，所以能够引起女性更高的自主创业积极性[2]。

（二）女性创业的社会资本视角

刘中起、风笑天（2010）提出，嵌入经济社会结构中的社会资本是女性创业的必要资源，一个女性创业者社会资本的多少直接决定了其动员企业存在和发展所需的关键性资源的能力[3]。尼尔森（1987）探讨女性创业者信息资源的获取问题。通过男女创业者的比较研究，得出结论：女性在初创业期与男性所需的信息资源量没有区别，同时也指出他人建议比任何其他的资源都更为重要[4]。科尔沃雷德、肖恩和韦斯赫德（1993）在分析创业与组织环境的影响时，阐述了资源可获得性对创业行为的影响[5]。卡普多和诺林天（1998）探讨家庭对创业的影响，分析了家庭所能够提供的人力及商业资本[6]。彭华涛等（2004）则从社会网络的角度探讨了创业管理社会网络构建的资源依赖理

---

[1] 参见胡怀敏、肖建忠《不同创业动机下的女性创业模式研究》，《经济问题探索》2007年第8期。

[2] 参见湛军、张占平《全球妇女创业现状概述与分析》，《河北大学学报》（哲学社会科学版）2007年第3期。

[3] 参见刘中起、风笑天《社会资本视阈下的现代女性创业研究：一个嵌入性视角》，《山西师大学报》（社会科学版）2010年第1期。

[4] 参见刘丽娟、张立忠《新形势下农民工返乡创业与政府责任》，《长春工业大学学报》（社会科学版）2009年第4期。

[5] 参见党夏宁《西部农村女性人力资源利用与开发》，《新西部》2010年第8期。

[6] 参见刘传江、徐建玲《第二代农民工及其市民化研究》，《中国人口·资源与环境》2007年第1期。

论、情感依赖理论以及利益依赖理论，指出社会网络的建设、维护与有效利用是一项复杂的系统工程和涉及多学科领域的学问。林斐（2002）曾经以20世纪90年代安徽省农村劳动力由城市打工后返回本地创业的193个个案调查为基础，对农村劳动力从外出打工到回乡创业的一般规律进行了实证分析，从动机、资源、资本等多角度阐明了外出打工与回乡创业之间的内在联系，认为外出打工是创业的"孵化器"，打工为创业主要提供的技术经验、市场信息和人力资本积累，从而具备成功创业必要条件[1]。

（三）女性创业的机制视角

王延荣（2004）认为创业机制是指为推进创业而建立的机构、系统和制度以及各因素、各环节之间的相互关系，具有本质性、系统性、功能性、诱致性、渐进性和制度化的特征。创业机制形成的动因主要有创业推动、政策驱动、需求拉动、学习效应及其交互作用；提出了创业机制设计中的创新、管理、风险三个核心问题以及创业驱动机制、创业决策机制、创业管理机制和创业者收获机制的创业机制概念性架构。[2] 李录堂、王建华（2009）认为，通过对回流农民工创业激励机理的探讨发现，只有激励约束相容才能真正实现创业，政策、金融支持、风险防范等激励机制是引导回流农民工创业的主要途径[3]。

（四）女性创业的环境视角

宏观的创业环境一般包括金融环境、政策支持、教育培训、

---

[1] 参见林斐《对安徽省百名"打工"农民回乡创办企业的问卷调查及分析》，《中国农村经济》2002年第3期。

[2] 参见王延荣《创业机制及其架构分析》，《理论月刊》2004年第4期。

[3] 参见李录堂、王建华《回流农民工创业激励机制研究》，《贵州社会科学》2009年第4期。

社会文化、科学技术等方面。中观或者是微观创业环境在这里主要是指女性创业家的社会网络环境和家庭环境。鲍恩等（2006）曾研究过不同国家的制度、条例对女性创业活动的影响[1]。伦德斯特罗姆和史蒂文森（2001）根据10个国家和地区的经济结构、发展层级阶段、政府角色、创业发展动态以及自身的经济、政治和社会状况等一系列因素，并根据制定创业政策过程中遵循的政策结构和过程、目标策略和计划、促进创业阶段以及鼓励人们成为创业者等要素组合，提出了四种类型的创业政策，一国和地区通常以某一创业政策类型为主，其他的创业政策类型为辅，是细分创业政策，这类政策旨在刺激特定人群增加创业活动。目标人群被分成两类，其中一类包括妇女、青年、少数民族、失业者在内，他们为解决失业问题而进行创业，代表了企业所有者。莫寰（2007）谈到了女性应如何选择更能发挥自己性别优势或其他优势的创业定位、创业模式、经营策略和管理模式以及选择合适的融资模式等[2]。伦德斯特罗姆和史蒂文森（2001）提出的创业政策的内涵包含以下四个方面：采取的政策措施的目的是刺激创业；它的目标着眼于创业前开始、创业启动和创业后开办等创业的全过程；围绕创业动机、技能和机会三个要素来设计和提供相关政策；最首要的目的是鼓励越来越多的人去创业[3]。

---

[1] C. Christopher Baughn, Bee-Leng Chua and Kent E. Neupert, "The Normative Context for Women's Participation in Entrepreneruship: A Multicountry Study", *Entrepreneurship Theory and Practice*, Vol. 30, No. 5, September 2006.

[2] 参见莫寰《研究述评：女性特征对女性创业活动的影响》，《中外企业家》2007年第6期。

[3] Lois Stevenson and Anders Lundstrom, *Patterns and Trends in Entrepreneurship/SME Policy and Practice in Ten Economies*, *Entrepreneurship Policy for the Future*, Swedish Foundation for Small Business Research, 2001.

(五) 女性创业的嵌入式视角

有人提出建议，由于女性创业在不同的情境及条件下发生，因此女性创业研究需要结合微观、中观及宏观环境来进行，必须充分考虑国家、制度、文化等条件变量对女性创业的影响，以促进在个人、企业、行业、区域及民族层面上的女性创业[1]。岳春光、徐萍平（2008）认为，不论是创业与家庭的相关性研究，还是研究创业者个性及创业动机，以及创业资源的获取研究，嵌入性分析都是一个很好的研究视角[2]。和矛（2008）在基于嵌入理论的中国东西部创业影响因素比较研究中提到，各种社会因素都会对创业过程中的方方面面产生长远而深刻的影响，实际上，创业活动就是"嵌入"当地的社会环境中的[3]。

二 研究文献简评

众多研究者对女性创业研究于不同的角度阐述了各自的观点，较前些年来说更全面更丰富，但都比较宏观。结合民族地区返乡女性农民工的创业这种很具体、很现实的问题，则还要认真去做许多研究工作。这包括要了解这部分返乡有创业欲望的女性总体，总量中新生代"80后"的比例，返乡女性在创业活动中的动机，她们对国家政策的感悟和期待，创业成功案例的启示，对自己创业的预期，创业带动的就业人数，政府哪些相关部门解决了什么样的具体问题，所起到的作用，如何形成较成熟的适合

---

[1] Anne De Bruin, Candida G. Brush and Friederike Welter, "Advancing a Framework for Coherent on Women's Entrepreneurship", *Entrepreneurship Theory and Practice*, Vol. 31, No. 3, May 2007.

[2] 参见岳春光、徐萍平《西方女性创业理论：过去的研究与未来的趋势》，《科研管理》2008年第12期。

[3] 参见和矛《基于嵌入理论的中国东西部创业影响因素比较研究》，云南人民出版社2008年版。

当地的创业机制等。目前尚未见到这方面的文章论述。

三 民族地区女性农民工创业研究的理论基础

(一) 嵌入理论

格兰诺维特是美国新经济社会学的重要代表,他在继承波兰尼"经济是社会的一部分"、"经济行为是嵌入社会行为中"的思想基础上,进一步解释了人存在非经济动机,而这些动机的实现都离不开社会关系网络,离不开他人[1]。无论在什么样的条件下从事什么样的经济活动,活动者本身仍然首先是一个社会人。而他们需要满足自身自然物质的需求,需要精神追求,这些往往只能在宏观的社会背景下才能实现,这就是一种社会行为。人们在不断重复这种经济性的社会行为中逐渐建构了相关经济制度与经济体系,最终产生了纷繁复杂的社会经济生活,这就是经济行动的社会嵌入。不仅经济活动是嵌入于社会之中,而作为社会行动者的每一个人都处于一定的社会地位之上,嵌入社会结构之中并且置身于宏大的社会里面。把这个理论引申到创业行为也同样如此。返乡女性农民工经历了从乡村到城市,再由城市返回乡村的过程,这不是一个简单的回归过程,在这个过程中她们实现了再次社会化,通过意识、技能和经验体现,并由此产生了新的价值观。其创业行为受到该价值观限制,这就是微观嵌入;另一方面社会网络也会制约其创业行为。因为创业者在很大程度上是受其周围群体的影响,也就是嵌入这种社会网络之中。在这个网络中,她们社会资源的多少,也影响着自己的创业决策;同时创业者又是置身于更为宏大的社会文化背景之中,如国家政策的

---

[1] 参见臧得顺《格兰诺维特的"嵌入理论"与新经济社会学的最新进展》,《中国社会科学院研究生院学报》2010年第1期。

实施，区域经济的影响等。因此我们的分析对象，返乡女性农民工的创业决策影响是多重性的，既包含了创业者个人的微观层面，也包含了创业者周围群体的中观层面，还包括了创业者生活的宏观环境层面因素的深刻影响。本研究正是利用了嵌入理论，从宏观、中观、微观的角度来探索其对农民工女性创业的影响以及程度。

（二）价值理论

价值理论是关于社会事物之间价值关系的运动与变化规律的科学，是关于客观世界各种事物对于人类的生存与发展的意义（价值）的认识。人对于客观世界的认识分为两大类：一是关于客观世界各种事物的属性与本质及运动规律的认识；二是关于客观世界各种事物对于人类的生存与发展的意义（价值）的认识。前者就是一般的科学理论，后者就是价值理论。价值理论是人类的科学理论体系中的重要组成部分。由于"对于人类的生存与发展的意义本身"也是事物的一种特殊属性，因此，价值理论也是一种特殊的科学理论。人在生长的过程中，通过社会化的作用，已经逐渐将某种价值观内化于个性之中。价值观就是指一个人对周围的客观事物（包括人、事、物）的意义、重要性的总评价和总看法。一方面表现为价值取向、价值追求，凝结为一定的价值目标；另一方面表现为价值尺度和准则，成为人们判断价值事物有无价值及价值大小的评价标准。在本研究里，这种价值观即成为个人是否愿意创业的价值取向依据。价值理论在本课题中将用来指导分析民族地区女性农民工外出到经济发达地区务工以后，看到学到了很多不同于她们家乡原来的一切的新东西。通过再社会化以后，改变原有的价值观，能够在一定程度上提高自主选择职业的能力。

(三) 推拉理论

西方学者受到物理学中相关物体间的作用力与反作用力的启发，发现相关事物间的因果关系都有其双向性，即推力与拉力同时存在，从而被衍生运用到诸多领域，尤其是经济学、人口学、社会学。除此以外，也被很多学者用来分析企业家的创业动机。在他们的研究中，将企业家的创业动机因素分为"推"的因素和"拉"的因素。所谓"推"的因素一般是指与当前不利形势有关的，使得人们不得不改变现状的动机，是一种"被动的反应"；而所谓"拉"的因素一般是指吸引人们改变现状，从而创造新的形势的动机，是一种"主动的愿望"。在创业的问题上，由于女性通常很少有动力去开拓自己的事业，所以学者们普遍认为女性创业受"推"的因素影响要更多些，具体如失业、离婚、受到歧视、家庭原因，等等。而出自内心的"拉力"成为创业者的也大有人在，如掌握了某项专门的技能、具有某些方面的经验、有很多的时间、朋友邀请入伙创业，等等。也有"推"力与"拉"力同时都具备的。在本课题的案例中，就有多个案例是推力和拉力同时起作用的。

(四) 人力资本理论

人力资本理论认为，知识可以帮助个体提高认知能力，从而帮助个体能更好地提高生产性行为的效率。因此，当出现有利的机会时，人力资本存量高的个体能先觉察到。人力资本并不仅仅是正规教育的结果，也包括在工作中得来的经验与实际知识等非正规教育。而丰富的劳动力市场经历、某种特定的职业经历在理论上都有助于增加人力资本。[1] 因此，可以这样认为，教育程

---

[1] T. Bates, "Self-Employment Entry Across Industry Groups", *Journal of Business Venturing*, Vol. 10, No. 2, 1995.

度、劳动力市场经历、管理职业经历以及以前的创业经历等这些人力资本变量都与个人的创业倾向有相关性。在工作中积累的经验、构建的社会关系网络、掌握的某项特殊技能比起单纯的高学历更有可能促进女性创业并取得成功[①]。而这正是指导本课题分析影响女性农民工创业因素的理论之一。

(五) 民族性和地域性

每一个民族的独特文化都凝聚着这些民族在生存与发展过程中所形成的自然特点、风俗习惯、生活方式、价值观念、理想信念等，并因此而构成了这些民族的特质。在相当长的时期内，这些民族一直保持着自给自足的小农经济结构，既缺少外部的刺激也难以发生内部的裂变，仅以一种具有地方自治功能的社会组织进行着文化整合，并以稳定的形态延续和发展。由于自然、社会和宗族因素差异的影响，民族文化显现出明显的地域性以及不同的特性。因此，无论价值观还是文化观都是一个民族经济建设的核心问题。随着民族经济发展，外出打工人员的增多，多元文化的随之渗透，文化在传播的过程中会受到经济利益支配，民族文化也将出现必要的价值转型与提升，价值观也会随之改变，其中，也包括女性创业的价值观。正因如此，民族性、地域性被本课题作为分析民族地区返乡农民工在创业活动中所受影响的重要理论根据。

四 国外政策启示

创业政策是直接影响一个国家或地区创业活动水平的手段或者是策略，其作用是减少初创业时企业面临的不确定的各种风

[①] 参见胡怀敏、朱雪忠《人力资本对女性创业的影响研究》，《经济师》2007年第4期。

险。创业又是一个复杂的过程,政府在制定创业政策的时候,首先要考虑哪些因素是创业的促进因素,以及如何通过合理的政策来促进这些因素形成并发挥其作用。

国外政策在这方面有许多可参考和借鉴的做法,总结下来,主要有以下几个方面:

(一) 建立创业政策的出发点

鲁贝尔(Rubel, 2000)提出了制定创业政策需要考虑的三个问题:创业者在当前经济生活中扮演什么角色;创业者为经济作出贡献需要哪些因素;什么样的政策可以满足这些需要。他认为政府至少要做到以下几个方面,才能够促进创业:完善创业者的计划,重视创业对经济作出的贡献,建立知识型基础设施,改革企业注册和执照制度,完善税收政策等。

(二) 建立创业政策框架

史蒂文森构建的创业政策衡量框架由六个方面组成:创业促进、创业教育、创业环境、创业融资、创业支持和目标群体战略。根据这个框架,所制定的创业政策必须能够推动六个方面形成更强功能。这六个方面的出发点在于创业教育,它是整个创业政策框架的基本动力来源,而目标群体战略是创业政策起作用的对象,针对目标群体的创业需求,制定相应的战略是创业政策的重要内容。根据这个创业政策框架,可以对一国和地区的创业政策进行梳理和分析,从而发现存在的问题和政策领域的优势、劣势。这样的工作对于具体地域的创业政策的制定具有重要意义。[1]

---

[1] Lois Stevenson and Anders Lundstrom, *Patterns and Trends in Entrepreneurship/SME Policy and Practice in Ten Economies*, *Entrepreneurship Policy for the Future*, Swedish Foundation for Small Business Research, 2001.

（三）对目标群体提供针对性的优惠政策

欧盟支持目标群体如女性创业的发展体现在以下几个方面：除建立大量组织机构促进并执行欧盟支持女性创业发展的政策外，还积极创建支持女性的网络，强化了欧盟对女性的支持力度；针对女性创业发展中的困难，在选项、技术培训、融资、税收等方面，专门制定了一个支持女性中小企业家创业发展的政策框架，提供一系列政策条文和具体措施，用于保障女性的权益；针对女性企业家融资难的问题，提供了几种资助方法，如发放1年期贷款或者提供2—3年的低息贷款、创建银行网络支助小企业项目、为创业中的女性专门建立欧洲贷款担保机构、帮助创业中的女性获得国家和欧洲层面的支助金等；针对女性技能较差的状况，在技术培训方面，设立了官方承认的、能够发放文凭的行政管理培训课程，支持接受培训的女性可实行工作轮换制等，以保证女性接受职业培训的各项权利受到保护，以提升创业层次，拓展创业领域；最为重要的是，为了保证政策的实施，且便于监控和评估，还建立了专门的组织机构与支持网络，统一了监测指标，使得这个政策框架有很强的可操作性以及支撑力。这种对政策实施监督和评估的机制，为女性提供了有力的监控、调查和反馈等网络维权手段。[①]

在韩国首尔，为大力支持妇女创业，地方国税厅对妇女创办的风险企业或由妇女经济人协会正式承认的"低收入妇女生计维持型企业"，将免除对其创业资金来源的调查；在创业之后的两年内，除有确实的偷漏税行为外，将免除税务调查等所有税收方面的干涉；尤其是当妇女创办的企业受灾遭到损失或在经营过

---

① 参见葛美云、祝吉芳《欧盟中小企业政策支持女性创业发展的启迪——性别意识应纳入我国中小企业的决策之中》，《江苏社会科学》2003年第1期。

程中陷入危机时,可给予税金交纳时间延长6个月甚至9个月的优惠税收待遇。与此同时,在由国税厅与妇女经济人协会共同管理的"联合税务信息中心"内专门设立"妇女经济人接待室",并由妇女经济人协会派遣有税务知识的、优秀的妇女工作者担任接待员,以便创业妇女经济人倾诉税收方面的苦衷和提出有关的申诉[①]。

(四) 重视创业教育

农业发达国家在经济发展转型的过程中普遍重视农民的创业教育,从基础教育到农职教育、技术推广、继续教育,有一套完整的教育体系,强调理论与实践相结合。法国、德国、英国、美国、日本等国家都分别根据本国的实际情况,通过出台法律法规与奖励政策、设立专门管理机构、投入足够经费等措施,大力支持农民创业培训,培养农业发展后续人才。根据各国不同的农业资源条件,以及不同的地理状况和人口相对密度状况,农民创业培训概括起来有以下几种模式:以核心农民为重点开展农民创业培训模式;用法律、政策进一步完善农民创业培训系统,以促进农民创业培训模式;按产业化发展的要求来培养职业农民模式。[②]

而在引导农民创业培训过程中,发达国家社会各方面则给予了大力支持,如德国的农民创业培训,企业承担了大部分费用和责任;法国政府与农民组织之间建立契约,设立基金会支持农民创业培训;韩国则采用与市场运作相适应的农民创业培训制度。

---

① 参见《每周韩国》1999年12月28日。
② 参见宋放《国外农民创业培训模式及启示》,《河南农业》2010年第11期(上)。

第二节 研究方法与资料来源

一 研究方法

本课题采用的研究方法有以下几种。

(一) 案例研究法

案例研究法是创业过程研究的重要手段之一。对于个案的研究比较重视研究结果对样本所属总体的普遍意义。根据研究需要,本研究有创业成功以及创业失败的案例,有某些政府的政策成功实行的案例,还有公共管理较成功的案例。

本研究所用的案例全部来源于民族地区调查点搜集的女性创业个案,或者是围绕着创业所做的深入访谈。访谈主要是围绕着问卷调查内容,从了解她们的个人特征和经济特征入手,通过对创业过程的客观描述,探讨其创业动机、创业意向以及创业行为与过程的主要影响因素、心理过程,了解其创业过程中地方政府以及相关部门给予的帮助所起到的作用。同时,还有她们对创业目标、认知,以及国家政策的了解和期待等,为政府下一步扶持政策的制定,提供参考。而对比较成功的创业政策的了解,意在为今后的扶持民族地区女性创业起到启迪作用。

(二) 比较分析法

比较分析法是把客观事物加以比较,以认识事物的本质和规律并作出正确的评价。在本课题中,将民族地区女性农民工与经济比较发达地区的女性农民工在创业现状上作一比较,同时也与民族地区的男性农民工作一个大概的比较。探讨其创业的共同特点,以及在不同经济、不同民族的区域里,女性农民工创业的异同。也有与国外比较的部分,意在了解我们农民工女性在某些创业条件上与她们的距离。

比较分析的资料，除了国外的部分，全部来源于本次的问卷调查，无论是经济发达地区或者民族地区，问卷调查内容都一致，只是在男女性别上，两个问卷个别指标的问题选择项略有差别。如打工的工作行业、创业的行业等。毕竟，男性与女性的工作是有差异的。

（三）问卷调查法

问卷调查法，是用书面形式间接收集研究材料的一种调查手段，是本课题组运用统一设计的问卷向被选取的调查对象了解所需要的创业方面信息的一种调查方法。由于民族地区女性文化水平不高，因此采用的是调查员按照事先拟定的问题询问、被调查者选择回答这样一种形式的问卷调查，即根据被调查者的口头答案调查员填写问卷，来获取所需信息。

本研究既有统计分析，也有定性分析，并通过查阅相关信息和现存资料，以充实本课题的分析研究。除此之外，我们还选择了20个具有代表性的案例，用以分析、总结、启迪、借鉴，以此揭示她们在创业过程中的感受、经验、认知，以及创业意向与期望，等等。

二 资料来源

（一）研究对象总体范围

我们的调查对象在现有状态上有一个不同点，即一个是"已经创业成功"者，另一个则是"未创业"者，但是有两点她们是相同的，即都是农民工，且无论是创业成功者，还是没有创业者，她们都是返乡回到本县本乡镇内的。

调查问卷的调查对象分为两个部分。第一部分是"创业成功"的女性农民工群体。在试调查阶段就发现，返乡女性农民工创业率是比较低的，尤其是那些离县城甚至乡镇较远的村寨，甚至整个乡镇也没有几个返乡女性农民工创业的实例。由于我们研究的返乡女性农民工创业问题，需要考虑其区域、环境因素的影响，因此，只能在选中的乡镇来进行调查，而不是到有创业行动的女性农民工地点作调查，因而这部分调查对象的数量受乡镇区域限制而不多。第二部分，则是"没有创业"的女性农民工群体。由于农民外出务工流动性的特点，绝大多数返乡的农民工过完年以后仍然要外出打工，而"返乡女性农民工创业"的命题，使得我们的调查对象又必须是返乡的农民工，为了广泛了解春节返乡的女性农民工过完年以后的去留趋势、了解滞留下来的具体原因是什么，下一步的打算，以及对创业的真实想法等，因此，我们的调查对象就不仅包括返乡以后不再出去打工的女性农民工这一群体，还包括了返乡过完年以后又离乡外出打工的女性农民工。把她们扩大为调查对象也是有根据的：绝大部分女性农民工外出务工一段时间后，最终要返回家乡。在试调查中，我们就了解到，如果女性农民工创业，她们当中80%以上的人会选择把家乡作为创业地点，后来的调查结果也证明了这一点，因此，把她们作为调查对象是符合题意的。

（二）选择样本过程

1. 调查地区选择

（1）从外出务工者总量来看。从我国2006年农业普查资料中可以看出，在少数民族地区，农民工外出打工者较多的是广西和贵州，占到全国打工人数的5.16%和3.35%，其次是云南，占到2.02%。广西和贵州的合计打工人数占到民族地区打工人数的76%。打工者最少的是西藏，仅占0.11%，其余如新疆、宁夏、青海、内蒙古等，外出打工者仅占到全国的0.3%—0.5%。见表2—2。

表 2—2　　　　2006 年少数民族地区外出务工人员所占比重① 　　　（%）

地区	外出务工人员数（人）	占全国比重	占本地区比重			
^	^	^	乡外县内	县外市内	市外省（区）内	省（区）以外
全国	131813557	100	19.18	13.76	17.65	49.01
内蒙古	754097	0.57	27.71	24.97	18.00	29.11
广西	6802002	5.16	7.64	8.91	8.23	75.13
贵州	4417427	3.35	7.69	4.70	5.96	81.58
云南	2661928	2.02	23.86	19.07	26.30	29.97
西藏	140334	0.11	28.32	45.00	26.16	0.36
青海	537514	0.41	22.87	28.57	31.12	17.36
宁夏	522029	0.40	43.72	15.36	23.73	17.12
新疆	441969	0.34	37.17	25.51	34.68	2.15
东部	38465054	29.18	29.82	18.42	33.10	17.81
中部	49181426	37.31	13.53	9.91	9.03	67.40
西部	40349590	30.61	15.19	12.34	12.79	59.51
东北部	3817487	2.90	26.79	31.45	24.22	15.40

资料来源：根据《中国第二次全国农业普查资料》中表 6—2—17 数据整理。

（2）从外出务工分布区域来看。少数民族主要分布在西南山区和西北农牧区，由于地域不同，民族不同，其地方风俗、语言、生活习惯也不同，很多打工者也只是农闲的时候在家的附近打短工，时间都不超过半年。如西藏、青海、宁夏、新疆、内蒙古等地农民工打工地点多分布在本县内或者是本市内，跨省（区）打工的很少，而贵州和广西跨省（区）打工者尤其是在珠

---

① 不包括中国香港、澳门、台湾地区，后同。

三角、长三角一带最多，人数占到本省（区）外出务工人员的81.58%和75.13%，远远高于全国平均水平49.01%，更是远远高于民族地区其他各省（区）。见表2—2。

（3）从女性外出务工数量来看。经过调查发现，由于各民族传统风俗不一，所以一些少数民族地区的女性很少出门，更不用说外出打工。即便是有极少数女性外出务工，也只是在乡镇最多县城以内打打短工，虽然她们每年总的打工时间超过了半年，但是因为经常往返于家与乡镇之间，所以符合我们调查条件的女性农民工并不多。结合这些情况，经过统计整理，符合我们调查特征的女性农民工各省（区）的人数，可见表2—3中的"女性外出半年以上、跨乡以外务工人数"。

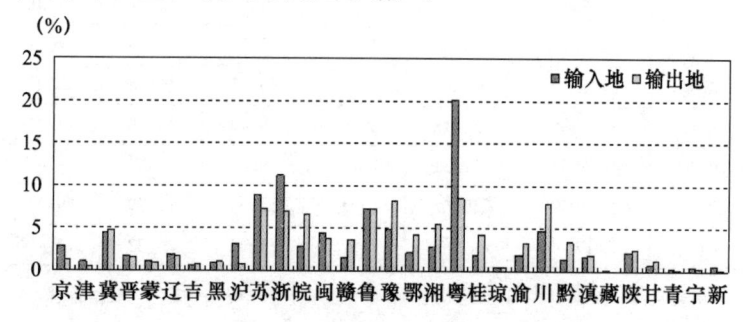

图2—2 2011年农民工在输入地与输出地的分布

资料来源：中商情报网《国家统计局2011年我国农民工调查监测报告》。

表2—3 2006年少数民族地区女性外出务工人员累计数

地区	女性外出半年以上、跨乡以外务工人数		女性外出半年以上、跨省以外务工人数	
	人数	占全国比重（%）	人数	占全国比重（%）
全国	763095331	100	19664879	100

续表

地区	女性外出半年以上、跨乡以外务工人数		女性外出半年以上、跨省以外务工人数	
	人数	占全国比重（%）	人数	占全国比重（%）
内蒙古	5211986	0.68	55148	0.28
广西	19737831	2.59	1942478	9.88
贵州	11950594	1.57	1269252	6.45
云南	17230670	2.26	222246	1.13
西藏	563939	0.07	105	0.00
青海	1002962	0.13	7651	0.04
宁夏	3343936	0.44	13143	0.07
新疆	2592070	0.34	1845	0.01
东部	332004571	43.51	2076455	10.56
中部	206320539	27.04	10299601	52.38
西部	192737016	25.26	7572662	38.51
东北部	20399673	2.67	133626	0.68

资料来源：根据《中国第二次全国农业普查资料》中表6—2—17数据整理。

国内多项研究表明，在经济发达地区可以学到较为先进的技能、经验。而本项目名称为"民族地区女性农民工返乡创业问题研究"，因此，根据题意，结合表2—3女性农民工分布的情况，针对西北片区的青海、宁夏、内蒙古、新疆、西藏以及西南片区的云南、贵州、广西，我们在选择样本的时候，西北片区将以外出打工人数相对较多的内蒙古自治区、新疆维吾尔自治区为例，西南片区自然是以民族地区打工大省的广西壮族自治区与贵州省为例，放弃了外出打工女性人数相对较少的原计划调查的与贵州省民族情况类似的云南省。

之所以选择贵州省作为调查地区之一，是因为贵州虽然不是少数民族自治区，却是多民族聚居的省份，也是少数民族大省。2010年第六次人口普查资料显示，贵州少数民族人口达1452万人，在全国处于第三位，占全省总人口的38.98%。全省少数民族农业户人口比例为66.19%，比全国高出8.5个百分点。民族自治地方的土地面积占全省总面积的55.5%，且分布遍及全省的88个县、市、区，并在成片聚居的地区建立了3个自治州、11个自治县。在这些少数民族总人口中，妇女就占了47.55%。正因为如此，我们选择的具体调查地点全部定在少数民族自治州、自治县或者民族乡，以保证其"民族地区"的纯正性。

表2—4　　　　　2000年贵州少数民族的各种比例　　　　　（％）

贵州拥有的民族	全国各少数民族在贵州的集中率	占城镇人口比重	2010年占贵州少数民族总人数比重
汉族	/	47.5	/
少数民族	/	35.0	/
布依族	94.2	26.2	17.10
水族	90.8	19.5	1.84
侗族	55.0	30.5	15.12
苗族	48.1	25.6	26.67
土家族	/	34.9	15.36
未识别民族	96.7	/	6.60

资料来源：根据张善余《中国人口地理》（科学出版社2007年版）第42页及《中国2010年人口普查资料》中表1—6数据整理。

2. 调查样本的选择

少数民族地区分布大多分散，地域较广，样本的选择是一个难题。虽然女性创业在我们国家发展越来越快，国家创业扶持的政策也在加大力度，但是少数民族地区女性农民工在创业的认识问题上是一个什么样的态度，她们创业地点的选择在哪里，她们的创业动机是什么，她们的创业现状如何，影响创业的关键因素是什么，国家地方采取的扶持政策惠及她们没有，她们需要什么样的创业环境等，在农民工最为国家关注的今天，这些都是国家和地方政府很需要了解的内容。由于此前国家包括地方政府还没有关注到这个问题，因此这方面的信息很是稀少，尤其是民族地区，很多这方面的工作才刚开展起来甚至还没有开展，所以需要研究者们去做一个探索。根据社会学理论方法，探索性的研究，不需要进行严格的随机抽样，其调查样本也不需要对总体具有多么强的代表性、概括性，那么此时选择样本的标准就不是代表性，而是适合性了①。特别是我们的研究对象是少数民族，有其特殊性、复杂性，且各民族的经济发展不一，民风民俗不同，在这样的条件下，用样本去推论所有的少数民族地区农民工女性对创业的认识以及认知，就可能有失偏颇。因而我们采用的是非概率抽样法中的便利性抽样，目的就是方便我们能够在少数民族地区采集到满足研究需要的数据。这实际上在统计的调查形式上带有某种重点调查和典型调查的特点，即研究的主体在一定程度上有着普遍性、代表性，但是不能像抽样调查那样，确定调查误差以及可靠程度，只是能够帮助我们在少数民族地区的女性农民工的创业问题上，做一个探索性的研究。英格尔斯在研究人的现代性时，就是根据合适性的原则，采用了配

---

① 参见风笑天《社会学研究方法》，中国人民大学出版社 2004 年版。

额抽样。他说："我们没有寻找代表性的样本，而是寻找非常适合于目标的配额样本，个人与其他之所以被选入样本，是因为它们同我们要检验的理论有关……"① 故，结合本课题题意，我们在选择样本时采用的是非概率抽样中的便利抽样方法，特邀请课题组负责人所在高校的在校学生以及其他高校的部分学生参与调查。

3. 调查地点选择

本课题研究的总体是返乡农民工，因此我们的所有调查对象都应该是有过打工经历的农民。由于西部大开发的整体推进和民族地区国家重点项目的陆续建设，民族地区农村剩余劳动力转移数量明显增加。但是，少数民族主要分布在西部的山区、风沙化地区和干旱地区，居住分散，因地理位置、种族不同、生活习惯等存在差异，受传统观念的影响很大，如宁夏、西藏、青海、新疆、内蒙古等，包括打工人数相对较多的云南省，离城市较近的地区外出务工转移的速度就远高于偏远山区或者是牧区，在省（区）内各地州县乡内转移就业的比重大于跨省，因此，流动半径较小是这几个省（区）剩余劳动力转移的特点。从农村劳动力转移的走向看，本省（区）与周边民族相同省份才是其转移的"热点"，且在转移的过程中，仍以男性、青壮年劳动力为主，以依托传统的血缘、地缘、人际关系网络为主。而且转移劳动力在外从业时间较短，且有很强的季节性，也表明这些地区的农村劳动力的转移具有明显的兼业性。还有很多民族女性因为风俗习惯、语言问题，疏于与他人沟通，更不用说出门打工。与此同时，课题组又考虑到创业行为与经济活跃度的关系，拟调查的

---

① ［美］阿历克斯·英格尔斯：《人的现代化》，四川人民出版社1985年版，第63页。

地点基本上是选择在汉化比较好、人口比较集中、经济相对比较活跃、外出务工者相对较多且外出务工时间较长的乡镇进行。特别是西部地区的新疆与内蒙古的特殊性，尽量避开其放牧区，同时也是出于便利性原则的考虑（学生家庭的分布情况），所以选择了新疆的南疆，内蒙古自治区的东北部；在西南片区，选择了广西的瑶族、仫佬族、壮族等少数民族聚居的乡镇；而不是自治区的贵州省，我们也选择了黔西南布依族苗族自治州、黔东南苗族侗族自治州、黔南布依族苗族自治州三个少数民族自治州以及六盘水特区的苗族、侗族、布依族等少数民族自治县、自治乡来进行调查。

4. 调查对象选择

为了了解女性农民工创业中区域因素的影响，我们选择的问卷调查对象是在选定的区域里面来进行调查，而不是在农民工打工的聚集地去调查。每个州、旗（地区）一般情况下选择两个县，每个县选择1—2个乡，凡是住在这个乡的返乡女性农民工都是我们调查的对象，也就是说，她们可以是少数民族，也可以是汉族。每个调查小组调查的最小基本单位必须是一个乡镇。换句话说，每个调查小组理论上必须把某个乡镇辖区的所有的女性返乡农民工都纳入调查对象，如果一个乡调查对象不够，可以扩大到两个乡[①]，每个地区（州）的问卷调查是60份。问卷调查内容分为两类：第一类是针对已经创业成功的农民工女性，指在本村、本乡或者在本县创业（在外县创业的就不能算了）的人群，这部分的问卷总量至少应该达到30%，即18份左右（由于民族地区女性农民工创业人数较少，这个人数已经不可

---

① 据学生们反映，因为有些同一个乡的村寨距离很远，不太容易调查，反而行政区域不是同一个乡镇的村寨距离比较近，方便调查。

能再多了）；而第二类的问卷调查对象是没有创业的女性农民工，对她们的调查是创业意向的调查，总量是70%，即42份左右。在所有的调查对象里，无论是否已经创业，她们必须有过打工经历，并且理论上现在已经返乡没有再离乡打工的女性（只要是返回县里面的就算是返乡）。但是经过调查，符合这个标准的女性数量大大少于返乡后又离乡打工女性的数量。经过课题组讨论以后，对于没有创业的女性人群，主要目的是"创业意向"以及对创业的认知调查，而很多女性到了一定的年龄都要返乡，只是时间上有早晚而已，故在调查70%的"创业意向"的问卷面，包括了返乡回家过年、过年后又离乡打工的女性农民工。

另外，根据研究目的，本研究访谈对象的选择，是采取了立意取样这种抽样方式而产生的。所谓立意取样，指的是研究样本的选择，是按照能否符合本研究的目标而确定的，也就是说，选择了包含有大量与本研究目的相关信息的样本做深度研究。

5. 调查时间选择

问卷调查时间就定在学校放寒假的这段时间里，因为返乡农民工的"返乡"时间基本上是年末到春节期间，这个时候正是寒假时间，学生正好利用寒假回家进行问卷调查。但主要的调查时间是放在年前的这一段时间。这是因为，首先，可以充分利用同学们过年以前的这段闲暇时间进行调查；其次，这个时候有两类人群虽然返乡过年，但是过完年以后仍然要外出打工、做生意。因此，根据外出务工人员过完年以后绝大多数人仍然要重新外出务工的规律，调查员必须抓紧这段时间进行调查。否则人走了以后，就难以找到调查对象了。这些人是：年后仍然要外出打工的农民工；在本县或者本镇部分创业者。另外，有两类人即便年后也可以继续开展调查，这些人是：在本村的创业者；返乡以后不再出去或者是短时间内不再外出的打工者。

6. 关于数据收集方式以及调查员选择

本课题的大部分数据是以调查问卷的形式采集。考虑到创业行为与经济发展的关系，考虑到少数民族地区的各种风俗习惯，课题组预备大部分的调查地点是选择汉化较好的、经济相对较活跃的区域进行调查，因为那里一般外出打工者较多。由于调查对象大多数是少数民族，有些民族不喜与陌生人打交道，也不允许陌生人进到家里面，因此，本课题的调查员队伍都是由家住在当地农村且就住在调查点的在校大学本科生及硕士研究生组成，并利用寒假在家的这段时间充分进行调查（这就是我们采用便利性抽样调查的原因）。因为很多农村少数民族女性识字不多，尽管问卷问题设计简单，也通俗易懂，但是仍然怕很多人看不懂，因此，我们的调查是询问式问卷调查。即，调查员按照问卷问题以询问的方式进行调查。这种调查方式对调查员的要求较高，需要责任心强、踏实认真的学生来做这个工作。对学生们来说，这其实也是一次参加社会实践的绝好机会，既锻炼他们的表达能力、沟通能力，并且能够积累社会经验。

在选择调查员的问题上，初始课题组是准备聘请当地的在校大学生来进行调查，我们曾经在新疆、甘肃、贵州等地进行问卷试调查，除了课题主持人因为亲自在所在地调查，能够取得较满意的效果以外，另外两省的调查结果都不甚理想[①]。不理想的原

---

① 课题组通过各种关系找到当地高校教师，并且请他们帮助寻找本校家住在农村且愿意参与调查工作的学生回家进行调查。

因是多方面的：首先，有些同学家乡外出打工者不多，尤其是返乡创业者更是少之又少，不太容易找到符合项目组要求的对象（如甘肃省）。其次是因为与项目组所在地区隔得太远，很多调查指标的解释以及相关调查的要求、注意事项需要先给当地的教师在电话里讲解，然后再由教师给学生传达，这使得课题组与调查员在问卷内容以及调查要求上很不容易沟通，且极其容易产生理解误差，对调查者和问卷的质量都掌控不了。再次，民族地区女性农民工返乡以及创业的资料基本上没有任何部门、个人进行过相关统计、调查、研究，所以没有可借鉴的资料和方法[①]。也考虑过请当地的专职调查队或者是相关单位来作调查，但是，一方面因为调查量不够大，成本高，他们参与的可能性不大，另一方面他们没有做过这方面的调查，问卷的口径和调查渠道都不同，与他们的沟通也不是很容易，调查的质量上也怕出现问题。再有，如果请当地相关单位来作调查，他们仍然也是聘请当地人做调查员，面临的同样是调查者以及问卷质量不能够掌控的问题，反而是因为多了许多中间环节其质量更加难以控制。因此，最终在对课题组绝大部分成员所在的高校的在校学生来源进行了初步了解以后，根据社会学调查方法中便利性的原则，决定利用本校的学生资源来做调查工作。

在调查工作进行之前，课题组首先向本校在校学生具体了解以下几个方面的内容：家是否住在少数民族自治区或者是自治州、自治县的农村；其家乡乡镇上是否有外出打工者；他们家乡的民族风情。据有些学生介绍，他们那里有的民族不欢迎外人去

[①] 2010年开始，国家调查队在一些抽样点开始进行农民工检测。但其检测首先在指标口径、指标性质上与本课题不同，可供借鉴的指标基本没有；其次，只有总体指标，而没有单设的女性指标；最后，抽样调查的数据只能供国家相关部门参考，不能对外公开。

到他们那里，更不用说还要对其进行调查。这样一来，更坚定了课题组的决心，即由家住民族地区农村里的在校学生去完成该项目问卷调查。在向学生们了解了当地的情况以后，内蒙古避开了游牧区的地方，新疆避开了汉化较不彻底的地方以及放牧的地区，同时依托本校家就居住在当地农村的在校大学生来选择调查样本。由于这些学生都是课题组大部分成员所在高校的学生，在很大程度上能够控制调查者以及调查问卷的质量。对于不是少数民族自治区的贵州，课题组也选择了家住在少数民族自治州农村的学生参与调查。

做了这番了解以后，开始对居住在民族地区内的，并且家住农村的、家乡外出打工者相对较多的学生进行参与本课题问卷调查的动员。然后，在报名的学生中进行了筛选。最终，我们选择了对问卷调查工作有兴趣、做事情认真负责，家住在少数民族自治州或者自治县、民族乡农村且家乡外出打工者相对较多的学生。在放假的前夕，对他们进行了一整天的关于调查方法等注意事项以及调查问卷的各项指标解释的培训。主持人还亲自前往另一地的某大学，为参与调查的调查员做了一天的培训。这些经过培训的同学，最终都参与了寒假"返乡女性农民工创业问题研究"课题组的问卷调查。

7. 调查对象年龄范围选择

本课题选择的被调查者的年龄原则上是16—50岁，原因在于：作为农民工尤其是女性农民工大多辍学较早，学历大多数为初中甚至小学以下，还有相当部分的人不识字，因此出外打工年纪也较小，有的十三四岁就外出打工，十七八岁已经是打工几年有人创业了。但是一般情况下，女性农民工45岁以后除了举家全迁的以外，基本上已经返乡（据课题组调查，农民工即便是目前举家外出的，到了一定年龄，除了子女会留在城市里，他们仍然会选择返乡）。另外，全球创业观察2007年的报告显示，创业年龄分布主要是在25—34岁，但是，35—44岁创业程度仍然很高，尤其是生存型创业。因此，我们把调查对象的年龄范围规定在16—50岁。

（三）少数民族地区女性农民工调查样本总体数量

课题组曾经在贵州（50份）、新疆（70份）、甘肃（30份）做过试调查。虽然地区不同，调查的份数不一，但是，某些特征的统计趋势是能够体现出来的。由于有些民族地区的外出打工女性较少，而返乡创业的更是不多，这给抽样选择带来了困难，调查量也受到了限制。因此，虽然初期拟定的调查问卷数量是1000份，但根据能够认真参与调查的学生的数量，以及他们反映的家乡女性外出务工人员的数量来看，我们最终只能是拟定600份问卷。虽然如此，因为我们的调查员都是在校大学生、研究生，且具有高素质的他们又经过课题组的专门培训，以及调查过程中课题组主持人以及成员的时时监控、问卷质量的严格把关，因此，高质量完成的600份调查问卷，也不失其较好的代表性和可信度。而在保持问卷数量在一定规模的情况下，也可以说是"不在数量，只求质量"了。

课题组在民族地区广西、新疆、内蒙古三地各选择了4个乡镇，抽取样本120个，共360个样本；又在贵州省4个地区抽取了8个乡镇240个样本，这样总计样本数为600个。另外，为了便于比较，我们又按照样本总数的10%抽取了民族地区男性样本60个（贵州、内蒙古农民工各30个），经济发达地区浙江女性样本60个（温州、绍兴女性农民工各30个），这样，参照样本一共是120个（详见表2—5）。

表 2—5　　　　　　　　问卷调查地点及数量　　　　　　（份）

调查地区	调查地点	计划调查问卷数量	回收问卷数量	有效问卷数量
贵州 (234)	黔西南州兴仁县、屯角镇	30	30	30
	黔西南州晴隆县、马场乡	30	30	30
	黔南州贵定县、德新镇	30	30	30
	黔南州独山县、基长镇	30	30	30
	六盘水市六枝、梭嘎乡	30	30	30
	六盘水市盘县、新民乡	30	30	29
	黔东南州榕江县、车江乡	30	30	28
	黔东南州施秉县、牛大场镇	30	29	27
内蒙古 (116)	喀喇沁旗、乃林镇	30	30	30
	克什克腾旗、同心镇	30	30	30
	林西县、新林镇	30	30	30
	阿鲁克尔沁旗、翁旗镇	30	30	26
新疆 (70)	阿克苏市、依干乡	30	30	30
	巩留县、牛场镇	30	19	18
	新源县、热塔斯乡	30	13	13
	尼勒克县、阿克图别克乡	30	10	9
广西 (120)	恭城县、加会乡	30	30	30
	罗城仡佬族自治县东门镇	30	30	30
	都安县、高岭乡	30	30	30
	资源县、西水乡	30	30	30
浙江女性 (60)	温州市、灵溪镇	30	30	30
	绍兴县、湖塘镇	30	30	30
民族地区 男性(60)	贵州黔西南州　兴仁县屯角镇	30	30	30
	内蒙古克什克腾旗、同心镇	30	30	30

续表

调查地区	调查地点		计划调查问卷数量	回收问卷数量	有效问卷数量
总计	回收数量		全部样本	720	674	660
	回收率（%）		全部样本	100	93.61	91.67
	其中	民族地区样本总体	回收数量	600	551	540
			回收率（%）	100	91.83	90.00
		民族地区男性与浙江女性的样本（回收率均为100%）		120	120	100

第三章

民族地区外出务工女性农民工春节返乡概况及变动趋势

该章主要描述民族地区女性农民工是受到什么因素的影响以及以什么样的方式走出家门外出务工，2010年末她们在外出务工一段时间以后，春节返乡的概况，以及这个时期返乡与2008年金融风暴时期返乡的女性农民工总体有什么不一样的特点及变化趋势。

民族地区农村女性外出在乡镇以外、打工半年以上的人数，据国家第二次农业普查资料显示，到2006年为止，累计已经达到了525.76万。其中，广西、贵州这两个打工大省就有413.73万人，占民族地区所有农民女性打工者的78.7%。也就是说，这两个省的女性农民工的动态，基本上能够代表民族地区女性农民工的趋势。虽然与中部地区相比，民族地区的女性外出打工较晚、较少，但还是有越来越多的女性加入了外出打工行列。从贵州人力资源与劳动保障厅了解到，继2006年农业普查以后，从2007年到2010年4年间，农村女性外出人数每年以2.74%的速度递增。也就是说，假如以这个速度计算，近几年民族地区外出务工的女性农民工平均每年都会以远超过 12 万[①]的人数递增。

第一节　外出务工动因

民族地区农村女性因受其民族风俗影响很少外出。产生外出打工的想法，多数是受到亲朋好友、村子里的人或者邻村等周围人外出打工挣钱的影响。调查资料显示，在她们当中，除了有 36% 的人是出于"自己想出去闯一闯"的原因以外，其余的 64% 的人都是"受周围环境因素的影响"而外出打工的。而在"受周围环境因素的影响"的这部分人中，69.83% 的人是由外出打工过年返乡探亲的"村里人带着"出去的；有 27.93% 的人则是因为"周围有打工的榜样"，即看见周围隔壁邻居外出打工赚了钱，由此受到影响而外出打工。虽然出去的形式不一，但是目的只有一个，就是赚钱补贴家用。

第二节　春节返乡规模

国家统计局和农业部的抽样数据显示，返乡农民的总量占农民工的 5%—7%，这个"返乡"是指返乡以后就没有再外出务

---

① 这个数据仅以广西、贵州的外出打工基数计算，因为广西、贵州外出打工的女性农民工占民族地区所有农民女性打工者的比重较高。而受到民族地区的特殊性、经济发展的不平衡性以及各民族的风俗影响，各地外出务工者人数多寡不一。且民族各省区开展创业方面的工作也较晚或者刚起步，相关部门对于农民工创业方面的统计工作还正在摸索中甚至还没有开展，即便有也仅为试验性质的摸底数据，且没有单独的女性资料。出于严谨与谨慎，数据都不对外公开。因此，课题组只能是根据自己调查的情况与相关部门讨论后作一大体的估计。故，下面凡是民族地区女性农民工总体总量指标的数据都作如此处理。

工的农民。民政部中国社会工作协会曾经对北京、上海、广州等六大城市的农民工群体进行过年回家的调查，问卷调查结果显示，有近70%的受访者表示不愿意回家过年，主要原因是经济等问题。即便如此，随着年末春节的临近，还是有部分农民工因为各种原因踏上了返乡之路，特别是女性农民工。据广西、贵州相关部门统计，2010年春节以前累计返乡的女性农民工的人口规模大约是175万人，而其他如新疆、内蒙古、宁夏等民族省区的农民工虽然外出务工者绝对数并不多，但因为她们大多就在本乡镇内或者是本县城内打工，所以基本上春节都要返乡。那么春节以后，她们对自己的下一步有什么样的打算，是否有创业的想法，对国家创业方面的政策了解吗？有什么预期，对创业环境的认知是什么，有什么期待？此外，忙碌了一年的已经创业的女性农民工也要回家过年，虽然她们的人数比例较小，回家的时间较短，但是本课题组同样是要利用她们回家的时间进行调查，以了解她们创业的特点，创业过程中的感悟以及对创业环境的期望，等等。

第三节 返乡总体状况

课题组在2010年末针对凡是外出打工在乡镇以外、半年以上的已经返乡回家的农民工女性作了一次问卷调查，调查地点为贵州、广西、内蒙古、新疆四省区的部分乡镇。调查情况如下：

一 统计特征

从调查的情况来看，由于我们的调查对象是民族地区的返乡女性农民工，因此少数民族占了绝大部分，各种民族由侗族、布依族、苗族、土家族、仫佬族、回族、土族、蒙古族、壮族、瑶族、水族、哈萨克族、维吾尔族、彝族、黎族、汉族 16 个民族构成。这些人中,从年龄上来看,1980 年以后出生的占了一半以上;从婚姻状态来看,多数人已经结婚,是正处于"上有老下有小"状态的群体。

表 3—1　　返乡女性农民工调查总体人口统计特征　　(%)

民族分布	汉	28.52	婚姻结构	已婚	64.50
	少数民族	71.48		未婚	35.50
年龄分布	20 岁以下	21—30 岁	31—40 岁	41—50 岁	50 岁以上
	6.11	44.63	35.56	11.85	1.30
文化程度分布	小学及以下	初中或职校	高中或职高	大专或职院	大本以上
	21.34	52.32	21.71	3.90	0.74

注:文化程度大本以上者系指自费大学毕业后还没有找到正式工作的农村学生。

二　经济特征

她们外出打工的目的虽各不相同,但是以"赚钱养家糊口"者居多,占到总数的 38.04%,这部分人年龄多数集中在 31—40 岁,绝大多数人已经结婚;其次是"想致富"的人,她们占到总数的 24.78%,这部分人年龄多数集中在 25 岁以上,多数人也已婚;而打工目的是"想到城里看看"的这部分人占了23.92%,她们的年龄只有 20 岁左右,绝大多数人未婚,很多人没有到过城里,对城里充满了好奇;还有 11.82% 的人打工的目的是想"像城里人一样生活",这部分人基本上是"90 后",基本上单身者多,对城里的生活充满了向往。

由于很多女性农民工外出打工是老乡或者亲戚带领,因此她们的打工地点比较固定、集中,多分布在珠三角一带,或者本省的其他地区,也有少部分是分布在长三角一带的,形成了同一家乡则打工聚集地点相同的特点。她们在外面打工以在工厂里做流水线或者是手工制作的工作居多,除此,年轻一点的从事宾馆、餐饮服务,从事服装、商品零售的也比较多,还有少数从事家政、美容美发等其他服务工作。打工的年均收入,1万—3万元的占了绝大多数,1万元以下的也有一部分,3万元以上者仅有11.15%。具体见表3—2。

表3—2　　　返乡女性农民工调查总体经济特征　　　（%）

打工目的	赚钱养家糊口	想到城里看看	像城里人一样生活	想致富	其他
	38.04	23.92	11.82	24.78	1.44
打工地点	本省外县	珠三角一带	长三角一带	京津一带	其他
	31.28	35.20	18.81	10.61	4.1
打工种类	宾馆、餐饮服务	家政服务	服装、商品零售	工厂	其他
	22.08	10.39	19.85	38.59	9.09
打工年均收入	1万以下	1万—3万	3万—5万	5万—10万	10万以上
	20.90	69.87	8.66	0.57	—

第四节　返乡原因构成

正处于金融风暴时期的农民工返乡除了回家过年等原因以外,还有小部分是因为企业倒闭或者是裁员。比如广西壮族自治区隆安县妇联对其所属返乡女性农民工就作了调查:因为"金融风暴导致企业倒闭或裁员造成女农民工返乡占总数的 5.42%"①。而 2010 年末女性农民工返乡则是正常返乡，问卷调查资料显示，她们返乡就是回家过年、看望孩子和老人、处理家事等，极少数人是结婚，还有留下来照顾家庭或者是身体不好的。

根据我们的实地调查，具体返乡原因有以下两大类：

第一类，52.3%的人是"回家过年"，即过完年以后仍然要离乡进城打工；

第二类，有 47.7%的女性是"回来就不走了"，即返乡过完年以后不会马上外出打工，或者是在一段时间内不会再外出打工。

在第二类回来就不走的 47.7%这部分人里，留下来的原因有多种。其中，有暂时不走的。即，一旦她们处理完事情仍然要继续外出打工，这部分人占调查总体的 10.3%。这 10.3%的人群与回家过完年后仍然外出打工的 52.3%的人数加起来占到调查总人数的 62.6%。即过完年以后仍然要继续外出打工的人数比例是 62.6%，而不再外出务工的人数比例是 37.4%。

这与课题组的统计调查数据基本一致。在进行问卷调查的同时，课题组又专门在各调查地点做了"返乡以后又离乡"等指标的数据统计，各调查地点的平均数据显示，"返乡以后又离乡"的是 61.6%，与问卷调查的数据 62.6%仅仅相差了 1%。

第五节　部分人不再外出原因

在本节里讨论的"返乡"，与上面春节的返乡在口径上有所区别：春节返乡是指到了年底，返乡回家过年，春节以后有可能

---

①　隆安县妇女联合会：《隆安县返乡女农民工创业就业现状调研报告》（http://www.lax.gov.cn/contents/1120/117377.html）。

继续外出务工或者是留在家里不再外出；而这里的返乡，则是指过完年以后一段时间里留在家里不再外出继续打工的人群，是真正意义上的"返乡农民工"。这部分人群占调查总体的37.4%。我们在前面讨论过，女性农民工返乡过完年以后不再外出打工的原因有以下几种，见图3—1。

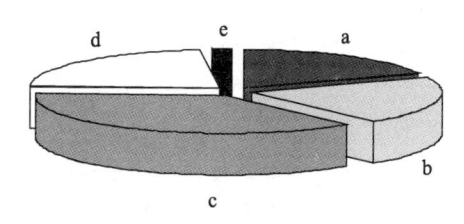

a 自己创业
b 处理一些事情暂时不走
c 留在家里照料
d 外面打工收入与家乡差距不大
e 其他

图3—1　问题：您这次返乡是出于什么原因

其中，打算"留在家里照料"家庭的占了35.43%；觉得"外面打工收入与家乡差距不大"的人认为，把生活等成本去掉，剩余的部分也就没有多少了，比较下来还不如回家，农闲之余在周边附近打打零工，既可以照顾家，又可以赚一点钱，这部分人占22.29%；另有少数人是因为要结婚或者年纪大身体不好而需要留在家里面，这部分人占4%；最后，留下来的还有17.71%的人，这部分人就是有创业想法的人。而这17.71%有具体创业想法的人，占所有春节返乡农民工（包括返乡以后又离乡者）调查总体的8.29%。

第六节　有创业打算者比例

在返乡的总人数中，有创业打算的人，占调查总体（包括返乡以后又离乡的女性农民工）的8.29%。如果以民族地区打工大省的贵州、广西为例：2010年农村女性返乡规模两省区一共是175万人，如果按照有创业想法的8.29%计算，有近14.5万的返乡女性农民工有创业的想法。在有创业想法的人里面，60%以上的人则是新生代"80后"。由于没有云南、宁夏、新疆、内蒙古、西藏等省区的返乡规模数据（原因前面已经有所说明），因此，不能推断整个民族地区有创业想法的女性农民工绝对概数，只能以相对数来说明其民族地区有创业想法的人的大概比例。

然而，选择返乡以后"自己创业"的女性农民工们毕竟还没有真正实施创业，她们在调查问卷上面的选择，只能在一定程度上说明其倾向性，能够在一定程度上帮助我们了解有创业意识的这部分人的大致规模比例，了解她们返乡以后的想法和打算。其实，从有创业意向性到她们真正实施创业行为，还是有相当距离的。而如何缩小这段距离，正是本课题研究的重点。

第七节　返乡变动趋势

金融风暴时期返乡的农民工是在一个非常规时期返乡的，虽然金融风暴并没有对大多数女性农民工产生影响，但有少部分女性农民工却是受此影响而提前返乡的。我们本次采集问卷调查信息是在2010年末进行的，这个时候的女性农民工返乡，已经是正常时期的返乡，我们把此次返乡的问卷调查汇总资料与金融风暴时期的返乡资料进行了比较，从农民工的统计特征与经济特征比如年龄、婚姻、文化程度、打工的行业、打工收入等信息来看，大致相差无几，没什么新的变化，但是就农民工的想法来看，则发生了以下一些新的变化。

一 春节后计划明确

现在的女性外出打工者返乡,绝大多数人的目的是很明确的,就是回家过年,过完年就走,或者是就此留下。过完年就走的这部分人群,是因为两个方面的原因驱使:一是为了增加家庭收入,二是为了改变原有的生活方式。而有少部分人留下不走,则一是因为要留下来照料家庭,或者有其他事情,二是有极少的人打算创业。无论是走或者留下,计划都比较明确,少了金融风暴时期返乡以后不知道下一步如何打算的烦躁和迷茫。

二 创业意向者大幅减少

结合金融风暴时期各地妇联调查的资料与本次调查资料来看,有创业意向者与金融风暴时期相比大幅减少。其原因主要是自主创业与外出打工相比,民族地区农民工女性依靠创业增加收入的风险大大高于其打工收入,所以人们仍然愿意外出打工。

三 创业意向趋于实际

(一)有创业打算者,少了盲从性、多了理智性

有创业打算的这部分人,已经不再是因为担心外出找不到工作才产生创业想法,而是因为家庭等原因不能够再外出打工,但自己又已经是习惯了工作,因而想"找点事情自己做"的人。与金融风暴时期相比少了盲从性、多了理智性。

(二)具备创业条件者,少了盲目性、多了自主性

这部分人是因为在务工过程中掌握了一些创业的基本条件(如资金、创业技能或者经验、家人和朋友帮忙等),因而对创业所带来的收益充满了预期的人。与金融风暴时期相比少了盲目性、多了自主性。

小结

各民族的独特文化凝聚了该民族在生存与发展过程中所形成的风俗习惯、生活方式、价值观念等，使得每一个民族都有其不同的特质。我们所调查的对象，虽然都是外出返乡的农民工女性，都已经经历了再社会化的过程，但是，由于自然因素、社会和宗族差异的影响，以及民族文化所具有的明显的地域性，各地区还是表现出了不同的特性。体现在创业意向的问题上："黔南苗族布依族自治州调查有17%的返乡农民工女性想在家创业"；"广西壮族自治区隆安县妇联对其返乡女性农民工调查，创业吸引返乡的有9.72%"；"黔东南苗族侗族自治州剑河县有33%的返乡女性民工因为见多识广就业、创业愿望很是强烈"，等等。这些意愿体现在金融危机爆发时的2008年末到2009年初这段时间，是由各地妇联组织的针对返乡女性农民工所作的调查。我们还对其他少数民族地区的调查在百度等作了搜索，意在了解其返乡女性农民工创业意向的数据，以便作一比较。但是不多，只搜到一条：福建某县少数民族比重比较大，该县妇联作过一次调查。在该县，参与创业的农村女性在当地务农女性中所占比例偏低。全县农村妇女劳动力4万多人当中，一般性务农超过60%，外出务工约占30%，参与创业的妇女仅占5%左右[①]。

而从我们走访的村寨情况来看，有创业想法的农村女性（包括离县城较近与远离县城的村寨中返乡后没有再出去的打工者）平均也就是5%左右。但是本次问卷调查中，四个民族地区

---

① 参见陈晓宏《农村女性创业问题初探》，《中共福建省委党校学报》2011年第1期。

女性农民工返乡以后有创业打算者是 8.29%。这个比例数据与上述调查的数据之间因为区域不同、调查时间不同、大环境形势不同而有一些差异①。正因为如此，我们并不希望我们的调查数据能够有多么大的普遍性或者是代表性，不能以这个比例去推断其他如宁夏、青海等民族地区有创业想法的人数。只希望这些数据能够帮助我们了解和探索我们的研究对象——金融风暴以后的民族地区返乡女性农民工，她们的总体呈现出什么样的特点，外出务工的工作是以什么为主，收入如何，返乡以后的下一步会有什么样的打算，是否有创业意识，对国家创业政策是否了解，等等。

---

① 除了专门调查，关于各民族地区返乡女性农民工的统计数据基本没有。且一般情况下，各种调查因为调查目的和方法的不同数据会产生差异。

第四章

民族地区女性农民工返乡创业现状

该章主要帮助我们了解民族地区已经创业成功的返乡女性农民工总体的创业现状,包括她们创业的特点、创业动机、创业所起到的作用、带动就业的状况、对创业是否成功的认同,以及目前民族地区的创业环境等。

一个国家的经济发展水平与其创业水平、创业类型之间有着密切的关系。2005年全球创业观察对全球范围内的35个国家进行了调查,在这次调查中获得的数据证实了中等收入国家有更多的失业人员参与早期创业活动。这是因为这些中等收入水平国家的失业救济与社会福利制度尚欠完善,还不能给失业群体提供足够的保障,因此,这些人不得不创立自己的企业。[1] 所以,无论是在发达国家还是在发展中国家,创业活动与经济产出、劳动就业等方面,都已经表现出越来越紧密的联系。

创业是一个长期而又复杂的过程,不但受到创业者个人人力资本的影响,还受到社会环境、文化氛围、传统价值观等多种因

---

[1] 参见高建《全球创业观察中国报告——基于2005年数据的分析》,清华大学出版社2006年版。

素的共同影响。多个研究者的调查结果显示,女性创业者在总量上低于男性创业者,并且"生存性创业相对比重较高"[①]。而本项目组通过对民族地区调查的大量资料也表明,在这里发生的农民工的创业行为,无论是男性或者是女性,仍然是以生存型创业[②]为主。

第一节 创业现状

一 总体特征

（一）统计特征

调查资料显示,民族地区女性农民工创业者年龄分布主要在31—40岁,创业时间不是很长,绝大多数创业者已经结婚,文化程度主要是初中或职校（见表4—1）。

表4—1　　女性农民工创业者调查总体人口统计特征　　（%）

民族分布	汉	25.79	婚姻分布	已婚	80.53
	少数民族	74.21		未婚	19.47
年龄分布	20岁以下	21—30岁	31—40岁	41—50岁	50岁以上
	2.14	34.23	46.52	15.51	1.60
文化程度分布	小学及以下	初中或职校	高中或职高	大专或职院	本科以上
	20.63	54.50	19.58	4.76	0.53

[①] 高建、程源、李习保、姜彦福:《全球创业观察中国报告（2007）——创业转型与就业效应》,清华大学出版社2008年版,第50页。

[②] 所谓生存型创业主要是指创业者为了求得生存,改变自己的经济状况,别无更好选择而被迫创业。

(二) 经济特征

创业者们创业之前的打工地点主要集中在珠三角一带（这里主要是广西、贵州两省区打工者的首选），其次分布在本省（自治区）内（内蒙古、新疆的农民工女性绝大多数是在本县内务工）；打工期间的工作在工厂里做流水线的较多，这也符合当时经济发展的特点。即珠三角一带第二产业发展速度较快，而全国当时的第三产业诸如服务业的发展还没有现在这么快，这么多样化，而且当时的工资收入也比较低，月收入在500—800元的比较多。结合创业者创业以前最初打工的年龄来看，她们一般打工时间都在10年左右，在有了一定的资金、工作经验和打工技能等积累以后，才逐渐尝试进行创业（见表4—2）。

表4—2　　返乡女性农民工创业者调查总体经济特征　　　（%）

创业前打工年龄分布	15岁以下	16—20岁	21—30岁	31—40岁	41岁以上
	6.92	62.23	28.72	2.13	—
创业前打工地点分布	本地区外县	珠三角一带	长三角一带	京津一带	其他
	33.86	38.10	17.99	7.94	2.12
创业前打工工作分布	宾馆、餐饮服务	家政服务	服装、商品零售	工厂	其他
	23.28	7.94	17.99	41.27	9.52
创业前打工年均收入分布	1万以下	1万—3万	3万—5万	5万—10万	10万以上
	33.86	60.85	5.29	—	—

(三) 创业概数

据贵州有关部门统计：贵州近几年来全省返乡农民工累计创业人数是4.3万人，其中，女性占30%，即1.29万人。返乡农民工创业者中从事种植、养殖业最多，占23.6%，其次是餐饮零售等服务业，第三是生产加工业，创业行业层次不高且创业规模总体不大。民族地区经济不发达，所以生存驱动型创业占了绝大部分。由于缺乏资金，贷款条件不够，民族地区女性创业比经济发达地区更加难以启动。社会地位边缘化，社会资本网络规模狭小，这样的特征决定了她们难以获得所需的社会资源，极大地影响了创业选择，决定了大多数女性的创业决策、创业项目以及创业定位，只能选择传统的女性行业部门，并且是门槛较低的行业。

这次调查本项目组在民族地区获得的数据，也支持了贵州省的统计数据。在民族地区的农村里，女性农民工创业的人数不多，而成规模者则更是少见。在某些乡镇，女性农民工创业的只有寥寥几人。只是在有政府专门组织的项目比如养殖或者种植的情况下，创业者就会比较多一点，但是规模都不太大。比如：内蒙古赤峰市喀喇沁旗乃林镇，以农业经济为主，农林牧副全面发展，农民的财源是种植烤烟、养殖肉牛。那里还是旗内东部重要的物资集散地，近年来又成为开发带的重点乡镇，农贸市场交易很是活跃。但是，受传统风俗影响，据了解那里创业成功的女性只有几个人。同在内蒙古的林西县新林镇，支柱产业是种植和养殖畜牧业。由于产业结构升级与提高规模效益的原因，那里的种植与养殖如今都采取了规模控制。比如，种植只能是经济类作物，养殖业必须是优良品种。当地乡政府为了帮助农民更好地摆脱贫困并能够在今后致富，根据国家政策，向需要和愿意养殖的每户人家提供30头科技新品种的种羊，以此帮助人们创业（这是那里的养殖创业标准之一），以迅速提高人们的收入水平。因为有政府组织，所以养殖户较多，但其他经营式的创业项目就很少，而且即便是养殖，以女性为主的也很少。而贵州、广西的农村都是以种植为主，人们大多数也都是经营传统的农业。在是否是创业的问题上也存在着同样的现象，即如果有当地政府组织种植或者是养殖情况就会好一点。比如，贵州黔南州独山县基长镇，政府根据当地的气候土壤的特点，号召当地农民大面积种植西红柿，不再进行传统的粮食种植。这样就出现了部分人承包种植的情况。这种承包情况，在当地就视为创业。

除种植、养殖以外，因为民族地区的农村多为偏僻山区，受经济条件以及人们的需求所限，人们自主创业的意识很是淡漠，积极性、主动性不高。即使创业也存在严重的盲从现象，创业项目单一、重复，创业项目的选择面很窄。如小饮食店、小杂货店等就是人们选择最多的项目，因此会出现竞争性较强的现象，不断有店开业，也不断有店倒闭。原因自然是小市场容不下那么多同一项目，项目创业成功的时效因此而较低。

因此，在创业规模上，我们这次调查的贵州、广西、新疆、内蒙古等民族地区一共 24 个乡镇（旗），总人口约为 53 万人，其中女性人口大约为 22.5 万，有过打工经历的女性约为 3 万人，而返乡女性创业并且成功者（包括种植、养殖）占打工女性比重的近 1.26%。如果按照这个比例计算，以民族地区外出打工女性 21—45 岁人口即 450 万人[①]作为基数（一般创业女性大多数年龄都在 21—45 岁之间），则创业概数是 5.6 万人。

二 创业特点

为了便于比较，我们在浙江的温州、绍兴农村采集了女性农

[①] 根据《中国第二次全国农业普查资料》中表 6—2—17 "各地区按外出地点分的农村住户（户籍）外出从业人员数量"数据整理。

民工的样本,又在民族地区贵州的黔东南、内蒙古的克什克腾农村采集了男性农民工样本,以便做一比较。民族地区女性农民工创业体现出以下特征。

(一) 创业年限不长

从创业者的情况来看,民族地区女性创业者的创业年限均不长,多集中在5年以内,只有少数人的创业时间超过5年,与民族地区男性样本的趋势大体一致,反映了民族地区的创业活动开展得较晚的特点。而从浙江女性农民工的样本来看,浙江女性的创业活动开展得比较早,也比较活跃(见图4—1)。

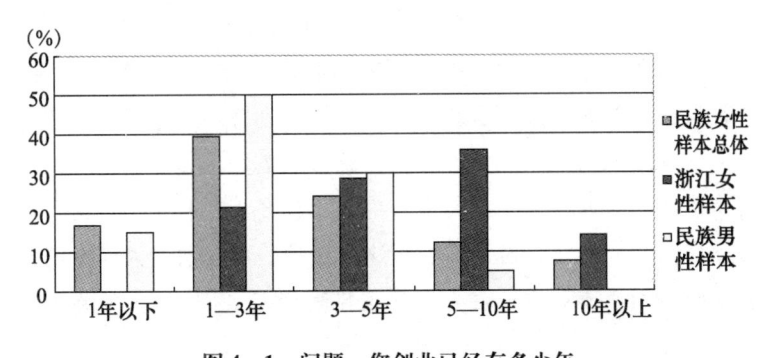

图4—1　问题:您创业已经有多少年

注:不排除受到样本限制,浙江女性创业年限没有一年以下的。

(二) 投资规模大多在3万元以下

民族地区女性农民工的投资规模受限于经济实力,一般情况下所选择的行业门槛较低。她们的投资规模在3万元以下者较多。而5万—10万元以上的投资者就很少了,男性也如此。相比之下,浙江女性农民工投资在5万—10万元者较多,显示出经济发达地区与经济贫困地区经济实力的差异(见图4—2)。

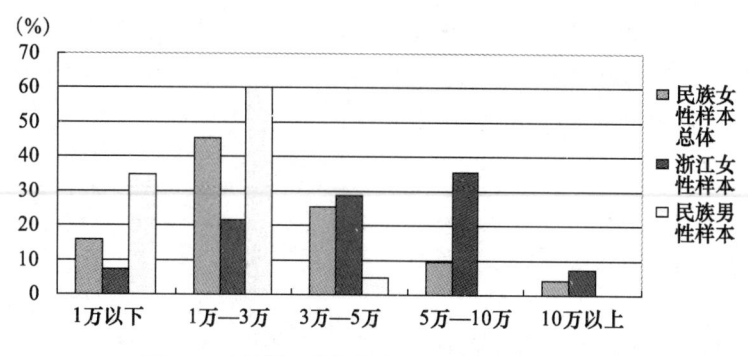

图 4—2 问题：您初创业时的投资规模有多大

（三）创业者中排行老大、老二者居多

我们在试调查阶段采访创业成功妇女时偶然发现一个现象，多数人在家里面的排行是老二。老百姓中间流行一句话，"傻老大，奸老二"，意指一般老大比较憨厚、忍辱负重、吃苦耐劳，独立性强，而老二，头脑灵活，主意比较多，好胜、不服输。因此，我们在设计问卷时，增加了这个选项，意在通过大样本的调查，证实创业成功者是否大多数是排行老二。图 4—3 是调查结果。

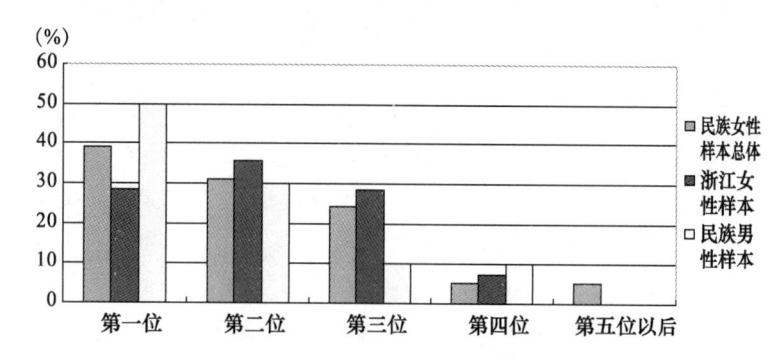

图 4—3 问题：您在兄弟姐妹中排行第几位

调查结果表明，排位靠前者依次居多。这是因为农村一般情况下，排位靠前的女孩子，在家里负担的责任较重。比较普遍的是，大多数女孩子从小就辍学在家帮助父母拉扯弟弟妹妹。有些女孩子为了在经济上能够帮助家里，支持弟弟妹妹尤其是弟弟的学费，她们顺理成章地成为家里最先出门的打工者。按照一般规律，有了打工经验以及收入，创业者里面她们自然也是靠前者。浙江女性、民族男性也循同理。

（四）选择创业项目的标准主要是"熟悉"，同时要体现出"起步费少"又能够"赚钱"的原则

对于经济落后的民族地区人们尤其是女性农民工来说，限于经济的原因，选择其创业的项目，是需要考虑多种因素的。她们首先要考虑的就是，是否"熟悉"自己打算创业的项目，熟悉项目对于自己成功的把握有多大；与此同时还要考虑经济因素，即项目的"起步费要少"，而且要比较"容易赚钱"。能否得到"家人和朋友帮忙"，这也是需要考虑的一个重要的因素。但是，作为经济发达地区的浙江女性农民工，她们主要考虑的创业项目标准是"是否容易赚钱"，其次才是"熟悉"，体现了经济发达地区人们的价值观。而男性的冒险性则比较强。他们选择创业项目，最先考虑的是是否有"朋友和家人帮忙"，是否比较"容易赚钱"，在这个基础上才会去考虑其他因素。

（五）创业行业的分布比较集中，选择面较窄

正因为她们在创业项目选择上主要体现小、熟悉、起步费少、见效快、能够立竿见影挣钱的原则，如小服装店、小百货店、小餐饮店，以及比较熟悉的比传统规模略大的种植、养殖业等就成为她们创业项目的首选。办实体企业者则凤毛麟角。显示出虽然是离开了农业，但是间接上，创业项目仍然是与她们所熟悉的农业有着千丝万缕的联系。同样是女性农民工，浙江省在选择创业

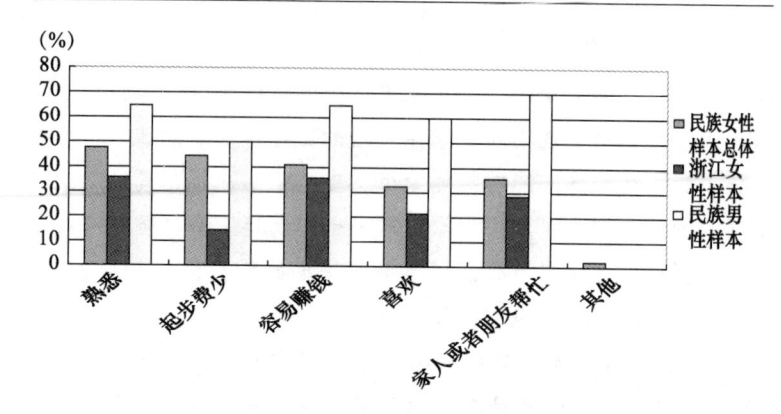

图4—4 问题：您创业为什么选择这个行业

项目上显然要丰富且规模大得多。以服装、零售为例，民族地区的女性农民工多是开小服装店、小杂货店，但是浙江女性农民工就有布匹业批发、服装批发等，而她们创业的服务行业，服务品种也是五花八门。民族地区的男性，则大多数也只是在自己熟悉的农业如种植和养殖业上做文章，其他的或者是开个饮食店、汽车修理店，最多是小装修公司等，办实体企业的也很少。可见创业项目的选择，与区域的经济发展水平有着较大的关系（见图4—5）。

三 创业动机

虽然生活压力是迫使女性农民工创业的主要动机之一，但是，不同年龄段的人们创业动机还是有着较大的差别。

（一）创业动机是"生活所迫"

这部分人，超过90%文化程度在初中以下，半数以上是"80后"。很多人的创业时间也就是2年左右，超过80%的人投资规模在3万元以下，体现出创业就是为了生活，而且创业正在初始阶段这一特点。这部分人占调查总数的34.74%。

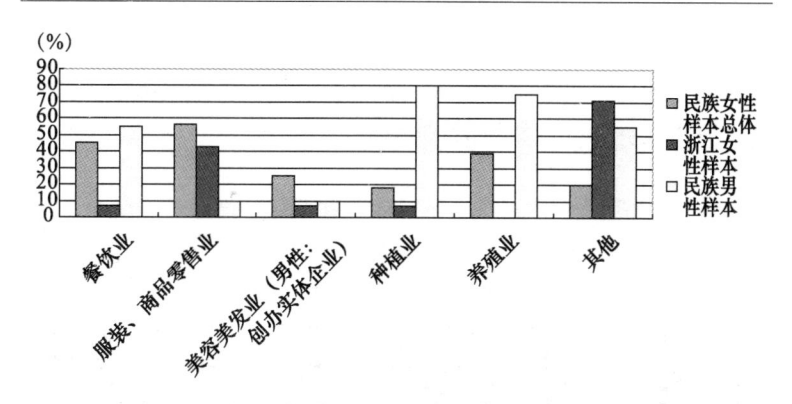

图4—5 问题：您创业选择的是什么行业

（二）创业动机是"致富、有地位"

这部分人的创业动机则是在生存的基础上有着进一步的追求，即有着致富、地位的需求。比起动机是"生活所迫"者，这部分人中"70后"较多而"80后"较少，大多数人是初中文化水平。她们的创业年限较长，3—5年的较多，投资规模1万元的极少，大多数是在2万—5万元，表现出她们在解决了温饱问题以后有追求较高层次生活需求的趋势。这部分人占了调查总数的33.68%。

（三）创业动机是"自己当老板"

这部分人比较追求独立，想自己当老板，大多数人的年龄在30岁左右，这一组的高中文化水平者最多。而且创业的投资规模半数超过了5万元，创业年限有80%的人在2—5年。相比较而言，较雄厚的资金以及较高的文化，提升了她们的自信。这部分人占了调查总数的20.53%。

（四）创业动机是"证明自己能力"

她们几乎都是"80后"，半数以上的人创业时间也就是2年左右，不但近50%的人投资规模超过5万元，而且在女性农民工中投资 10 万元的绝大多数集中在了这一组，且具有高中文化水平的人超过了初中水平的人，体现出她们高素质、强能力的特点。但这部分人仅占总数的 7.89%。

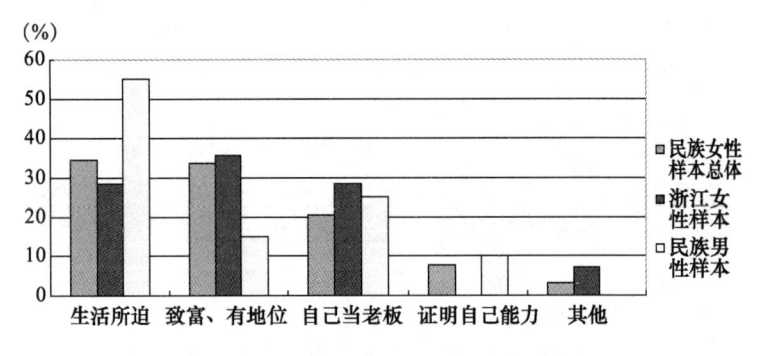

图4—6　问题：您创业的主要动机是什么

从图4—6可以看出，经济发达地区的浙江女性的创业动机，则比民族地区女性有着高一层次的需求，她们的生活需求动机少于民族地区女性，而她们的"致富、有地位"以及"自己当老板"的需求则高于民族地区女性。

第二节　与其他创业总体的比较

总结下来，在创业问题上，民族地区女性与同一地区的男性及经济发达地区的女性相比体现出不同特点。

一　与民族地区农民工男性比

相同点：民族地区创业活动开展得都较晚；大多数人性别角色的期待是一样的，都认同"男主外、女主内"；文化程度较高者，选择自己行业的能力要强一点；而且无论是女性还是男性，他们的创业动机几乎一致，主要是因为生活所迫，只是作为贫困地区家里顶梁柱的男性，生活重担显然要重得多；在选择创业项目问题上，他们中的大多数人都只能选择自己熟悉的农业如种植和养殖，或者是开个小饮食店等项目创业，男性会增加一些项目如小汽车修理店、个体装修等，体现出个体经营者较多、办实体企业者很少的特点；他们掌握的创业基本条件也都是主要依赖"家人朋友帮忙"，都体现出了一人创业多人支持的特点，只是男性的创业规模相对女性较大、种类较多，因此，资金需求量也更大，且需要支持的力度也更强。

不同点：在创业的决策上，男性的冒险性较强，而女性则谨慎得多；女性选择创业的行业时，主要考虑"熟悉"或者是"起步费少"，而男性们则主要考虑选择这个项目是否有"家人或者朋友帮忙"、是否"容易赚钱"，显示出男性考虑的综合因素较强而女性较单一的特点；在选择具体的创业项目时，女性则主要是"受朋友或周围人影响"，而男性最先考虑的是是否"喜欢"。

二 与经济发达地区农民工女性比

相同点：谨慎是女性们创业决策的一个重要特点；性别角色的期待是一样的；文化程度较高者，选择自己行业的能力也要强一点。

不同点：浙江农民工女性文化程度较高，仅大专以上文化程度就比民族地区女性多了10个百分点；浙江女性的创业活动比较早，也比较活跃。而最大的不同，就是经济发达地区农民工的创业动机，已经由因为最初的生活所迫单纯地追求经济效益转向了追求经济效益与社会效益相结合，已经能够实现自己的追求与梦想。调查数据显示，浙江女性的创业动机比民族地区要高一个层次。经济发达地区的许多早先创业的女性农民工已经从"生活迫使"创业，到追求"致富"，一步步走来，如今已经到创业是追求自己理想的较高层次，体现出明显不同于民族地区女性农民工较低创业动机层次的特点，进入比较自信、独立的状态。她们似乎不需要像民族地区的女性那样急于"证明自己能力"，反映出了与贫困地区女性不一样的心态；投资规模较大者较多，选择创业的行业也要广泛和丰富得多；她们选择创业行业的标准主要是"容易赚钱"，和民族地区女性的选择标准是"熟悉、起步费少"大不相同；她们拥有的创业条件首选是资金，与民族地区女性的创业条件首选是"家人朋友帮忙"这一点也有很大的区别，体现出的则是经济发达地区较强的经济基础，因此，浙江女性百分之百人次的创业资金筹集主要是自己的积蓄，向亲戚朋友借贷的很少，再次显示出经济发达地区与贫困地区虽然同是农民工，但在经济实力上存在较大差异的特点。

从下面的案例中，我们就可以了解到经济发达地区的女性农民工创业，已经从最初的生活所迫、单纯地追求经济效益转向了追求经济效益与社会效益相结合，实现自己的追求与梦想的层次。

> 案例1：实现自己多年的梦想
> 　　L女士生于1970年，是浙江省温州市苍南县灵溪镇一名普通的女性农民工，在中国经济高速发展的有利环境下，十多年以来一直经营着文具批发业务。通过她多年的辛勤劳动积累了一定的资本。2011年初，她放弃了当时经营得有声有色的生意，

开始筹备新建一所幼儿园，完成她多年的教育创业的梦想。

在获得有关部门的许可后，L女士重新开始了其艰难的创业过程。从筹集资金开始，到购置地皮、修建校舍，每个环节虽然都充满了艰辛，但凭着自己多年在生意场上摸爬滚打的经验，最终克服了这些困难，目前幼儿园的运转已经正式进入了轨道。

L女士乐观地表示，到了下半年，一个充满了孩子们嬉闹声的幼儿园就将诞生。目前L女士正在着手与商家洽谈关于桌椅及其他学习用品的购置工作，这得益于她早年打工时所积累的人脉，因此在教学用品购置及室内装修方面的进度进展得很顺利。在教师的招聘上，L女士则有着自己独特的见解。她认为：招收职工的第一条件并不是学历高低，而是那份对于工作的责任心和对孩子们的喜爱。幼教工作是一份具有使命感的工作，孩子的家长把孩子托付给我们，那是对于我们何等的信赖和肯定，我们一定要把孩子当成自己的孩子，细心地给予呵护，耐心地进行教育，让孩子们在幼儿园也能感受到在家的温暖，让孩子们的家长放心地投身于他们的工作。

L女士表示，现在的初步计划是开10个班，每个班20名孩子，每个班配一名教师，还要聘请若干生活教师。除了任课教师，其他工作人员都会招聘本乡的人，因为本乡人熟悉，更能放心地将一些工作交给他们处理，而且自己的成长离不开乡亲们的帮助，能帮一点乡里，也是对过去的回报。

对于幼儿园的前景，L女士有着十分明确的目标，即希望有一天能够成为像县幼儿园一样的大型幼儿园，能够聘请更好的教师，购置更先进的早教设施，让孩子们快乐成长，让家长们安心。

L女士的这类案例，东部发达地区很多。人们在完成了原始的资金积累以后，有些会进行二次创业，而这次创业动机则不同于初次创业，不是初级的因为生活所迫，而是一个质的飞跃，是因为梦想、自身兴趣或者是机会等。当然，区域经济结构的环境，也是人们改变创业动机结构的另一个重要因素。

三　与国外女性比

相同点：性别角色的期待是一样的，只是程度不一；文化程度较高者，选择自己职业的能力要强一点；女性创业者比男性创业者有着更少的产业经验，布罗菲（1992）、卡特和阿利安（1997）为这个观点提供了经验数据的支持：女性被局限于零售业、服务业之内，女性创业的企业在其他产业领域的生存率较低，如制造产业和高新技术产业[①]；女性通过管理经验来获得人力资本的可能性更小，也面临着创业资金较难的问题。

不同点：在创业动机的问题上，经济发达国家如美国与中国女性有所区别。表4—3所列出的创业动机指标虽然与本课题的指标提法不甚相同，但性质却差不多。从这些指标中可以看出，美国女性因为"生活所迫"动机而创业者少得多，追求财富、社会地位者则比中国多。

表4—3　　　　　国内与国外女性创业动机比较　　　　　（%）

指标	美国女性	指标	民族地区农民工女性样本总体	浙江农民工女性样本
满足经济需求	10.55	生活所迫	32.82	28.57

---

①　参见坎迪达·布拉什、南希·卡特、帕特里夏·格林《女性创业》，张莉、徐汉群译，人民邮电出版社2006年版，第63页。

续表

指标	美国女性	指标	民族地区农民工女性样本总体	浙江农民工女性样本
财富、社会地位	36.26	致富、有地位	31.79	35.71
独立自主与个人发展	22.14	自己当老板	21.54	28.57
对个人想法的检验与实施	10.81	证明自己能力	8.72	0.00
其他	19.88	其他	5.13	7.14

资料来源：美国数据是根据坎迪达·布拉什等所著《女性创业》相关数据整理。

同时，民族地区女性农民工与国外女性相比较，具有创业不够自信、缺乏创业技能和工作经验等特点（见表4—4）。

表4—4　　　各国受创业因素影响的人数比重　　　（％）

国家和地区	因怕失败而影响创业的人数比重	具备创业技能和工作经验人数比重
美国	23.1	48.3
英国	35.8	48.5
法国	48.6	33.5
意大利	42.1	50.5
日本	36.6	15.2
发达国家平均水平	37.2	39.2
俄罗斯	28.4	8.7
巴西	33.5	53.7

续表

国家和地区	因怕失败而影响创业的人数比重	具备创业技能和工作经验人数比重
印度	46.9	73.0
中国	29.5	38.9
民族地区返乡农民工女性	54.2	22.4
浙江返乡农民工女性	28.6	45.7
民族地区返乡农民工男性	30.0	21.3

部分资料来源：高建、程源、李习保、姜彦福：《全球创业观察中国报告（2007）——创业转型与就业效应》，清华大学出版社2008年版。

第三节 创业成功者的个人特征

在调查中发现，在创业问题上，无论是国内还是国外，无论是城市还是农村，女性创业者有着一些共同的特点，而在民族地区女性农民工身上，这些特点则更加显著。

一 坚韧不拔，独立性、目标性超强

案例2：独立性、目标性超强

地处贵州安顺大西桥镇的广源绿色油脂公司董事长H女士，是一个有着明确目标，且意志坚强的人。还在读小学时，她便因家境贫寒辍学回家。身为老大，为了协助父母抚养弟妹，她十几岁就离开家乡开始了打工生涯。她到过多处地方，干过多种工作。打工的20年，练就了她顽强坚毅和吃苦耐劳的精神。为了实现儿时希望自己有个小油坊的梦想，她更是有意识地到油脂厂去打工，以便学习了解榨油的工艺。为提高技能，她

还找到地处浙江的一家油脂公司去打工学艺，因为吃苦肯干，又熟悉业务，一年以后就当上了车间主任。当地并不种植油菜籽，她任职的那家工厂，原料要从远地运来，致使产品成本较高，而她的家乡种有大面积的油菜籽，如果就地生产，则可大幅度降低生产成本。这时有心的她，下定决心，一定要学会油脂生产的各项工艺技术和管理。于是她更加刻苦钻研，虚心求教，甚至"偷艺"，很快就掌握了加工油脂生产的工艺流程及各加工环节，并于2004年毅然回到家乡创业。在当地政府的支持下，她的广源绿色油脂公司成立了。成立之初正是收购油菜籽的时候，榨油的季节性比较强，如果不能把原材料备齐，就会影响下一步的生产。百事待兴，刚开始生产资金就面临着很大的缺口，在没有办法的情况下，她硬是背负民间借贷的高利息咬牙坚持了下来。

企业后来得到了当地市政府及相关部门大力支持。目前该公司实现利税400多万元，生产的精炼菜油成为老百姓的放心食用油，也成为当地同行业唯一出口的企业。并带动农民工实现就业近百人。公司通过"公司+基地+农户"的生产模式，较好地带动了大批农户脱贫致富，周边地区直接受益农户5000户。而油菜种植基地农户达16000余户，户均年增收额度达到1200元以上，在一定程度上带动了新农村经济发展，取得了较好的经济效益和社会效益。

案例启示：在创业中，人的毅力很重要。企业一般在创业的持续经营中会有很多道难关，如果顶不住压力就会失败。因此，创业者的个人品格对创业成功与否起着根本性的作用。坚韧不拔的意志、吃苦耐劳的毅力、永不言败的精神是创业者的品格保证。H女士本人的性格禀赋就是创业得以成功的关键因素，其性格特点决定了她的创业志向。女性的创业动机总结下来主要有三点：一是生计所迫，二是机会驱动，三是个人抱负。前一种是被动创业，是因为生活压力，而后两种创业类型则是创业者发现市场中的机会而选择创业并做出行动，是主动的。H女士则三种类型兼而有之。

2002年我国18岁到64岁的创业者生存型创业占了60%，机会型创业占40%，而发达国家2/3是机会型创业。原因是我国创业者的整体素质偏低。而素质，在课题组看来，并不仅仅指文化水平，还有吃苦耐劳和追求目标、追求成功的精神和毅力。尤其是创业初期，在整个业务走上正轨之前，没有资金，贷不了款，H女士只能借贷民间的高息资金，承受了巨大的资金压力，付出了常人难以想象的艰辛。但是，H女士以女性特有的坚毅、吃苦耐劳的精神坚持了下来。一步一个脚印的创业模式是她成功的基石。

调查中发现，在所有创业的女性中，虽然年龄和文化层次不等，所从事行业不同，经营规模大小不一，但她们身上拥有一些共同的品质，那就是自强不息、顽强坚韧、吃苦耐劳、勇于拼搏。由于可供她们利用的人力资本少，没有太大的现实利益，因而创业的顾虑较少。而通过创业，不仅能够获得收入，还能找到一个属于自己的发展平台。因此，强烈的创业激情、对个人事业的渴望、对美好生活的向往等，都是她们创业的内在动力。

二 重视家庭和谐及良好的人际关系

创业是艰巨的冒险活动，对于创业女性来说，他人尤其是亲人的理解和在感情上的支持都是十分需要的，有时候甚至比创业活动中的资金支持更为重要。因此，女性的创业活动与家庭有着尤为密切的联系，无论在原始资本的形成和生产经营，还是在感情支持等方面，家庭都发挥了重要作用，可以说，与家庭的密切联系是女性创业的一个特征。妇女是社会的弱势群体，其进行创业所拥有的社会资源十分有限，这时候家庭关系网络作为非正规网络在女性的创业活动中发挥了独特的作用，家庭成为创业女性在主流社会的缝隙中获得成功的重要支持来源。

> 案例3：和谐家庭关系
>
> D女士，蒙古族，出生在内蒙古阿鲁克尔沁旗瓮旗镇的一个蒙汉混居的小村庄里。17岁就随着姐姐到天津打工。由于文化水平低，几经周折，只能在一家餐馆当服务员，工资每月只有400元。由于工作中吃苦耐劳，又懂得蒙语，三年以后，终于成为该餐馆的材料采购部副经理，负责到内蒙古地区收购牛羊肉。2002年，熟悉了产供销流程的D女士毅然返乡创业搞养殖。在朋友们的帮助下，共筹集资金8万元。那个年代，一个年轻女人创业，风险是很大的，于是遭到家人的反对。就在几乎要放弃的时候，关键时刻丈夫站了出来全力支持她干事业，这在大男子主义盛行的北方农村是很不容易的。不仅如此，通过努力，D女士争取到乡政府的支持，获得了一个国家的养殖项目，资金也随之增加到了12万元。看到她对创业的自信以及政府的支持，家人们转而也全力予以支持，她再没有了后顾之忧，而把主要精力放在她最为熟悉的对外采购、销售的工作上。
>
> 她终日奔波于内蒙古中西部、黑龙江、吉林、辽宁、陕西、甘肃等地，与很多牧民达成养殖与收购的协议。目前，她的企业在稳定向前发展，并且打算在时机成熟时，转变生产模式，从单纯的养殖转变为从养殖到肉类加工一条龙的制作销售。但是因其规模较大，就实力而言，企业还需要得到当地金融以及

> 政策的大力支持。她心怀感激地说，如果不是家人的全力支持，其事业不会成功，没有政府的支持，朋友的帮忙，她的事业不会做得这么大。

案例启示：无论是创业成功的女性，还是有创业意向的女性，都把家人的支持作为创业的原动力，而大部分家庭对女性创业都表现出支持的态度。和谐的家庭及良好的人际关系是影响创业的重要因素[①]。D女士的成功，就是得益于家人在资金、家务、业务以及精神上的支持和帮助。D女士说，亲情是她事业成功、家庭幸福的动力，如果没有家人做后盾，没有他们在家里帮助带孩子、打理养殖工作，企业不会发展成为现在的规模。每个人的创业成功都需要资源，D女士除了有社会资本中的人脉关系以外，家庭的支持也是其创业成功重要的影响因素之一，她紧紧地抓住了这一点。从性别角度而言，感情支持是创业女性从嵌入于文化结构里面的社会资本中获得的最重要的支持。

这个案例还充分说明了女性不仅仅只有在餐饮、服装或者服务行业才能显示其才能，在其他行业也能获得成功。

三 对创业持较谨慎的态度

对民族地区来说，社会资源对于大多数女性农民工而言是很少的，因此她们的创业决策也会很谨慎，只有人生阅历和经验积累到一定程度才会有创业意识，且选择创业项目时愿意选择自己熟悉的行业。问卷调查中，当问及"您创业中拥有哪些创业条件"时，25.26%的人选择了"创业知识与技能"，31.05%的人选择了"生意经验"，她们认为这个条件几乎与

---

① 参见周学馨《女性创业与女性人力资源开发》，《人才开发》2004年第3期。

"创业资金"同样重要。没有经验的女性也是利用了家人和朋友们的经验,家人和朋友的经验可以弥补她们技能和知识方面的欠缺。

浙江地区的女性农民工拥有的创业条件,最主要是创业资金,其次才是"家人和朋友帮忙"。而民族地区男性农民工拥有的创业条件,则主要是"家人和朋友帮忙",除此之外"创业资金"也很重要(见图4—7)。

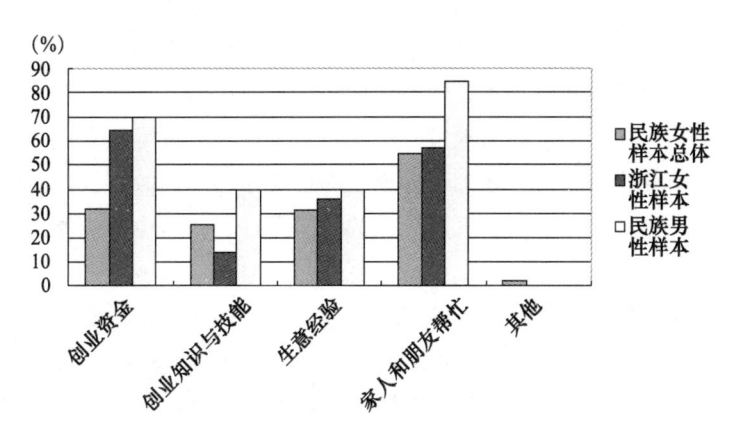

图4—7 问题:在创业时,您主要拥有哪些方面的创业条件

同样,她们在选择创业项目时愿意选择自己熟悉的行业。因此,当被问及"如果创业您准备从哪些行业入手"时,很多人认为应该从服装、商品零售、餐饮、种植、养殖以及美容美发等她们熟悉的项目入手,成功的概率较高。而在针对没创业的返乡农民工女性调查中,在"您是否创业"的问题上,有18.57%的人回答要"先积累经验再作打算"。这其实也在一定程度上说明女性创业者在不具备一定的创业技能时,会很谨慎,选择创业的可能性小于男性[①]。

第四节 创业起到的作用

由于区域经济发展不平衡，前三次创业高潮对民族地区来说，并没有形成全国那样明显的创业趋势。而第四次的自主创业高潮，因为主体包括了返乡农民工，因此带来了一定的影响。经过了多年的发展，特别是国家和当地政府出台政策大力扶持返乡人员创业以来，返乡农民工在创业过程中不仅能带回农村经济发展急需的资金和新技术，而且还能将发达地区的新思想、新管理理念带回家乡，引导当地群众转变思想观念和生产生活方式，对当地经济的发展能够起到一定程度的推动作用。同时，农民工返乡创业后，留守子女教育和老人的照料等社会问题也就能够迎刃而解。

国务院发展研究中心于2008年完成的"百万农民工回乡创业调查"统计数字显示，2006年回乡创业者家庭人均年收入2.17万元，是全国农村居民年人均收入3587元的6倍，是外出务工人员年平均收入6577元的3.2倍。每个回乡创业的人可以带动3.8个劳动力就业，回乡创业的农民工在提高自身经济地位的同时，还拓展了就业途径。调查显示，有16.5%的农民工返乡后从事农业综合开发，成为农业生产的带头人，推动了农业的商品化、规模化、特色化和结构调整。具体到民族地区的女性农民工，她们的创业对当地产生了影响。

[①] 参见姚晓芳、杨文江《创业者特性对创业活动的影响研究——基于"2007城市创业观察"对合肥市的分析》，《科技进步与对策》2008年第6期。

一 增加了经济收入,带动了一批身边的人

从创业者的经济效益来看,创业以后的收入远高于打工收入,这在一定程度上发挥了模范示范作用。这次调查资料显示,返乡女性农员工创业以后的年人均收入超过了5万元,大大改善了家庭原来生活拮据的状况。并且造就了一批典型,影响带动了身边的人共同创业致富。

黔南布依族苗族自治州的T女士,从广东打工回来,受到其他人种植茶园的启发,自己也成立了"风景村茶叶合作社",种植了大片的茶园。不但每年获利几十万元,解决固定就业岗位15人,还资助本地的小学建了一栋二层楼的教室,结束了孩子们拿火把走山路到很远的地方上学的时代。重要的是,她的成功,还带动了本村和外村的外出打工人员纷纷回家创业。将四周的荒山以及荒废已久的土地利用起来,大力发展种植业,使其家乡地区的人们生活红红火火,同时也改变了家乡大山的面貌。

广西壮族自治区隆安县妇女联合会曾经对本县所属女性农民工的创业做过一个调查:2009年在返乡女农民工中,自主创业的有300多人,在各个领域展示风采,带动了当地经济社会的发展,影响了一批身边的人。在返乡妇女自主创业中,部分女性选择了效益好、见效快的项目,如服装、餐饮、建材、做小生意、畜禽养殖、经济作物种植等。其中比较成功的有养兔的W女士、养猪的Z女士、种桑养蚕的W女士、在村里办幼儿园的X女士等,还带动了村里的村民。

黔东南苗族侗族自治州则戎乡坪寨村的Z姐妹俩,养鹅创业成功以后,还带动了村里的农户,养鹅户由原来仅有少数几户人家几只、几十只零散养殖,发展到现在的四五十户每户上百只

的养殖。下一步，她们还计划在今后 5 年内把养鹅场建成一个"万鹅基地"，并形成自己的品牌，以带动本村更多的群众发展养殖业，走上共同致富之路。

新疆的 B 女士，打破了过去以户为主的传统生产模式，把零散的生产户集中到民族刺绣基地，引导民族刺绣业向产业化经营方向发展，为会员提供技术示范、指导、服务和信息交流，帮助会员销售自己的民族刺绣产品，形成了刺绣企业产业化经营格局。在妇联组织多方努力下，成立了"柯赛绣民族刺绣厂"。目前，该厂有 244 名妇女从事刺绣业，会员 1800 人。它带动了身边一大批人，闯出了自己的一片天地，而刺绣产业也为推动尼勒克县哈萨克族传统手工艺产业的发展注入了新的活力。黔东南布依族苗族自治州麻江县下司马场村主任兼蔬菜协会会长 Z 女士，通过自主创业在村里最早以蔬菜种植发家致富并且成了领头人，给当地的农村妇女创造了既能照顾家庭又能就地就业的机会。

二 扩展了就业渠道，取得了一定的社会效益

以创业带动就业，是国家依据经济增长对就业的拉动作用呈下降趋势、创业带动就业的倍增效应特点，以及着眼鼓励劳动者积极创业提出来的。长期以来，农村劳动力大都从事传统的农业，很难起到增收致富的作用。通过返乡创业吸纳安置农村劳动力就业，不但使创业者收入大增，还增加了就业农民的收入。

就业是民生之本，创业是就业之源。外出务工农民返乡创业，不但解决了她们自身的就业问题，而且拉动了农村就业，促进了农村劳动力的就地转移就业，取得了一定的社会效益。如广西罗城仫佬族自治县东门镇大福村的返乡农民工 W 女士，自己在家乡成立了一个电子厂，并在短短不到一年的时间里，年利润就达到了 100 多万元，为当地提供就业岗位超过 200 个，一跃成

为该县的电子大厂，贡献了较好的经济效益和社会效益。又比如案例2中贵州安顺大西桥镇返乡农民工H女士，成功创业，一定程度上还带动了新农村经济发展，取得了很好的经济效益和社会效益。

女性农民工的创业除了创办实体企业或者是养殖、种植，或经营小店外，还出现了一些新兴的创业模式，比如"经纪人"，宁夏回族自治区的Z女士就是一例。

案例4：女经纪人

宁夏回族自治区红寺堡开发区是中国宁夏回族自治区设立的一个生态移民扶贫开发区，用于安置自然环境恶劣的宁夏南部山区同心、海原、原州、彭阳、西吉、隆德、泾源7县和中宁县的贫困群众。Z女士就是其中一个普通的农村妇女，在短短的几年时间里，凭着自己的聪明和才干，由一个家庭主妇转变为带动农村妇女外出打工的女经纪人，也使自己原本拮据的家庭发生了翻天覆地的变化。

2000年，在红寺堡开发区开发建设的大潮中，Z女士和所有移民一样，举家搬迁到了红寺堡开发区太阳山镇沙泉村，在承包的15亩水浇地上日出而作，日落而息。但受传统农业的影响，一年苦到头，日子还是紧巴巴的。于是Z女士盘算着如何摆脱贫穷。2003年，她贷款养了50多只羊。每天起早贪黑，精心饲养，两年下来，羊增加到150多只，成为本村小有名气的养羊示范户，家庭生活水平也大大提高。然而近几年，由于大多数男劳力都外出打工，留守在家的妇女农闲时间无事可干，东家出西家进地串门子、说闲话、搬弄是非，风气很不好。Z女士看在眼里，认为如果她们像自己那样忙忙碌碌，可以赚钱养家，就不会说闲话了，于是萌发了组织本村妇女利用农闲时间到附近工地打工的念头。她的这一想法得到了丈夫的支持，经过一番准备，她便亲自上门动员做姐妹们的思想工作。

起初，受传统观念的影响，一些妇女不愿意，认为打工挣钱只是男人的事，女人只要在家领好孩子，看好门就行了。但是功夫不负有心人，通过Z女士苦口婆心地劝说，终于有30余名妇女和她一起干起了摘枸杞、种玉米、锄草等农活，每天能挣回二三十元钱。钱虽然不多，却是姐妹们第一次自己挣到的钱，也是真正意义上自己所拥有的钱，大伙很是高兴。这也使得Z女士带领妇女们迈出了妇女务工的第一步。

2006年，孙家滩开发建设，需要大量的劳动力。Z女士听到消息后，积极和工地的开发商联系，包揽了一些劳动强度较小，具有一定灵活性的活，只要妇女能干的，她都包揽下来。另外，在丈夫的支持下，她还卖掉了自家所有的羊，预先给姐妹们支付工资，既解决了姐妹们种田时的手头之急，也为自己敞开了一扇新的致富之门。渐渐地，Z女士带领姐妹们在农闲时就近打工，农忙时可回家种地，早晨出工、晚上回家，既不误农事又能额外创收，跟随她打工的妇女越来越多，不仅带动了本村妇女，而且还带动了周边村子的妇女。

Z女士的妇女劳务队伍越来越大。细心的她为保证打工姐妹们出工交通安全方便，还联系了本村的一辆公交车主，每天定点、定时送往工地，晚上接回来，深受姐妹们的欢迎。劳务产业已成为红寺堡农村留守妇女增收致富的"铁杆庄稼"。两年来，在Z女士的带领下，共有近百名妇女加入了她的劳务组织，年创收近80万元，为农村妇女增收搭建了一个有效平台，有力地促进了妇女剩余劳动力的转移，无形中扩展了女性农民的就业渠道，在社会主义新农村建设的大潮中，真正发挥了半边天作用。

三　发展各种产业，促进了当地产业结构的调整

外出务工农民返乡创业，利用所学技能，结合自身优势，积极发展各种产业，在一定程度上促进了当地产业结构的调整，推动了当地经济发展。

在浙江蒲江成功创业的女性农民工Y女士与她的农民工老板们，于2010年在镇宁苗族自治县农村信用社的金融扶持下，以及当地县委县政府的承接服务下，重新回到家乡创业。镇宁籍首批60多家农民工老板将部分蒲江水晶加工产业成功转移到了贵州镇宁苗族自治县，随后还会有大批的水晶加工产业迁移到此。这种把产业带回家乡的迁移行为，将大大促进以打工经济为主、产业匮乏的民族地区县域经济的产业结构发展。

黔南布依族自治州基长镇的W女士在镇上开了一家小的金银首饰店，她除了刻苦钻研技术以外还有意识地参加各种级别的比赛。2010年获得贵州省多彩贵州风银饰三等奖。W女士在不断提高技术的同时，其金银店也在不断发展。其金银店不但方便了本镇以及附近的人们，还丰富了当地的产业结构，丰富了少数民族的饰器，传承并发扬了当地的民族文化。

黔东南麻江县是一个国家级贫困农业县，人多地少的矛盾十分突出。工业基础薄弱，创造就业机会能力不强，渠道单一，难以满足实际需要。经县委、县政府多次论证，确定该县农业调整结构以后的产业发展为"两果一花"（蓝莓、蔬菜、金银花）作为主导产业，既可以利用该县特有的非常适宜蓝莓生长的酸性土壤和地理气候条件，又可以结合正在实施的石漠化综合治理试点项目，使蓝莓产业成为全县特色农业主导产业。正是在这种大环

境下，返乡的宣威镇光明村 D 女士成为全县种植黑树莓大户，而同是返乡的琅琊村 W 女士种植的金银花也超过了 150 余亩。正是因为像她们那样的农民在种植方面的表现，使得该县的农业产业结构的调整得以实现。

云南省沾益县盘江镇松林村的 D 女士，高中毕业后曾经外出务工一段时间，之后立志要创立自己的事业。她回乡后承包了荒山 1000 余亩，种植了用材林 800 余亩、经济林 300 余亩，又引进优良品种的猪和鸡，办起了养殖场，开始走种养结合的道路。D 女士在参加由当地政协组织的外地参观考察现代农业观光园后，受到了启发，结合本地的气候和条件，建起了曲靖市唯一的一个现代农业生态观光园——龙源生态观光园。她多次参加省妇联举办的一系列培训，又参加了由全国妇联组织的到陕西、四川、山东等高新农业示范区的学习、考察活动。并在市县农业部门的帮助下，投资 48 万元建起了连体温室大棚 3200 平方米，在棚内种上观赏瓜和花草，修了亭子、假山和人工瀑布，小桥流水环绕棚内，水中养上锦鲤，供人们在这样的环境里就餐和娱乐。把昔日的荒山变成了满山的青翠和瓜果的飘香，秃岭变成"绿色银行"，促进了当地产业结构调整，并为现代观光农业起到了示范作用。

第五节　创业者的自我评价

创业者对自己的创业是怎么评价的呢？从调查的已经成功的创业者来看，人们对自己创业是否成功，是否实现了自己的创业目标，评价并不一样。分析下来，这实际上是与其创业目的、创业的动机有很大关系。在被调查者中，认为自己创业"成功"者，占总数的 22.63%，认为自己"虽然成功但没有达到自己的目标"者占总数的 36.84%，认为自己"不太成功"者占总数的

35.79%，甚至还有3.68%的人认为自己创业并"不成功"或者是"一般"。而浙江地区的女性农民工认为自己创业"成功"者少，大多数人认为自己的创业"不太成功"（见图4—8）。

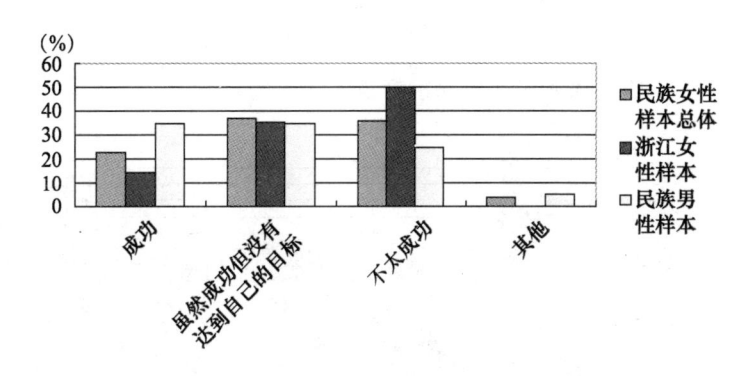

图4—8 问题：您认为您的创业成功了吗

而女性农民工认为自己成功或者是不成功的自我评价集中体现在"致富、有地位"与"证明自己的能力"这两个指标上（见图4—9、图4—10）。

一 自认创业成功的评价

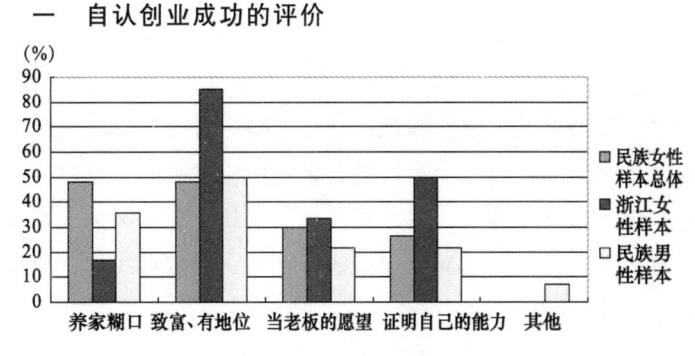

图4—9 女性农民工自认创业成功者的自我评价

民族地区女性认为自己的创业成功,主要体现在"养家糊口"以及"致富、有地位"方面,民族地区男性主要体现在"致富、有地位"方面,而浙江女性更多地体现在"致富、有地位"以及"证明自己的能力"方面。

二 自认创业不太成功的评价

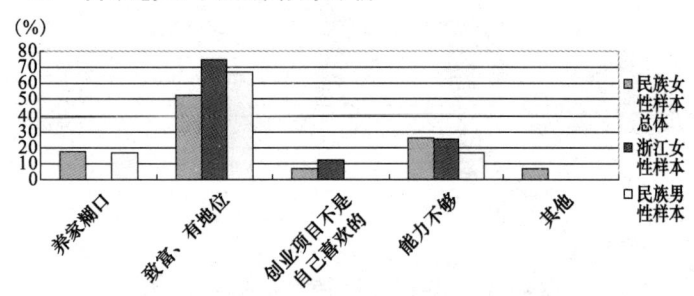

图 4—10 女性农民工自主创业不太成功者的自我评价

注:创业不太成功是创业者相对自己的创业目标而言,如果创业不成功就不可能成为我们的调查对象。

自认为创业不太成功的评价,无论是民族地区的女性与男性,或者是浙江地区的女性,都主要体现在"致富、有地位"方面,只是程度不同而已。

从图 4—9、图 4—10 可看出,民族地区与经济发达地区的农民工所处的区域不同,则创业动机不同,其创业目标也会因为创业动机不同而体现出对自己是否实现创业目标的差异评价。如浙江与民族地区女性农民工就是因为创业动机有所区别而对自我评价有所差别;而同属民族地区的男性与女性对自我创业的评价则基本一致。

第六节　目前民族地区创业环境

一　国家采取的扶持政策

(一) 国家颁布的各项扶持创业的政策文件

早在 2008 年 10 月，国家就出台了《中共中央关于推进农村改革发展若干重大问题的决定》文件，内容是鼓励农民就近转移就业，扶持农民工返乡创业。同年 12 月，国务院办公厅又下达了《关于切实做好当前农民工工作的通知》，其中第三条专门谈到大力支持农民工返乡创业和投身新农村建设。文件号召各地政府抓紧制定扶持农民工返乡创业的具体政策措施，引导掌握了一定技能、积累了一定资金的农民工创业，以创业带动就业。并且要求地方人民政府在用地、收费、信息、工商登记、纳税服务等方面降低创业门槛，给予农民工返乡创业更大的支持。2009年 2 月，中央下发了《中共中央国务院关于 2009 年促进农业稳定发展农民持续增收的若干意见》，《意见》提出充分挖掘农业内部就业潜力，拓展农村非农就业空间，鼓励农民就近就地创业，积极支持农民工返乡创业。同年 12 月出台的《中共中央国务院关于加大城乡统筹力度进一步夯实农业农村发展基础的若干意见》，进一步提出要积极开展农民务工技能培训，整合培训资源，规范培训工作，增强农民就业创业能力，完善促进创业带动就业的政策措施，将农民工返乡创业和农民就地就近创业纳入政策扶持范围。

(二) 国家创业政策文件中体现出来的政策导向

从上述文件的内容可以看出，国家政策支持主要从以下几个方面进行：

一是建立专门的组织机构。政府提倡建立农民的创业指导机构,该机构由相关的政府官员、研究机构的学者组成。该机构主要为农民创业提供培训与指导工作,同时,积极引导合作组织和行业协会的建立,并强化组织建设,形成将来创业企业的雏形。政府希望该组织机构在创业过程中,能够在协调各方面的利益和解决问题纠纷方面发挥积极作用。

二是提供一系列相关的优惠政策。国家要求地方能够为创业农民工提供便捷的行政审批服务。如联合审批、"一站式"服务、限时办结和承诺服务等,开辟农民工创业的"绿色通道";提供贷款扶持、减免费税等金融优惠,做好农民工返乡创业的金融服务工作,鼓励和引导金融机构加大信贷产品支持力度,提供符合农民工返乡创业特点的金融产品,继续加大农民工银行卡特色服务推广力度;建立创业园区,为创业企业提供可利用的闲置土地或者是闲置厂房;对农民工返乡创业属于政府贴息的项目则按照规定给予财政贴息,以帮助其解决创业资金困难;为返乡农民工创业提供免费培训等优惠政策。

三是做好创业指导。政府组织专家深入调查,针对本地区的特殊情况,选择具有地区优势的产业、农业关联产业及附属产业进行创业扶持,为返乡农民工创业提供免费指导等一系列服务措施。

二　各地政府制定的主要政策

（一）出台的政策体系

中央政府创业扶持政策出台以后,从 2009 年 2 月至 5 月,民族地区贵州、新疆、内蒙古、广西、云南、青海、宁夏等省区也相继出台了促进以创业带动就业工作指导意见,内容都是围绕着中央政府文件中为返乡的农民工提供服务的组织机构、优惠政策、创业指导等,在立足国家政策的基础上结合本省实际,提出了一些办法与措施。之后各省所辖的市、县地方政府也都陆续出台了一些针对农民工的创业政策。如贵州省出台了《省人民政府办公厅关于实施更加积极就业政策进一步做好促进就业工作的通知》和《省人民政府转发省劳动保障厅等部门关于促进以创业带动就业工作的指导意见的通知》这两个涉及农民工创业的指导性文件，各相关部门根据职能也出台了一系列配套政策，主要有《关于印发〈贵州省就业小额担保贷款实施办法〉的通知》《关于全面开展SIYB创业培训工作的通知》《关于对享受失业保险待遇期间的人员自主创业可一次性领取尚未领取的失业保险金的通知》《充分发挥工商行政管理职能促进以创业带动就业工作的通知》《关于充分发挥工商行政管理职能积极支持农民专业合作社发展的意见》《关于充分发挥工商行政管理职能积极扶持农民工创业就业的实施意见》等一系列引导和扶持符合条件的包括返乡农民工在内的劳动者创业政策文件，在培训、工商登记、小额担保贷款、吸纳就业人员的社保补贴、税收减免、创业场所、创业带动就业专项资金等方面制定了优惠政策。宁夏回族自治区人力资源和社会保障厅下发了关于做好2010年全区农村劳动力转移就业工作的通知；广西壮族自治区下发了促进全民创业若干政策意见的通知；内蒙古人社厅还下发了《内蒙古自治区扶持农牧民工返乡创业园补助资金项目评审办法》，安排农牧民工返乡创业园补助资金，专项用于在创业园创业的返乡农牧民工所需要的小额担保贷款的担保基金。云南省2009年4月出台了《云南省人民政府办公厅关于印发云南省鼓励创业贷免扶补实施办法（暂行）的通知》，通知中首次提出"贷免扶补"这种扶持创业的模式。

（二）政策里体现的工作重点

下面的案例是2010年贵州省遵义市湄潭县扶持农民工创业

的优惠政策,从这一系列的优惠政策中,我们可以看到地方政府对农民工的扶持工作重点。

> 案例5:贵州省湄潭县扶持农民工创业的优惠政策
>
> 贵州省湄潭县按照有关政策规定,这次返乡农民工创业扶持政策有以下诸多方面:一是本县籍返乡农民工均可免费参加县组织的"创业培训",并享受食宿补助。二是经过身份认定并进入返乡农民工创业的"扶持项目"库台账的本县籍返乡农民工,工商、税务登记和必需的营运许可手续完备,经核实项目正常运行的,可以申请返乡农民工创业项目前期启动补贴,每个项目前期启动补贴金额2000元。三是被确认为返乡农民工创业"扶持项目"的,县财政给予贷款贴息补助,每年按项目贷款利息的30%给予补助,共补助3年。四是本县籍返乡农民工创业"扶持项目"达到所列规模之一的(相关规模为:用工超过50人、年用工时间半年以上、完善劳动用工备案制度,且年缴税收超过5万元的;从事种植业规模在200亩以上的;从事养殖业年产值50万元以上的),县财政一次性奖励2万元。从事农副产品加工业年销售额在100万元以上,并吸纳劳动力就业10人以上、年用工时间半年以上、完善劳动用工备案制度的)。五是乡镇创建"返乡农民工创业基地"达到一定规模的,一次性补助20万元。六是本县返乡农民工创业扶持项目,3年内免收县级地方性的收费。县人事劳动和社会保障局有关领导还对此项工作进行了具体安排和专题培训。

从贵州省湄潭县扶持创业政策中,可看出各省区的工作重点大致在以下几方面:

一是优化农民工创业服务环境。各省加快了各级公共就业服务体系建设,搭建创业信息服务平台,为农民工返乡创业提供政策法规、投资信息、创业项目、创业培训等相关服务。具体为：第一，加快农民工综合服务中心和乡镇基层平台建设，为农民工创业就业提供职业介绍、就业指导、权益维护、创业咨询等方面的服务。第二，建立农民工创业园区，为农民工创业提供条件。如内蒙古各地区工商局充分发挥其职能作用，制定措施，以政策支持、技能培训、完善服务为宗旨，积极引导返乡农民工在家门口实现创业、就业。积极举办农民创业培训班，专门设立返乡农民工办证、办照的"绿色通道"，简化市场准入审批程序，坚持手续从简、收费从低、办事从快、服务从优的原则。劳动保障部门还对有创业意愿的返乡农民工免费开展创业培训，提供政策咨询、项目信息、开业指导、小额贷款等服务，新疆还把培训关注的重点放在农业发展中的创业女性，包括返乡创业的女农民工的身上。根据自治区农牧区妇女年龄、文化、从业特点、接受能力、地域特色等不同群体，采取了因人而异、因地制宜，开展特色培训的方式。如针对外出打工或者创业的妇女开展市场急需的职业技能培训，针对年龄较大外出就业有困难的妇女开展实用技能培训等。贵州省妇联、人力资源和社会保障厅组织贵州省11家定点培训示范机构开班对妇女进行培训。而能够获得免费就业或创业技能培训的对象为16—50周岁、有创业要求和培训愿望、具备一定创业条件的城乡各类劳动者、处于创业初期的创业者；获得过劳动就业部门生产技能培训、职业技能培训、创业培训等的对象也会得到优先支持。

二是拓展融资渠道。积极引导金融机构贯彻执行有关促进农民工就业创业的各项规定，开发适合农民工创业的信贷产品，通过扩大小额担保贷款借款人范围、提高小额担保贷款额度、创新小额担保贷款管理模式和服务方式，加大对农民工创业就业的信贷支持。如广西2009年下发关于进一步支持中小企业融资的意见。贵州省黔南布依族苗族自治州58名妇女获得400余万元小额贴息贷款。她们是黔南州各县（市）妇联精选出来的致力于发展种植、养殖、加工、生产等产业的城乡妇女，获得5万元、8万元或10万元的贷款。新疆全面推进妇女小额担保贷款财政贴息政策，鼓励妇女创业。内蒙古最近5年来，以小额信贷项目为重点，争取项目资金5.35亿元，带动25万名农牧妇女增收致富；培育扶持2200个妇女专业合作经济组织，成立妇女科技指导中心450个，培训妇女400万人次；帮助20多万名妇女实现创业就业中国移动农信通网站业等。

三是加大资金和税收支持，为农民工创业提供条件。如广西从2009年4月开始，也对返乡农民工创业在小额担保贷款、社会保险待遇、职业技能培训、税收等方面实行优惠政策。贵州省黔西县政府出台了《加快发展劳务经济实施办法（试行）》，县财政每年投入百万元资金，其中40万元资金作为农民工返乡创业贴息补助资金。

四是树立典型，广泛宣传回乡创业者。如广西妇联发挥妇女典型作用，加大对各类创业典型的评选、表彰和宣传力度，2009年以来，先后评选"三八红旗手"和"巾帼建功"标兵，为妇女创业营造良好的社会氛围，推动广大妇女积极创业等。

三　目前民族地区创业环境

创业环境是指能够影响创业企业成长的一切外部因素的总和。这些因素包括政治、经济、法律、科技、社会、自然等，它们相互作用和相互制约构成了一个有机整体。本课题所指的宏观创业环境，其构成要素就包括了政治、经济、法律以及社会文化环境，在区域层次上，则指整个国家或者是类型相同连片范围内的宏观省市地区，以及地区或者城市、乡镇形成的中观环境。宏观创业环境是个空间概念，所在区域不同内容也不同。区域经济、社会、人文、自然等环境差异，决定了创业环境的地区差异。就我国目前的创业环境来看，各地区发展并不平衡：较宏观一点来说，东部地区比西部地区的创业环境要好，主要是因为西部地区经济发展缓慢，人们思想观念较陈旧、政策环境较差、资金短缺、人才匮乏等；具体而言，北京、上海和深圳则是创业条件最好的城市，长三角、珠三角和环渤海地区的创业环境也比较好，因为这些地区的产业政策环境、融资环境和人力资源环境都比较好。就本项目的民族地区而言，新疆、宁夏是创业活跃地区，内蒙古、云南是创业不活跃地区，而广西、贵州、青海则是创业沉寂地区[1]。

由美国巴布森学院和伦敦商学院联合完成的"全球创业观察"，将创业环境分为9个方面，分别是：金融支持、政府政策、政府项目、教育和培训、研究开发转移、商业环境和专业基础设施、国内市场开放程度、有形基础设施的可得性、文化及社会规范。根据他们的研究，中国的创业环境在37个参与评估的国家和地区中排在第23位，属于中下水平。他们特别指出，中国创业环境的弱势主要显示在以下一些方面：金融支持、政府政策（政府直接支持、中央政府的创业政策、新企业审批）、政府项目（政府项目中的服务型组织）、教育和培训（创业和工商管理教育）、研究开发转移（研究开发转移的条件和知识产权保护）、商务环境（为创业企业提供金融和非金融服务）、文化和社会规范（社会文化中个人和集体的责任关系）等。

---

[1] 参见高建、程源、李习保、姜彦福《全球创业观察中国报告（2007）——创业转型与就业效应》，清华大学出版社2008年版，第66页。

上述评价标准毕竟是国家层面的。具体到经济比较落后的民族地区，严格按照上面标准来评估创业环境较不现实，从其经济环境、经济规模、经济水平等方面的发展水平，以及政策的制定和执行等方面来说，还远远达不到这样严格的标准。

（一）从经济、社会环境来看

国家统计局对全国 6.8 万个农村住户的抽样调查显示，2010 年农村居民人均纯收入 5919 元，而课题组在各调查地点的调查结果显示，民族地区农民人均纯收入普遍远低于全国平均水平，甚至有的贫困县只达到 1800 元。只有新疆的阿克苏市依干乡超过了全国平均水平达到 8520 元，而发达地区浙江两个镇的农民人均纯收入都大大超过了全国平均水平（见表4—5）。

表 4—5　　民族地区 2010 年农民年人均纯收入　　（元）

调查地区	平均水平	最高水平	最低水平
全国①	5919	—	—
贵州（9个乡）	2842	4200	1800
内蒙古（4个乡）	2982	4128	2301
新疆（4个乡）	5071	8520	3680
广西（4个乡）	2896	3183	2374
浙江（2个乡）	12760	13952	11567

2013 年 2 月 8 日，中国统计学会发布了 2011 年地区发展与民生指数报告。这个报告中国家统计局对 2000—2010 年的发展与民生指数进行了测算，并主要用来测度中国的发展和民生状

---

① 全国的数据为 2010 年国家统计局统计数据。

况。内容包括经济发展、民生改善、社会进步、生态文明、科技创新、公众评价6项一级指标，45项二级指标。其中民生改善模块设置了收入分配、生活质量、劳动就业3项二级指标；社会进步模块设置了公共服务支出、区域协调、文化教育、卫生健康、社会保障、社会安全6项二级指标。该指标体系弥补了仅依据GDP来衡量国家经济发展状况的不足。

2011年的地区发展与民生指数表明，西部地区增速较快，比上年提高了2.79个百分点，与东、西部以及东北部相比，指数的增速最快，为5.30%，达到了55.41%，但是与东部地区的69.53%相比，还是有差距（见图4—11）。在民族地区，指数增速排在全国前十名的地区有甘肃、青海、贵州、新疆、云南，但是，有些省区人均GDP排序虽然相对靠前，但发展与民生指数排序却相对靠后，如内蒙古、宁夏、新疆、青海等。

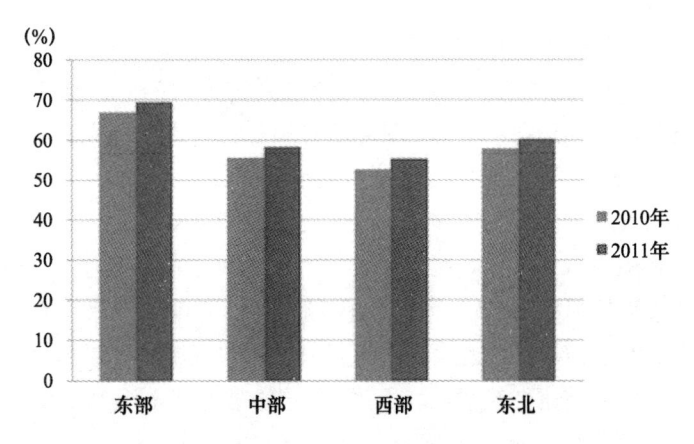

图4—11 2010—2011年四大区域发展与民生指数的比较

资料来源：中国统计学会发布的2011年地区发展与民生指数报告。

也就是说，虽然某些地区农村居民收入水平逐步提高，但是，据我们调查所知，绝大部分少数民族地区的人们仍然比较贫困，加之她们生活的地方通常远离城镇，需求低，市场活跃度很低，因此，相当多地方的农民工创业工作并没有开展起来，尤其是女性。在远离城市的村寨里面，女性有创业意识并且有创业意向者非常少甚至没有，而在距离城市较近的周围村寨，部分有创业想法的人，也只是在不影响干农活的情况下，闲暇时经营一些小生意，挣一点差价。

（二）从政策、制度环境来看

就目前来说，国家和地方政府对农民工创业制定的扶持政策是非常积极的。政策的扶持与法规的倾向性，以及地方目前呈现的社会文化对创业行为的态度等都是很明朗的。但是我们也看到，各地方政府、各个部门采取的政策措施都是依据国家的统一形式、统一政策、统一规定、统一标准。也就是说，看到贵州省妇联的政策规定，也就看到了新疆妇联的政策规定，看到广西工商局制定的制度，也就看到了内蒙古工商局制定的制度，基本是"上传下达"，针对农民工女性的政策则更为欠缺。从整体的政策框架来说，还谈不上专门针对女性目标群提供的相应的创业政策。从地方来看，根据自己地方特色采取的办法则较少、较粗糙。尤其是围绕着国家政策、地方配套政策的宣传、贯彻执行也有很多还是不到位，有些工作表现为一阵风似的"活动"形式，没有成为较为稳定的、持续性的"常态"。且各省专门为农民工成立的专家指导机构甚少，甚至没有。这些说明从国家到地方还没有形成一个比较系统、规范的运作流畅的创业运行机制。

第七节　创业对就业的促进功能

目前民族地区女性农民工创业对就业的促进是有作用的，但水平偏低。调查结果显示，农民工女性创业的规模一般很小，多是个体经营，如小餐馆、小杂货店、小规模的种植或养殖等，很少有较大规模的，实体企业更是很少。因此在促进就业这一问题上，处于低水平。经过案例的调查总结，一般情况下，如果是饮食业、小餐馆，能够提供就业岗位1—3人，大一点的餐馆，或者是经营农家乐、山庄等，可以提供就业岗位8—12人，但是这种规模的比较少；服装、零售业提供的就业岗位也不多，也就是2—5人；养殖业，小规模的，能够解决就业岗位3人左右，如果投资规模在10万元以上，可以解决就业岗位5人以上；在种植上，如果规模不大，可提供固定就业岗位2—4人，一旦种植规模超过50亩，能够解决就业岗位15人左右，还可以提供一些季节性的短工，但是，民族地区女性种植规模较大者不多。

真正能够解决就业人数的应该是实体企业以及一些合作社。比如：广西壮族自治区罗城仫佬族自治县东门镇大福村的W女士成立的康音电子分厂，因为是手工行业，为当地提供就业岗位超过200个；贵州省德江县妇字号金银花农民专业合作社，金银花种植由最初的10亩，已扩大到如今的近万亩，带动妇女参与由最初的120人增长至1000多人，还开办了金银花加工厂；贵州安顺大西桥镇的广源绿色油脂公司H女士，带动农民工实现就业超过70人，而且该公司通过实行"公司+基地+农户"的生产模式，能够较好地带动大批农户脱贫致富，周边地区直接受益农户5000户，而油菜种植基地农户达16000余户；贵州奇秀乳业有限责任公司的C女士，提供的就业岗位在50个以上，并带动大批养奶牛农户，被国务院扶贫开发领导小组办公室认定为"国家扶贫龙头企业"；新疆B女士的柯赛绣民族刺绣厂，目前有244名妇女从事刺绣，会员则达到1800人；贵州L女士成立的安顺开发区华美永鑫合金铸造有限公司拥有工程技术人员20

人，管理人员 15 人，技术研发人员 8 人，该公司 99%的生产人员是相邻村寨苗族、布依族村民等农村剩余劳动力。

  这些实体企业，尤其是手工劳动密集型企业更加能够提供就业岗位。但是就目前而言，在民族地区女性农民工所办的这类实体企业少之又少。

第五章

民族地区返乡女性农民工的创业态度及心理预期

该章研究的对象是没有创业的女性农民工,对这部分人员进行研究,意在了解其对创业的态度,包括关注和认知的程度、意愿、心态、对创业的预期以及对国家政策环境的预期等。

第一节 创业态度

一 对创业的关注与认知

为了解女性农民工对创业的关注程度,除问卷调查以外,课题组成员于2010年暑假期间,在贵州省的双普镇以及大西桥镇的几个村寨里,就创业的关注与认知的问题对妇女们进行了走访调查。

案例6:走访调查情况

1.我们先找一个已经创业成功的女性了解情况。

X女士是土家族,医学院大专毕业。老家在黔西南布依族苗族自治州的农村,她们那里是国家贫困县。她创业以前是在成都一家医院打工,以后辞职创业。不过,她创业的地点是贵州大西桥镇（丈夫的老家），项目是栽种虫草。她说，她家乡的女孩都出去打工了，一般都是在江浙一带，在企业当工人或者做服务员的比较多。她们家乡那里的人们遵循着很传统的观念，到了一定的年龄就要嫁人，所以外出打工的女孩，到了一定年龄，就要回家结婚。结婚以后如果没有孩子，就与丈夫一起外出继续打工，如果有了孩子就会留在家里。她还说，她们那一带方圆几百里，没听说有女性农民工创业的（特别是像她这样比较大的创业项目），只有她，因为读过书，而且是医学方面的大专，语气中有点自豪。她的创业首先是因为有丈夫的帮助，两人一块创业，后丈夫意外去世，她独立支撑到现在。谈到下一步，她说想找一个合伙人，引进资金，进一步把市场做大，让当地的老百姓能够每天吃上她种植的虫草。但是，从谈话当中能够体会到她一个人创业的艰辛，以及虽然想找一个合伙人但又怕掌控不了局面的担忧，显示出女性创业者常有的因谨慎体现出来的局限性。

2. 村寨里的其他众多采访对象，大多是返乡后不再外出的妇女，也有从未外出务过工的妇女。

贵州的农村，有很多少数民族和汉族混居的村寨，少数民族大多数是由苗族或布依族、土家族、侗族等民族构成。一般居住人家有几十户的，一百户左右的，再大一点的村寨就比较少了。经过一些村寨的走访，了解到一些基本情况，且各村寨一般情况大致相同：女性出去打工的最小有初中甚至小学辍学的十四五岁的女孩子，年龄最大的也就是30多岁，这些人大多数不太会干农活。年龄再大出去的就不是很多了，除非是有了比较稳定的工作，全家出行，甚至就留在当地，很少回家。在打工者中，年轻的，一般做得较多的是服务员，或者是帮人卖服装、商品，但更多的是到企业里做流水线、手工加工，还有一些30多岁的做家政服务。大多数都学不到什么技术，即便有些在工厂里面学到了技术回家以后也派不上用场。女孩子们出去打几年工，见一见世面，攒下一点钱就会返回家乡嫁人，一般情况下短时间内如果没有孩子，夫妻双方仍然外出打工。家里需要经济来源，而且她们不太会也不想干农活，这是其一；其二是由于适应了外面的生活，回到农村反而待不住了，除非怀孕、生子。我们去的时候因为离年底还早，很多村寨里能见到的年轻人很少，都出去打工了，剩下在家里的女性里面差不多是40岁以上的，照顾孩子、老人，种植自己的承包地，基本上不再会有出去打工的想法，更没有创业的想法。调查了一些妇女，其中近一半的人打过工。问她们做什么好挣钱，她们说不知道做什么可以赚钱。问搞一个养殖场不行吗，她们说，在她们村寨周围就有一个养鸡场，是一个外地人来这里承包了一块地做的。问她们养鸡场效益如何，她们说不知道，只知道鸡蛋是要卖到城里，其他情况一概不知，因为这个人她们不认识，所以也不关心。问她们自己是不是也可以办一个养鸡场，她们觉得似天方夜谭一样的不可能，"办一个养鸡场需要很多钱，还要有本事"。看了一下村寨周围，感觉到这里的人们需求低，消费水平也低，连一个小杂货店都开不下去。如果搞她们熟悉的种植、养殖业，稍大一点规模对于她们来说，由于资金、技术的原因，再加上家务事以及地里的事情做不完，也就很困难了。总之，安于现状者较多。

而距离城市较近村寨的妇女们，相比之下就显得比较"见多识广"了，她们做的事情也名目繁多。因为离城里比较近，所以花钱的地方也就比较多，仅靠家里面农业经营的收入显然不够。于是有些女性闲暇时就在家附近的建筑工地上做拌灰沙等杂活挣一点零花钱。因为没有什么技术，就只能做这些工作，有些人甚至连这样的活也找不到。还有一些人把自己家种的吃不完的菜挑到城里卖。说到创业，她们不是太懂，跟她们解释说就是自己当小老板、自己做生意赚钱，她们就懂了。如果没有什么专门技能的话，20多岁的女性，有创业意识的不多，只是想着出去打工，或者是在家带孩子。也有个别年轻女孩子因为学到一点理发、美容之类的技能，会有创业想法，想将来自己开一个小美容店，但是单靠自己的力量是不行的，希望找一个有点钱的男人，能够帮助自己在城里开一个小美容店或者是小服装店。有几个三十七八岁的妇女倒是有一点想法，看起来是生活压力的原因。谈话的十几个对象中，也就那么三四个人有创业的想法，其他人则没有这个意识。问打算做什么，有的说，想开一个小杂货店，但是怕没人买会亏，有的说想批一点水果来卖，有的说想贩一点小菜卖，都是一些小本买卖。说起来，她们的所谓"创业项目"似乎与我们所说的创业有一些距离，但是对于农村女性来说，这已经是不同于传统农业了，所以也应该算是创业。而且农村里面有条件搞特色农业的并不多，搞较大规模养殖、种植的也很少。即便有个别的人在搞较大型的养殖，因为养殖地点距离她们较远，问及起来，她们也是不太清楚，似乎这种事对周围的人们起到的影响不是很大。

　　问及她们如果做小买卖没有本钱，那么国家给她们贷款好不好？她们都说好。那么多少钱合适呢？有的就说两三千元，有的说四五千元，最大胆子的也就是五六千元。再问及为什么贷款只要几千元，就说多了用不上，主要是怕还不起。体现出女性的胆小、谨慎与责任感。

想一想也是，她们那里经济落后，自己没有多少文化，有的在外面打工的时候多多少少见识了一点城市生活，但是也有许多人从来没有出过远门。她们一直生活在底层，没有见过什么世面，关心的只是与她们相关的那点事情，其他事情弄不懂也不想懂。所见所闻也就是发生在她们周边的事情，让她们羡慕的也就是个别人做一点小买卖赚了一点小差价，挣了一点小钱能够帮补家用，这就很满足了。而距离城市较远的村寨，很多人连这个想法都没有。

一个村寨里面，混居的民族虽然不同，但由于常年生活在一起，除了信仰的对象不同，其他都基本上同化了，认同性较强，而观念都是非常传统的。

(一) 基本特点

1975年以后出生的外出打工者较多，因为有一点文化，所以打工目的虽然是赚钱，但精神上多是向往城市生活，想见一见世面，甚至还有少部分人渴望像城里人那样生活。她们当中很多人不太会做农活，也不喜欢做，所以愿意外出打工。虽然她们有一点文化，但是不足以让她们当中的绝大多数人找到比较有技术含量的工作，包括与人打交道较多的销售等工作，干得最多的是宾馆、餐馆里服务性质的工作，或者是企业里面的流水线、手工制作等工作，也有在理发店、美容院工作的，所以收入都不是太高，年平均工资12000—24000元。绝大部分女性在外面打了几年的工以后，最终还是要返回家乡嫁人、照顾家庭；但是也有极少部分的夫妻双方都在外面打工且工作比较稳定，像这种情况基本上就很少回家了（不回家的这部分群体不属于本研究的范围）。

(二) 对创业的关注与认知

对年轻一点的女性来说，手里有一点点技术的也想自己创业，但是首先，单靠打工的钱是绝对不够的，其次也找不到什么适合自己并且比较容易创业成功的项目；对年纪稍大的女性来说，比较熟悉农业，但只限于传统的农业，所以基本上有创业意识的也不多。在她们的村寨周围，相对于传统农业来说，即便有个别的创业者能够在较大规模种植或者养殖上获得成功，但是在她们的意识里，这些创业者无论是人还是所做的事都与她们距离较远。也可能是当地的资源无助于种植或者养殖，没有什么特色，最重要的是她们当中很多人并不懂得大型或者新型的种植、养殖技术，因此会认为这种创业的行为离她们很远，引不起注意。如果创业者的创业项目没有显著的经济效益，以及合适的基础条件或者政府做专门的引导，单靠极个别创业者个体的创业行为来起示范带头作用是不显著的。

二 创业意愿以及倾向

(一) 从走访的情况来看

课题组走访村寨的时候不是春节，村寨里的女性有些是返乡以后不再出去打工的，也有一部分女性从未外出过。年轻人很少，绝大部分是40岁以上的中老年人。走访的内容主要是围绕创业意识以及创业意愿进行的。通过了解，在远离城市的村寨里面，女性有创业意识并且有创业意向者非常少甚至没有（不排除走访区域范围以及调查对象的局限性）；而在距离城市较近的周围村寨里，对中年女性来说，部分有创业想法的人，她们的创业意向，基本上就是不影响她们干农活的情况下，闲暇时经营一些小本生意，但前提条件是不能耽误她们主要的经营主体——农业。

（二）从问卷调查的情况来看

问卷调查的情况与走访调查的情况有一些差别。这是因为问卷调查对象大多数是春节返乡人员，不但包括了返乡以后不再出去打工的女性，而且包括了更多的那些过完年以后仍然要外出务工的女性，因而年轻人较多。问卷调查数据显示，在所有的被调查者中（包括已经创业和未创业的），在创业的问题上，61.11%的人认为，如果有较稳定或者是较满意的工作，她们不会选择创业。而这些人，大多数都是文化程度较低、年龄偏大且已经结婚的人。

然而，有意思的是，我们把没有创业的与已经创业的这两部分人比较起来看，在"如果有较稳定或者是较满意的工作您是否仍然会选择创业"的问题上，就创业的意愿以及倾向来看，未创业的这部分群体因为"80后"较多，且文化程度较高，其创业的主动性、积极性比已经创业的那部分群体要高3.3%。

在"如果当初您有较稳定或者是较满意的工作，您是否仍然会选择创业"的问题上，已经创业的人中有63.16%的认为她们不会去创业，总体上仍然体现出女性农民工创业的意愿以及倾向都较低的趋势。

"如果不是万不得已，不会选择创业"，我们对女性创业意识做调查时，已经创业的和没创业的，包括在机关、企事业单位工作的人大都这么说。这也从另外一个角度说明了民族地区女性的创业动机多是生存性创业这一事实。在调查成功创业者的案例中，也体现出创业机会不多这一特点。这是由民族地区经济活动不活跃，人们满足于现状所致。在城镇，由于经济不发达，工作岗位不充足，社会资源较差，文化程度较高的人倾向于在机关及事业单位或者较稳定的企业里任职，只有极少数有一定社会资源的女性有主动创业的意愿和机会。在乡村，如果没有较多创业成功者的示范作用，看不到显著效益，没有政府的引导，没有好一点的项目，没有家人的帮助，不是生活窘迫，女性们的创业积极性也不会太高。

三 创业的困惑以及心态

（一）女性在创业中多表现出犹豫

创业作为一种行为，追求的目标就是创业成功。但是从图5—1可以看出，民族地区较多的女性农民工在是否创业的问题上正在犹豫着。一方面说明生活的压力需要她们创业，但是另一方面，创业的基本条件她们还没有掌握。资金、技能、工作经验、创业项目无论哪项缺乏，都有可能导致她们的创业失败，因而使得她们在是否创业的问题上犹豫不决。民族地区男性的创业信心基本上与女性相同。而同是农民工的浙江女性农民工，在经济比较发达的浙江生活压力并不大，因此对于创业问题，大多数人从来没有想过，有创业意向者不多，也有部分人则是"先积累经验再做打算"，在是否创业的问题上，犹豫的人则很少。

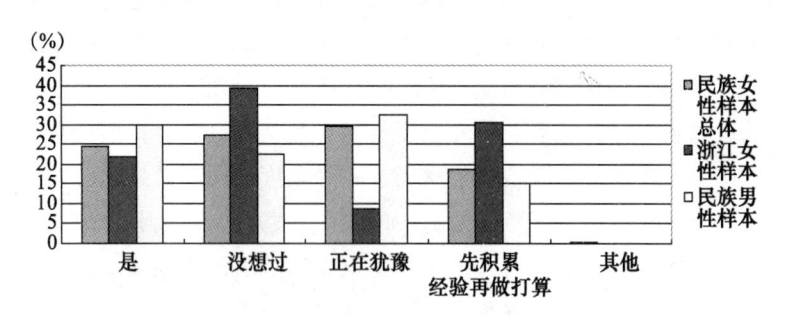

图5—1 问题：您是否准备创业

表5—1是全国平均、民族地区女性农民工、民族地区男性

农民工，以及浙江女性农民工在创业问题上犹豫的比重。创业作为一种追求成功的行为，很多人因为种种原因会在其面前产生犹豫。从浙江女性与民族地区男性的比较中就可以看出这与地方经济的发展有很大关系。民族地区的经济发展与东部、中部相比处于落后状态，因此，这里的女性农民工在是否创业问题上是十分纠结的；男性也存在这个问题。这是因为，创业者所处区域的较低经济发展水平对生存型创业者的决策影响有限，且无论是女性或者男性①。

表5—1　　　　　　　　创业犹豫女性人数比较

调查总体	占调查总体比重（%）
全国平均（2007年）	29.5*
民族地区返乡农民工女性调查总体	63.7
浙江返乡农民工女性调查样本	28.6
民族地区返乡农民工男性调查样本	60.0

注：带*的数据来源于全球创业观察中国报告（2007）。

（二）产生犹豫的主要原因是怕失败

在创业问题上，民族地区女性比经济发达地区的女性农民工容易持犹豫态度，主要是因为缺乏创业的条件而产生了不自信，不敢实施创业行为。综合而论，她们缺乏的不仅仅是单一的技能、工作经验、资金、项目、信息等，而是多种因素，可能既缺少技能、工作经验，又缺少资金、项目，还可能缺少信息、学识，更缺少社会网络关系，等等。相比较而言，浙江女性要自信得多，而男性，对

---

① 参见坎迪达·布拉什、南希·卡特、帕特里夏·格林《女性创业》，张莉、徐汉群译，人民邮电出版社2006年版。

创业产生犹豫的最大原因则是资金（见图5—2）。

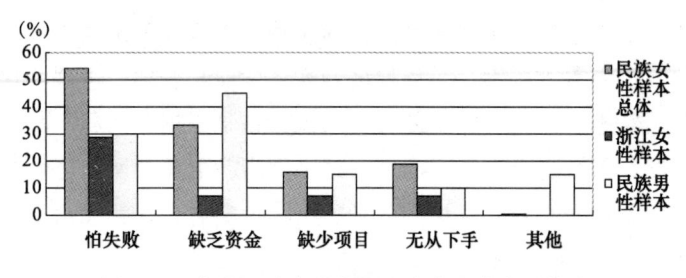

图 5—2 问题：在创业问题上为什么会产生犹豫

第二节 心理预期

一 自我创业预期

对于下一步是否有创业计划这个问题所作的调查，课题组的调查对象是那些没有创业的女性农民工。其目的是通过调查，探索其下一步的打算，以及自我创业的预期。不仅如此，问卷里的绝大部分调查内容的设计也与已经成功创业群体的问卷内容一致，意在了解她们在创业的诸多问题上的认知与想法，了解她们创业的意向性、创业目标、拟创业的行业预期、通过打工是否学到了对创业有帮助的技能、对创业政策的认知、对国家政策的期望，以及与已经创业者在上述问题上的异同。

（一）创业预期

1. 自我创业的预期

女性农民工返回家乡以后，因为家庭或者其他原因，有些人不能再外出打工，没有了经济来源，而创业恰是其解决生活问题的方法之一。但是每个人的想法是不同的。在对没有创业的这部分人进行问卷调查时，我们从不同的角度提出两个类似的问题：

一个问题是"您这次返乡是什么原因",选择"自己创业"的人数比例是17.71%;另一个问题是"您是否准备创业",选择"是"的人数比例是24.29%。这两个问题前者的数据17.71%小于后者的数据24.29%(两者的计算基数一样)。对于这个结果,我们的理解是:前者应该是返乡不再外出打工以后,对于自己的下一步计划有创业打算的人,就是想找一点事情做的人;后者则是有着创业意识的人,不排除她过完年以后还要继续外出打工。在这有创业意识的24.29%人里面,则应该包括了返乡以后有创业打算的17.71%那部分人。

2. 认为女性创业应具备综合性的条件

比起已经创业者,未创业的农民工女性认为,如果她们创业,家人朋友的帮助是不可或缺的,因为自己缺少的条件,是可以从家人朋友那里去弥补的。除此而外,创业必备的条件不仅是具备单一的资金,还需要生意经验或者创业知识技巧等,应该具备综合性的创业条件(见表5—2)。

表5—2 创业者、未创业者拥有的创业条件比较(可多选) (%)

	创业资金	创业知识、技能	生意经验	家人朋友帮忙	其他
已经创业者	32.11	25.26	31.05	54.21	2.11
未创业者	50.57	39.43	48.29	70.86	1.71

3. 创业行业选择面向较宽趋势发展

"80后"选择工作的特点与前辈不大相同,喜欢做轻松的活,而不喜欢辛苦,更不愿意所创之业仍然局限在她们不太喜欢的农业。这在其创业行业的选择上就能够看出一些端倪。假如创业,她们拟选择服装、商品零售等行业创业,比起已经成功的创业者,这个行业的人数增加了14.82%,而选择在养殖业创业的则减少了

12.38%，其他行业的选择变化还不是很大。体现了与其前辈们不同的特点。在问及为什么选择这些行业时，因为"熟悉"的原因而选择的人次有55.71%，比起已经创业者多了8.11%。

4. 返乡仍然是首选的创业地点

谈到创业地点的选择，"回家乡"仍然是她们绝大多数人首选的地点。这一点与她们的前辈是一样的。她们认为，回乡创业主要是因为"人缘熟悉"（50.57%人次），还"能够就近照顾家庭"（48.29%人次），也有11.43%人次是因为"这里有合适的项目"。只有25.14%的人次选择了在外面创业，这部分人基本上是"90后"。她们的想法显然与"80前"的女性有所不同。她们认为，在外面创业，主要是"外面有利于发展"（70.45%人次），或者"已经适应这里"（38.63%人次），也有的认为"这里有合适的项目"（35.23%人次）。

（二）规模大小预期

一般来说，女性的创业规模都不是很大，尤其是女性农民工，她们的创业目的主要是解决温饱问题，而且一般情况下，持这种创业动机的人自有资金都不太多，所选择的项目就比较小，其投资的规模因此也不会太大。由于缺少社会资源，她们创业的自有资金占总投资的比重较大，因此，在不考虑其他因素的情况下，自有资金加上创业所需贷款的额度就是其拟创业的投资规模。

为了在这个问题上对女性农民工有进一步的了解，课题组设计了一个问题："假如您创业之初能够贷到款，多少贷款适合您"，既可以了解创业时所需要的资金，同时又可以了解其创业规模的预期。

图5—3、图5—4反映的是已经创业成功者的实际投资规模，以及自己期望的投资规模。可以看出创业者心理预期的贷

款需求量,体现在创业的规模上就是,绝大多数人的预期投资规模要大于她们实际的投资规模,尤其是拟投资 1 万元以上的。她们心理预期的投资企业规模,都超过了她们实际的创业规模。

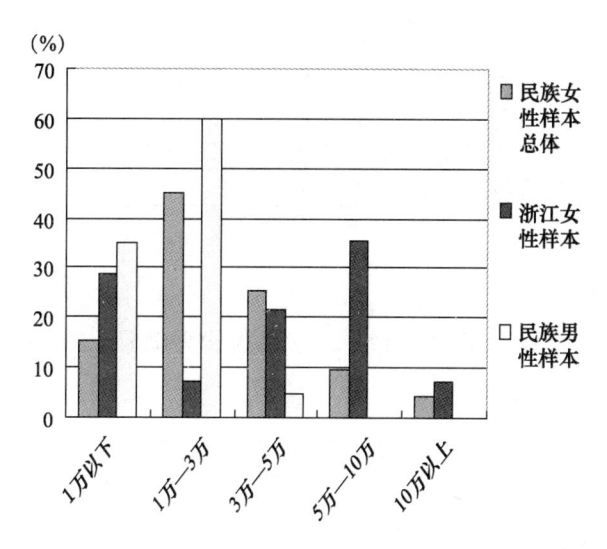

图 5—3　问题:您初次创业时的投资规模有多大

而与那些已经成功创业的前辈相比,没有创业的人们的拟投资规模也是有所放大的,如图 5—5 所示。也就是说,如果她们创业,拟投资的规模选择 1 万元以下的比起创业者减少了 9.86%,而 3 万—5 万元的增加了 10.17%,5 万—10 万元的增加了 5.67%,虽然是意向性的投资,但也足以说明了现在的年轻人的投资规模比起原来的小经营是有所放大的。经济发达地区的女性农民工以及民族地区的男性农民工在这个问题上也是如此。

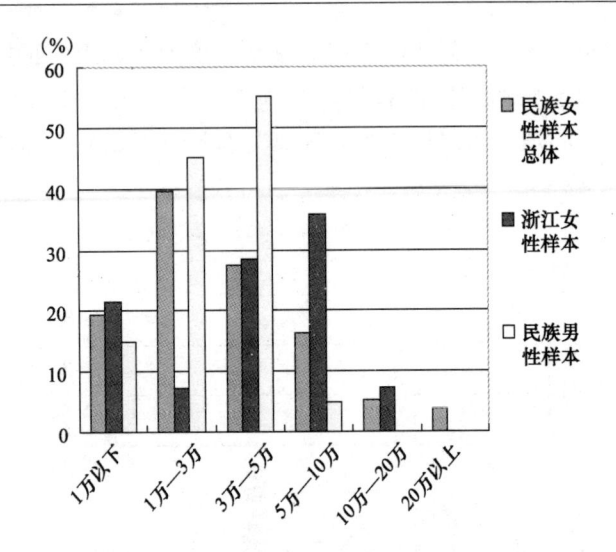

图 5—4 问题：假如创业之初贷到款，您会进行多大的投资

注：不排除男性与浙江女性数据受样本局限。

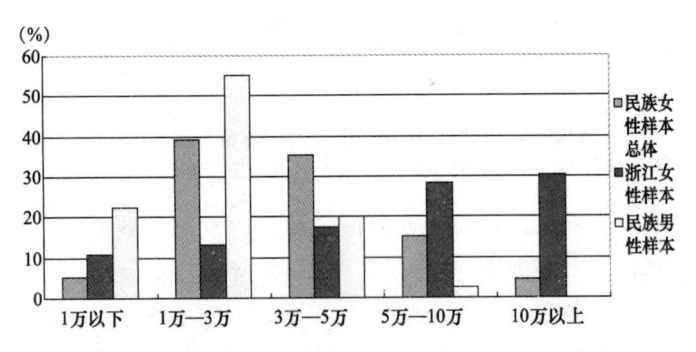

图 5—5 问题：假如您准备创业，会进行多大的投资

（三）收入预期

绝大多数女性农民工创业的目的，是希望借此解决温饱或者致富问题，因此，对自己的创业收入是有一个预期的。在收入问题上,我们把创业者当年的打工年收入与现在创业以后的年收入做了一个对比,虽然有物价上涨因素,但是仍然可以看出她们基本上都实现了自己的创业目标,达到了自己的预期。创业之前,她们的打工年收入最多也就是 5 万元,一般情况下,打工年收入 3 万元以上者只占到总人数的 5%,3 万元以下的却占了 95%。然而创业成功以后,她们的收入则大大超过她们当初打工收入的最高值。也就是说,年收入超过 5 万元的占了近 89%,而超过 20 万元的超过了 14.21%。绝大部分人达到了致富的目标。所以,创业成功者的预期基本上是能够实现的(见表5—3)。

表 5—3　　　　　创业者打工与创业收入比较　　　　　(%)

打工收入	1 万以下	1 万—3 万	3 万—5 万	5 万—10 万	10 万以上
	33.86	60.85	5.29	—	—
创业收入	5 万以下	5 万—10 万	10 万—20 万	20 万—40 万	40 万以上
	11.05	46.84	27.89	10.01	4.21

二 创业政策预期

国家鼓励创业政策的因素对年轻人的影响作用越来越显著。从对未创业者总体的调查得知,假如她们创业,除了主要是受到家人、朋友或者周围人,以及机遇等因素的影响外,受到国家政策鼓励的因素也越来越大,达到了 29.43%。与创业成功者相比,后者当初创业时因受到国家政策鼓励而创业的只有 7.89%。从 7.89%增至 29.43%,数据的变动,一方面显示出近年来国家鼓励创业的政策的宣传力度加大,所采取的优惠政策更多地落到了实处,因而吸引了人们越来越多的关注,确实是起到了一定的促进作用;同时另一方面,也体现出"80 后"比起"80 前",更加关注国家层面的政策导向。

她们对国家鼓励创业政策的关注，主要体现在以下几个方面：

（一）奖励政策的预期

国家的奖励政策通常是有针对性的，一般来说是有门槛的，只有达到政府规定的一定的质与量标准才有可能得到奖励。对于较大的企业来说这种可能性是存在的，而对于女性创业的微型企业或者是个体经营来说，显然可能性不大。更何况，能够得到政府奖励，必须是所创立的企业不但生存稳定，而且大有发展空间。女性农民工微型企业、个体经营生存的不确定性显然与此有一段距离。因此，我们在调查这个问题时，很多女性农民工并没有对奖励政策有所预期，她们还没有想到这一步。她们的关注点不在这里，而是在帮扶以及优惠政策的预期上面。

（二）优惠政策的预期

在国家优惠的政策上面，女性农民工的期待比较多。问卷资料显示，在需要国家"贷款、减免税收、技术培训、提供项目、信息服务"等优惠或者是帮扶的预期上（注：可以多选），选择优惠政策"减免税收"的只有55%人次，少于需要帮扶政策"贷款"的人次（78.95%）。她们认为，历年来，地方政府采取的减免税收的力度以及持续性都比较小，对她们的创业虽然有影响，却不是很大。因为她们自己所创的业很小，减免税收的额度不是太大，反而是能够得到政府的低息或者免息贷款对她们的帮扶作用最大。

（三）帮扶政策的预期

在许多女性创业的研究中都提到了女性创业一般情况下是比较困难的，所以她们很需要国家制定针对女性创业的支持政策。为了了解女性农民工是否有这方面的要求，课题组做了调查。调查资料显示，在"同是农民工在创业问题上，您认为需要国家援助方面，女性应该比男性享有特殊待遇吗"的问题上，66.93%的女性认为"应该有"。

她们认为女性"获取资金较难"（31.11%），并且"有家务拖累"（24.44%），"人脉资源少"（18.7%），还"缺少技术"。有意思的是，在同一个问题上，对经济比较发达的地区的女性农民工以及民族地区男性农民工的调查数据显示，他们更认为女性需要这一特殊政策。如71.43%的浙江女性农民工就认为她们自己很需要这一针对性的特殊政策，而81.67%的男性也认为女性特别需要这一针对性的特殊政策。

第六章

影响民族地区女性农民工
创业决策的因素分析

该章主要的分析对象,是民族地区已经创业成功的女性农民工。在本章中,将从理论以及实证方面,分析都有哪些因素影响女性农民工做出创业决策或者创业行为,且各种因素的影响程度如何。

国务院研究室曾经发布过《中国农民工调研报告》,其给出的影响农民工做出创业决策的因素调查数据如表6—1所示。

表6—1　　　　外出务工农民创业的影响因素[①]

创业影响因素	政策	收入	需求	恋乡	其他
人数比例(%)	20	35	19	16	10

而本课题项目组在同一个问题上的调查数据如表2—6所示。

---

① 中国城乡统筹发展研究中心:《农民工回乡创业行为分析及政策建议》,杨立勋:《农民工回乡创业行为分析及政策建议》,《新农村人才战略研讨会论文集》,2009年。

表6—2 民族地区影响女性农民工创业的因素比较（可多选）

创业影响因素	国家政策	家里人	朋友或周边人	机遇	其他
人次比例（%）	7.89	66.84	52.63	33.68	3.16

从上面两表的指标对比来看，国务院研究室提出的农民工回乡创业影响因素，是完全从宏观的角度来考量的，比较抽象。而本课题，除"国家政策"这个选项是从宏观角度以外，其余的选项都是从中观的角度来考量的，比较具体。虽然由于设计指标的角度不同，不太有可比性，但仅从国家政策这个指标的影响程度来看，受到国家政策鼓励而创业者仅有7.89%。这说明在前几年，国家鼓励创业的优惠政策在民族地区的乡村，一定程度上还没引起农民工尤其是女性农民工广泛的关注，同时，也说明国家政策宣传的力度需要加大，宣传的方法需要改进。

上面的调查资料体现出来的趋势让我们了解到，创业行为在宏观上受到国家政策的影响，受到区域经济环境的影响，受制于强大的社会背景，这是从宏观方面来看的；但最重要的是，创业行为还要受到创业者自身知识、技能和经验条件的限制，这是从微观角度来讲，也就是从个人自身的人力资本条件来分析的；如果从中观的角度来讨论，人们的社会网络对创业行为会形成制约，因为创业者在很大程度上会受到他们周围群体的影响。如此一来，创业者的创业行为受到的影响就呈现出了多重性的特点。也就是说，它既包含了个人创业行为的微观层面，也包含了创业者周围群体的中观层面，还包括了创业者生活的宏观环境的深刻影响。有人提出建议，由于女性创业在不同的情境及条件下发生，因此女性创业研究需要结合微观、中观及宏观环境来进行，必须充分考虑国家、制度、文化等条件变量对女性创业的影响[①]。因此，在这里本课题将就民族地区女性农民工的微观、中观及宏观环境因素对于她们的创业行为以及决策的影响进行分析。同时，也对其创业所必备的基本条件做一分析，以此了解她们在这几个方面所受影响及其程度。

第一节　影响因素理论分析

我们用新经济社会学的代表人物格兰诺维特在继承波兰尼"经济是社会的一部分"与"经济行为嵌入社会行为中"的思想基础上所提出的嵌入理论，来分析返乡女性农民工的创业行为。分析的结论表明，返乡女性农民工创业决策的因素影响是多重性的。在这些影响因素里面，既包含了创业者个人的微观层面，也包含了创业者周围群体的中观层面，还包括了创业者生活的宏观环境。[②]

一　微观因素层面

人类的思维受到其心智活动的影响，同时也与本身的生长环境、知识的吸取程度以及后天的经历密切相关，所有这些，都构成了人们的思想意识。

创业行为实际上就是受到行为者自身意识的影响，意识决定行为。意识是社会化过程的结果，不同的人的社会化过程不

[①] Anne De Bruin, Candida G. Brush and Friederike Welter, "Advancing a Framework for Coherent on Women's Entrepreneurship", *Entrepreneurship Theory and Practice*, Vol. 31, No. 3, May 2007.

[②] 参见和矛《基于嵌入理论的中国东西部创业影响因素比较研究》，云南人民出版社2008年版。

同，意识也不同，而其对周围环境所产生的反应、感觉以及判断也就不同。社会化的过程包括了生活经历以及周围的生长环境、教育背景、工作经历，等等。正是这些因素使得每个人在社会化的过程中积累了经验和知识以后，以人力资本的形式在大脑中形成一整套的价值观以及判断准则并指导其行为。因此，微观层次上的分析，主要是关注存在于个体自身的特定资本综合体现出来以后，以经验和判断对个人创业行为产生的影响以及程度。

分析微观因素对创业的影响，是要说明：民族地区从农村到城市的女性农民工，经过城市的生活以及打工生涯的历练以后，是否能够凭借自己提升的独立和自信的信念、视野的开拓、职业意识的强化，对自己的创业决策产生一定程度的影响。

二 中观因素层面

中观层次分析研究的是，民族地区女性农民工创业者周围的人们对其创业决策影响的状况，以及她们所能够组织的人脉资源。

创业者所生活的群体环境对创业者会产生深刻的影响。群体所体现的社会背景和社会关系，反映的正是社会网络结构、联系强度和联系的空间分布对行为个体的影响。而返乡女性农民工的行为与她们所处的社会结构息息相关。她们的行动不可能脱离社会结构。然而她们最初的社会网络却是狭窄的。对她们中的大部分人来说，她们的社会网络就是本村的亲人、近邻，或者是远村的亲朋好友。他们所能够提供给她们的，在大多数情况下只是单一的、重复的信息以及稀少的资源。因此，假如创业者的社会网络宽、关系多，就越能够接近网络结构的中心位置，其联系的人就越多①，得到的帮助就会更多。也就是说，这个网络就能够为创业者提供更多更重要的社会支持。这些支持包括了情感和物质两方面。情感支持包括精神抚慰，而物质支持则会涉及众多的创业所需要的资源，其中最为重要的就是资金。

情感和物质这两者可以总称为社会资本。社会资本在经济帮助、信息获得和人力资本获取等方面发挥着极其重要的作用。创业，实际上更是一个人际关系和社会关系的建构过程。布莱恩·乌齐认为，通过强关系与他人建立良好的信任，加速信息的传递以及共同解决问题的合作，能够直接促进企业的绩效。社会资本中还包括家人或好友，其特征是情感性，而且能够经常在一起，这对于创业者来说尤为重要②。

分析中观因素对创业的影响，是要说明：民族地区女性农民工社会结构网络的广度和强度在创业决策问题上的影响，以及这些影响最终将能够为她们带来什么样的资源。

三 宏观因素层面

宏观层次的分析关注的是个人的社会网络如何通过自身的人力资本，怎样在较大的社会文化与社会规范的系统中发挥作用。

一般来说，某种经济行为总是在相应的政治大背景的影响下发生的。而创业作为经济行为中的一种形式，如果被社会以及文化历程以价值、规范的形式加以肯定，并成为社会信念系统的一部分，就会成为其基本的行为逻辑，因而形成其专门的创业文化。因此，我们的民族地区对于创业的主流态度、各民族的族规

---

① 参见和矛《基于嵌入理论的中国东西部创业影响因素比较研究》，云南人民出版社 2008 年版。

② B. Uzzi, "Social, Structure and Competition in Interfirm Networks: the Paradox of Embededness", *Administrative Science Quarterly*, Vol. 42, No. 1, 1997.

民俗，是影响民族地区女性农民工创业行为发生的众多主要因素之一。什么样的宏观环境影响，才能够保证创业者的创业行为正常进行，这取决于该区域对创业者所采取的态度、政策、经济运行环境等，这一切都会通过创业文化体现出一种价值观。体现在个人层面上就是，接受了这种价值观的人，就有可能做出创业行为。除此之外，媒体宣传成功创业者的事例，人们对创业者的态度等都是创业文化的一种具体体现。而文化也可以通过需求对创业机会产生间接的影响，即政府创业价值观的提倡会影响对创业的需求（Verheul, et. al, 2001）。也就是说，通过税收、准入门槛等政策为创业者提供更多的机会。这就是为创业者提供的创业环境，因此是影响创业的主要因素。另外，从社会结构层次的角度来说，如果每个区域都有较好的创业环境，就能够影响更多的人做出创业的行为。

分析宏观因素对创业的影响，是要说明：什么样的创业环境才能通过中观、微观因素的传导产生作用，抑或说微观、中观的因素需要借助什么样的宏观环境才能够对创业者的决策发挥作用。

以上是宏观、中观、微观影响对个人创业行为的理论上的分析意义。民族地区返乡女性农民工经历了从乡村到城市，再从城市返回到乡村的过程。这个过程，不是简单的回归过程，而是社会化的过程。在这个过程中所形成的价值观，从微观层面来说是否对其创业意识有一定的提升，中观、宏观通过微观的载体是否发挥了作用以及有哪些作用，将在第二节进行实证分析。

第二节 影响因素实证分析

考察各因素对创业决策的影响，本课题拟采用目前较普遍应用的二元 Logistic 模型。通常人们会将"Logistic 回归""Logistic 模型""Logistic 回归模型"及"Logit 模型"的称谓相互通用，来指同一个模型，其实，这些称谓唯一的区别就是形式有所不同：Logistic 回归指的是具体的 S 形分布函数，函数形式并非线性，且是直接估计概率；而 Logit 模型则是指基于该种概率分布函数的计量，对概率做了 Logit 转换，是等价变换后的形式，此时因变量是对数概率形式，右边是线性形式。不过，SPSS 软件将以分类自变量构成的模型称为 Logit 模型，而将既有分类自变量又有连续自变量的模型称为 Logistic 回归模型。

在社会科学诸如社会学、心理学、人口学、政治学、经济学以及公共卫生学当中，Logistic 回归模型是对二分类因变量进行回归分析最为普遍应用的多元量化分析方法[①]，已被多次运用于不同领域的研究。如《农民工回流行为及其影响因素分析——以内蒙古通辽市巴彦塔拉镇为例》（刘立波、罗芳，2010）、《农村女性劳动力留城意愿实证分析》（刘华、苏群，2005）、《无公害农产品购买意愿及购买行为的影响因素分析》（陈志颖，2006），以及《农民创业行为影响因素研究》（韦吉飞、王建华、李录堂，2008）等。我们借鉴上述实证研究的思路与方法，鉴于女性农民工创业影响这一被解释变量符合二项分布函数的性质和特征要求的特点，认为 Logistic 模型是适合在这种情况下应用的模型之一，因此选择了该模型展开实证研究。

一 统计调查与数据预备

本研究所用数据来自 2011 年 1 月中旬至 2 月中旬对民族地

[①] 参见王济川、郭志刚《Logistic 回归模型——方法与应用》，高等教育出版社 2001 年版。

区返乡女性农民工进行的一项问卷调查。调查地点分别是：贵州省、内蒙古自治区、新疆维吾尔自治区、广西壮族自治区。计划问卷调查样本600份，回收问卷调查样本551份，有效问卷调查样本540份；回收率为91.83%，有效率达90%。

我们的初衷是通过对创业成功者与明确表示无论是现在还是将来均无创业意向者之间差异的比较，考察变量x_i对于女性创业决策的影响。对于已创业成功的女性，变量x_i的取值根据调查结果赋值得到$i=1,2,\cdots,16$；对于无创业意向的女性，x_1，$x_2,\cdots,x_7,x_{16}$的取值是根据调查结果赋值得到的，而x_8，x_9，$\cdots,x_{15}$的取值，则是根据个体所具备的第一创业条件、所受到的第一影响因素整理而得。

二 假设变量及其赋值

（1）年龄，记为x_1。人力资本的存量是在正式教育以及在职培训中积累起来的，随着年龄的增长，人力资本的存量也会逐渐增加，因此，年龄应该是影响创业决策的重要因素之一。一方面，创业需要资金、经验、技能等创业要素的积淀，年纪较大者具备更多的创业要素，对创业有积极性作用。另一方面，人力资本达到一定的存量时，便会开始走下坡路。因为，随着年龄的增长，创业所需的体质、斗志等都会有所下降。故创业高峰期可能处于女性中年阶段。因而，对女性年龄进行0—1赋值，即处于21—40岁女性年龄赋值为1，其他为0。

（2）婚姻，记为x_2。一般而言，在传统的农村社会尤其是少数民族地区，夫主妻辅的性别角色和劳动分工，使农村女性的创业决策往往会受到社会性别规范的制约，男尊女卑、男主女从的封建思想一定程度上还存在着，这对农村女性的创业有一定程度的影响。但从另外一个角度来看，女性有了婚姻以后，亲朋好友等社会网络的范围就会扩大，使之关系更加密集，强度增加，对其创业所需要的资金、项目等方面的帮助就更大，创业行为决策将更为成熟，创业的概率以及成功率因而有可能提高，因此对其赋值为 1，未婚则赋值为 0。

（3）文化程度，记为 x_3。该指标对创业决策有一定的影响。教育是一种消费行为，既可以让接受教育的人获得满足感，更是受教育者最主要的人力资本投资。教育可以让作为生产者的个人获得知识和技能，是人们可以增加未来收入的保障。此外，教育还可以增加受教育者的信心和在家庭内部的议价能力。因此，农村女性劳动力接受教育的程度，也可以影响到她们的创业决策与行为。众多研究结果表明，文化程度较高者学习能力较强，思维面较宽，独立选择职业的能力也较强，能够具有层次更高的创业动机，更有可能选择创业；但从另一方面来讲，文化程度较高也意味着较高的创业机会成本。而农村女性创业者的创业动机大多出于脱贫致富，如果文化程度较高，生活环境较为优越，如果不是特别的机遇，也可能成为创业的一种桎梏。因此文化程度对创业决策的影响方向尚不能确定。暂对义务教育以下者赋值为 1，其他为 0。

（4）排行，记为 x_4。在最初的试调查中发现，创业者多为老大和老二。就农村而言，在兄弟姐妹中排行靠前者往往承担更多的责任与义务，意味着在家庭里他们是最先外出打工者。而积累了技术、经验，就可能在一定程度上影响到其创业决策。因此我们对排行第一或第二者赋值为 1，否则为 0。

（5）创业动机，记为 x_5。农村女性创业动机都较为实际，她们创业也就是为了满足生活的需要，或者说让生活能够富裕一点，故对较低层次的需求如生活所迫或致富需求赋值为 1，其他为 0。

(6) 机会成本，记为 x_6。以打工年均收入来测度。一方面，收入高者意味着较高机会成本，自己创业的可能性低；而从另一角度来看，收入较高也可能意味着能力或见识较突出，资金储备也较为充分，创业可能性有可能较高。因此，根据调查结果比较，对年收入 3 万元以下者赋值为 1，其他为 0。

(7) 家乡风俗习惯。记为 x_7。这里所指的风俗习惯，主要是各区域民族对其所属的民族女性的行为具有较强约束力的民风民俗。若无影响则赋值为 1，否则赋值为 0。

(8) 资金，记为 x_8。尽管农村女性的创业是集中于劳动力密集型产业，且规模较小，所需创业资金量不是太大，但资金仍旧是女性创业至关重要的因素。因此，若拥有该条件者则赋值为 1，否则为 0。

(9) 技能，记为 x_9。根据调查的情况以及案例所知，创业者掌握一定的创业技能，对其创业的帮助较大，而且对该因素显著性的分析可在一定程度上反映农村女性自主创业的领域特征。若拥有该条件则赋值为 1，否则为 0。

(10) 经验，记为 x_{10}。粗略而言，大多数女性在选择创业领域时都基于过往打工的工作经验，或者是生意经验，或者是生活经验。因此，若有则赋值为 1，否则为 0。

(11) 家人和朋友帮忙，记为 x_{11}。根据调查，由于农村女性所从事产业的一般特征，社会资源都较为贫乏，因此，能否得到家人和朋友的帮忙是其创业决策的重要因素。因此，若能够得到家人和朋友的帮助则赋值为 1，否则为 0。

(12) 国家政策影响因素，记为 x_{12}。近年来，国家对创业的问题非常重视，尤其是对农民工创业的重视更是提高到了一个空前的程度，并为此出台了很多优惠政策。这些优惠政策，随着广电传媒的普及，以及地方政府的大力倡导，农村妇女们受政策因素的影响应该较以前显著。因此，若创业决策受到国家以及地方政策因素影响则赋值为1，否则赋值为0。

（13）家里人支持，记为x_{13}。该变量与x_{11}的"家人和朋友帮助"有所不同，在这里主要考察的是家里人的创业经验在女性作创业决策时给予的支持，包括在精神上和物质上的支持。若支持则赋值为1，否则为0。

（14）朋友或周围人影响，记为x_{14}。朋友和周围人创业的行为及其创业的项目在一定程度上也能够影响到创业决策者，尤其是对于社会资源较少的女性农民工。因此，如果有影响则赋值为1，否则为0。

（15）机遇，记为x_{15}。这是一类较为综合的影响因素，包括可能会碰到充裕的创业资金、合适的创业项目、和谐的创业合伙人、提供优惠的创业政策等的机会。因此，若有则赋值为1，否则为0。

（16）人均收入，记为x_{16}。所在区域人均收入较高，意味着当地的经济较为发达，人们有安于现状的可能性，但因为经济活跃，其面临的创业机会也会相对较多，且创业前期资金的筹备也较为容易。因此，若有则赋值为1，否则为0。

（17）行业经验，记为x_{17}。若选择创业行业与以往打工经验相同与相近，则赋值为1，否则赋值为0。

（18）我们把表征女性创业与否的因变量，记为y。因变量为二分类属性变量，即若$y=1$，则表示个体选择创业，而$y=0$则表示未创业且无创业意向。

三　统计模型选择

假设存在一个理论上的连续因变量y^*，代表事件发生的可能性，其取值从负无穷直至正无穷。当y^*的值超过某临界点如

0时，便导致事件发生，或者说二分类因变量 y 与 y^* 之间存在如下对应关系：

$$y = \begin{cases} 1, & y^* > 0 \\ 0, & y^* \leq 0 \end{cases}$$

进一步地，假设 y^* 与自变量 x_i 之间存在线性关系，即

$$y^* = \beta_0 + \sum_{i=1}^{m} \beta_i x_i + \varepsilon$$

于是得到

$$p\{y=1 \mid x_i\} = p\{\beta_0 + \sum_{i=1}^{m} \beta_i x_i + \varepsilon > 0\}$$

如果随机误差项 ε 服从 Logistic 分布，则根据密度函数的对称性，上述概率即

$$p\{y=1 \mid x_i\} = \frac{1}{1+e^{-\beta_0 - \sum_{i=1}^{m} \beta_i x_i}}$$

$$\equiv p_1$$

这里 F 为误差 ε 的累积分布函数。显然，事件不发生的条件概率为

$$p\{y=0 \mid x_i\} = \frac{1}{1+e^{\beta_0 + \sum_{i=1}^{m} \beta_i x_i}}$$

$$\equiv p_0$$

于是得到

$$In\left(\frac{p_1}{p_0}\right) = \beta_0 \sum_{i=1}^{m} \beta_i x_i$$

四 统计模型估计

模型参数估计借助软件 SPSS 18.0 进行，采用的是逐步变量选择算法。我们将女性创业影响因素划分为四个层次进行分析：创业条件的影响、微观因素影响、中观因素影响、宏观因素影响，其中，创业条件是对女性创业的必备因素进行考量，而从微

观、中观、宏观三个角度进行实证分析,则是对影响女性创业因素的考量。

(一)创业基本条件影响结果分析

考察资金 x_8、打工过程中自己掌握的知识与技能 x_9、与创业相关的各种经验 x_{10}、家人和朋友帮忙 x_{11} 等创业条件对女性创业决策的影响,回归分析结果如表 6—3 至表 6—5 所示。

表 6—3　　　　　　　　显著性创业条件

	B	S. E.	Wald	Sig.
x9	1.074	0.361	8.833	0.003
x10	1.692	0.411	16.949	0.000
x11	0.859	0.277	9.587	0.002

表 6—4　　　　　　　　非显著性创业条件

	Score	Sig.
x8	0.020	0.889

表 6—5　　　　　　　　分类表①

观测	预测		正确率(%)
	0	1	
0	38	58	39.6
1	40	150	78.9
			65.7

---

① 此处设定区分概率为 50%。

回归结果表明：资金 x_8 对创业决策影响不显著。而自己所掌握的知识与技能 x_9、相关经验 x_{10}、家人和朋友帮忙 x_{11} 等对女性创业有着正面的显著性影响。

女性必备的创业基本条件小结：女性农民工创业者必备的创业条件，是课题组通过对创业案例走访、深入访谈以及查阅资料等研究得出的。创业的行为，必须有的条件也就是基本条件，即创业资金、技能或者打工的工作经验，或者是家人和朋友的支持辅助，等等。有了这些条件，对于她们的创业决策才会起到从意识到行动的催化作用。

1. 影响显著的因素：技能 x_9、经验 x_{10}、家人和朋友帮忙 x_{11}

本课题回归模型结论中"自己掌握的技能 x_9、经验 x_{10}、家人和朋友帮忙 x_{11} 对女性创业有正面的显著性影响"，也是经过多项研究加以证明的。民族地区女性农民工外出打工过程，于她们而言，是一个社会化的过程。外出打工的经历对其回乡创业能产生正面的较显著影响，是创业的"孵化器"。调查中发现，外出打工对创业的农民影响往往体现为两方面：首先，随着其打工经历的增加，知识、阅历不断丰富，技术能力和创业能力明显提高，其打工经历促进了农民个人人力资本的提高；其次，民族地区的打工大省区广西、贵州，大部分创业者基本上都是在经济发达地区打工，而那里往往能为打工者提供更多的学习技术、先进的知识经验，了解市场信息和积累资金的机会。因此，打工能够为女性农民工创业提供人力和物力资本的积累。

另外，作为女性，家人和朋友的帮助会对她们在情感和物质上起到很大的作用，如果没有他们在精神上的鼓励，在资金、项目、信息、技术等方面给予的支持，她们的创业决策很难成功。

2. 影响不显著的因素：资金 x_8

在本模型中，"资金 x_8 对创业决策影响不显著"这一结果，有以下几种解释：首先，这与少数民族地区女性农民工实际创业选择的项目以及创业规模的大小有关。通过问卷调查得知，她们最初创业的项目多是经营小杂货店、小理发店、小饮食店、小规模的养殖或种植，因为规模小，所需要的资金数量并不大，基本上是自己的储蓄以及亲朋好友的借款就能够满足要求。已经创业者的多个案例也证明了这一点。其次，她们创业拥有的基本条件最主要是"家人和朋友帮忙"（54.21%人次），而这个帮忙，据调查得知，最主要是体现在资金的帮助上。农民工女性所拥有的创业的基本条件里单纯选择"资金"的，仅有32.11%。再次，由于模型分析对象是已经创业的人群，而她们现在所需要的资金，并不是创业的启动资金，而是希望维持经营或者是扩大经营所需。最后，在模型计量中，变量之间会互相影响。由于在相关分析中证明了创业的基本条件里，"资金"与"家人和朋友帮忙"这两个变量之间有着较强的相关性，而"家人朋友帮忙"这个变量的表征较强，因而削弱了资金变量对创业的影响的表征。

（二）微观因素影响结果分析

把女性年龄 x_1、文化程度 x_3、创业动机 x_5、打工年均收入 x_6、行业经验 x_{17} 作为个人的人力资本来考量其对创业决策的影响程度，而婚姻状况 x_2、排行 x_4 是附加于个人身上的家庭身份，用以考量对创业决策者的影响。回归分析结果如表6—6至表6—8所示。

表6—6　　　　　　　　　显著性微观因素

	B	S. E.	Wald	Sig.
x_2	1.574	0.334	22.261	0.000
x_3	-1.552	0.435	12.722	0.000
x_5	-0.900	0.354	6.459	0.011
x_6	1.511	0.521	8.410	0.004

表6—7　　　　　　　　　非显著性微观因素

	Score	Sig.
x_1	0.042	0.838
x_4	0.085	0.770
x_{17}	0.232	0.630

表6—8　　　　　　　　　　分类表①

观测	预测		正确率（%）
	0	1	
0	30	66	31.3
1	9	181	95.3
			73.8

单从微观角度进行因素分析的回归结果表明：年龄 x_1、排行 x_4 对创业决策影响不显著，而婚姻状况 x_2、文化程度 x_3、创业动机 x_5、打工年均收入 x_6 对女性创业有显著性影响。具体而言，对于农村女性来说，已婚者创业概率高于未婚者，初中以上

---

① 此处设定区分概率为50%，下同。

文化程度者创业概率高于初中及以下文化程度者，具有较高层次创业动机者其创业概率较高，而打工年均收入较高者其创业概率较低。另外，从模型区分度来看，基于微观因素的 Logistic 模型对于已创业者拟合效果较好于意向创业者。

1. 微观影响不显著的因素：年龄 x_1、排行 x_4

年龄对创业决策是有影响的，本次调查数据显示，80% 的创业人员是集中在 21—40 岁，其中，31—40 岁的就占了 46%，而 41—50 岁的也超过了 15%。这也是为什么课题组把创业者的调查年龄限制在 21—50 岁。但是年龄在这里不显著，分析下来，是由于本课题项目组设置的这个年龄时段不是创业者正在创业的年龄时点数据，而是已经创业了几年的年龄时期数据，所以这是对创业的影响因素不支持的主要原因。

李录堂和王建华在《回流农民工创业激励机制研究》的文章中提到了他们做过的调查结果为：首先，在创业年龄的选择上，26—35 岁是最佳时期，49.73% 的调查者在此年龄段创业；其次是 36—45 岁和 18—25 岁两个年龄段，分别占样本总量的 25.72% 和 18.39%，创业群体的年轻化趋势越发明显[1]。这个结果与本次调查结果的趋势基本一致。一般来说，年龄对创业决策的影响呈现出先递增后递减的特征。就创业者年龄而言，由递增转为递减的年龄界限为 35 岁，也就是说在 35 岁之前，在给定的其他因素不变的情况下，创业者的创业决策随着年龄的增长而递增，但在 35 岁以后则呈现递减的趋势[2]。就本课题而言，也是基本符合这个规律的，即创业者的年龄绝大多数集中在 21—40

---

[1] 参见李录堂、王建华《回流农民工创业激励机制研究》，《贵州社会科学》2009 年第 4 期。

[2] 参见钱红《女性创业意向与创业行为及其影响因素研究》，博士学位论文，浙江大学，2007 年。

岁这个阶段。

排行对创业的影响不显著，是因为农村每家每户的兄弟姐妹都比较多，作为排行靠前的老大和老二，往往需要承担更多的责任与义务，所以她们往往也是最先外出的打工者，相比较而言，她们的打工技能和经验比起她们的弟弟妹妹要丰富得多，因而创业者就多，并不是因为排行的原因。

2. 微观影响显著的因素：婚姻状况 x_2、文化程度 x_3、创业动机 x_5、打工年均收入 x_6

文化程度对创业有正面的影响。创业女性的学历与创业人数呈倒"U"形分布，学历比较高和学历比较低的女性似乎都不倾向于创业。如果以教育背景作为人力资本的一个衡量指标，则似乎人力资本存量高的女性创业意愿并不高，这里所讲的学历高低的界限是高中—大专之间[1]；就本课题而言，从回归系数看，文化程度的系数为负，因为文化程度是反向赋值的，义务教育以下赋值为1，以上赋值为0，因此，文化对概率的影响也是正的。这表明，具有初中文化以上的女性农民工创业者的概率高于初中及以下文化程度的女性农民工。由于民族地区女性文化程度普遍低下，根据调查结果显示的高中以上文化程度者不足5%。而且，虽然很多人的文化程度是初中，但实际上真正读完初中直至毕业的很少。因此，在本课题中实际上对创业影响较显著的应该是初中直至高中文化程度这个区间。

婚姻，对于一个家庭来讲，由于个人目标与家庭目标基本一致，都是寻求家庭收益最大化，所以，农民工返乡创业决策往往是由家庭成员特别是夫妻通力合作的结果。婚姻能够为资源贫

---

[1] 参见胡怀敏、朱雪忠《人力资本对女性创业的影响研究》，《经济师》2007年第4期。

乏的农民工女性获得其增加所需资源的机会。而这样的机会，不仅仅体现在物质上，如资金、项目、劳动力资源、相关知识、经验与技能等，在情感上也为她们提供了强有力的支持。因此，对其返乡创业决策影响较大。这一研究结果与相关研究结论基本一致[1]。

而打工收入与创业动机有着很多的关系。打工收入高，意味着能力提升的结果以及资金拥有程度也高于他人，由于大多数农民工女性创业动机是因生活压力而为，因此，有了较稳定且较高的收入者，就不愿意冒着风险创业。本研究项目中，是把打工收入作为机会成本来测度的。机会成本就是创业者现有利益和创业者未来价值的反映。从机会成本角度来分析，机会驱动型的创业对社会资本有较高的要求，创业女性需要通过社会资本获得企业存在和发展的关键性资源、机会和支持。机会成本影响创业抉择和创业的可能性呈逆向关系。即机会成本越大，在位者的利益越多，未来价值越小，创业的可能性越小；反之，在位者现有利益越小，未来价值越大，投身创业的可能性就越大[2]。而生存驱动型的创业对社会资本虽然没有太多的要求，但是其创业的决策与创业的可能性也存在着上述关系，只不过这个度要小很多。

另外，由于未创业者的信息毕竟是意向性的，从意向性到真正创业是一个从理念到实践的过程，需要人力资本和社会资本的支撑，想法不能完全代替事实，所谓不身临其境，就不会真正了解创业的所需，因此，从模型区分度来看，基于微观因素的Logistic 模型对于已创业者拟合效果是较好于意向创业者。

---

[1] George J. Borjas, "The Self-employment Experience of Immigrants", *Journal of Human Resources*, Vol. 21, No. 4, May 1986.

[2] 参见胡怀敏、朱雪忠《人力资本对女性创业的影响研究》，《经济师》2007年第4期。

(三) 中观因素影响结果分析

考察家里人支持 x_{13}、朋友或周围人影响 x_{14}、机遇 x_{15} 对女性创业决策的影响,回归分析结果如表 6—9 至表 6—10 所示。

表 6—9　　　　　　　　显著性中观因素

	B	S. E.	Wald	Sig.
x_{13}	1.783	0.342	27.115	0.000
x_{14}	1.718	0.348	24.320	0.000
x_{15}	1.966	0.421	21.782	0.000

表 6—10　　　　　　　　分类表

观测	预测		正确率(%)
	0	1	
0	14	82	14.6
1	13	177	93.2
			66.8

单从中观角度进行因素分析的回归结果表明:我们所选择的中观因素对女性创业都有着显著性影响,且其影响是积极的。若以模型区分度度量整体效果,中观因素对创业概率的影响不如微观因素,另外,与前方类似,基于中观因素的 Logistic 模型对于已创业者拟合效果较好。

中观显著影响因素小结:文化程度不高的女性农民工,虽然在打工的过程中,部分人手里有了一点钱,有的还掌握了一点技术,但是在创业的决策上,面临着资金、项目、经验、信息等问题,绝大多数人还是需要家里人的支持和帮助,因为有了家里人在资金、项目、经验、信息等方面的帮助以及精神上的抚慰,她们的创业将事半功倍。问卷调查结果表明,创业者中有家里人的支持,而且能够帮助其创业的占了66.84%,浙江女性农民工受到家族影响创业的比例是71.43%。可见家里人支持这个因素的影响是很大的。

(四) 宏观因素影响结果分析

考量家乡风俗习惯 x_7、国家政策 x_{12}、各乡镇区域农民人均收入 x_{16} 对女性创业决策的影响,回归分析结果如表6—11所示。

表6—11　　　　　　　显著性宏观因素

	Score	Sig.
x_7	0.021	0.885
x_{12}	0.980	0.322
x_{16}	0.222	0.638

单从宏观角度进行因素分析的回归结果表明:所选择的宏观因素对民族地区女性农民工的创业都不存在显著性影响,或者说,单纯的宏观因素不足以影响女性做出创业决策。

宏观不显著影响因素小结:考虑到少数民族地区的区域经济和文化发展现状,即便有国家的相关政策,但是由于没有形成较成熟稳定的创业机制,其地方创业文化也还没有真正形成,创业的氛围也没有形成,个人的创业价值观也就不能形成,所以对个人创业决策的影响还不能够充分体现出来。

(五) 整体回归分析

将全部17个解释变量纳入模型,考察各个因素对女性创业影响的整体效果。计算结果如表6—12至表6—14所示。

表6—12　　　　　　　　　　显著性因素

	B	S. E.	Wald	Sig.
x_2	1.404	0.379	13.749	0.000
x_3	-1.501	0.499	9.050	0.003
x_9	1.418	0.477	8.833	0.003
x_{10}	1.919	0.547	12.318	0.000
x_{11}	1.174	0.364	10.415	0.001
x_{12}	1.649	0.682	5.845	0.016
x_{13}	2.608	0.501	27.085	0.000
x_{14}	2.370	0.495	22.889	0.000
x_{15}	2.316	0.584	15.751	0.000
Constant	-3.037	0.730	17.300	0.000

表6—13　　　　　　　　　　非显著性因素

	Score	Sig.
x_1	0.349	0.555
x_4	0.040	0.842
x_5	0.752	0.386
x_6	3.604	0.058
x_7	0.773	0.379
x_8	1.465	0.226
x_{16}	0.022	0.881
x_{17}	0.540	0.462

表6—14　　　　　　　　　分类表

观测	预测		正确率（%）
	0	1	
0	68	28	70.8
1	27	163	85.8
			80.8

整体各项因素回归分析结果表明：微观层面的婚姻状况、文化程度、创业知识技能、相关经验与中观层面的家人支持、朋友或者周围人的影响、机遇以及宏观层面的国家政策鼓励等是影响女性农民工创业的显著性因素，除此之外，打工年均收入也是较为重要的影响因素。

具体而言，可表示为如下女性创业概率函数：

$$p_1 = \frac{1}{1 + c^{3.037 + 1.404x_2 + 1.501x_3 - 1.418x_9 - 1.919x_{10} - 1.174x_{11} - 1.649x_{12} - 2.608x_{13} - 2.370x_{14} - 2.316x_{15}}}$$

在上述创业概率式中有效自变量个数为9，考虑到调查总体中有96人无论是现在还是将来都不会有创业打算，符合P. Peduzzi等人给出的指导准则①。根据上述创业概率式，比较诸显著性因素对创业概率的影响大致如下：

基于微观嵌入中观、宏观的整体层次上的分析：对于每一位创业意向者，假如有婚姻，则对其有助于创业决策的影响概率是1.404，而文化程度在初中的基础上每降低一个层次，则影响其创业决策的程度的概率也将会减少1.501；如果掌握可以帮助其创业的基本条件，比如创业知识技能、相关经验、家人的支持

---

① 属性因变量模型较一般的要求是自变量个数不要超过最小分组数目的十分之一，这样才能保证自由度。

等，则有助于影响其创业决策的概率各为1.418、1.919、1.174；如果她们在实施创业的问题上能够得到家族支持、朋友和周围人的帮助，影响其创业决策的概率会各增加2.606、2.37；而国家政策影响其创业决策的概率为2.318。

如果用图形表示，比如，在没有其他创业影响因素条件下，女性婚姻状况、文化程度对其创业概率的影响如图6—1所示。

即婚姻与创业的概率成正比；而文化程度在初中基础上与创业的概率成正比。

$$p(x3)=\frac{1}{1+e^{3.037+1.501x3}}$$

$$p(x2)=\frac{1}{1+e^{3.037-1.404x2}}$$

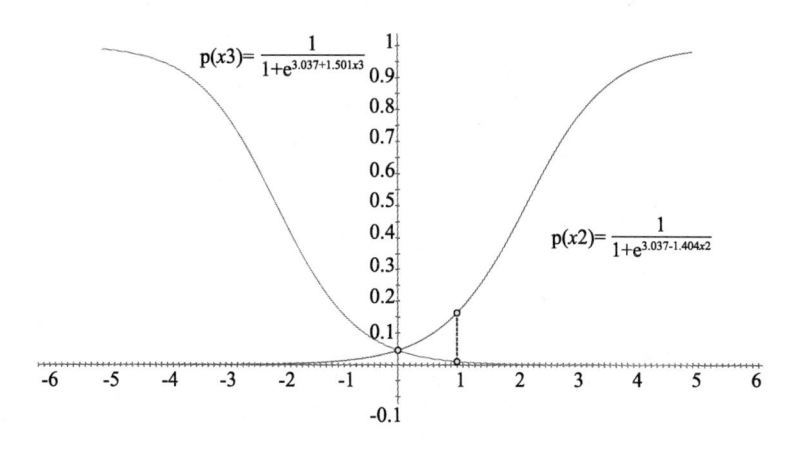

图6—1 婚姻状况、文化程度对创业的影响

（六）基本结论

通过对民族地区女性已经创业成功者的实证分析，我们得出如下三个重要结论：

第一，女性农民工创业受微观因素的影响较为显著，而受中观因素的影响较为薄弱，受宏观因素的影响则更弱。

第二，宏观因素对女性农民工创业决策的影响有赖于微观因素或中观因素作为媒介进行传导，否则可忽略该种影响性。

第三,一定的文化程度以及务工技能与经验等对女性农民工创业决策具有促进作用。

第三节 影响因素分析总结

一 微观因素的影响及案例启示

创业者或者说有创业意向者的个人人力资本对其创业决策的影响作用,说明了后天获得品质的重要性,而这些品质的形成原因除了正规教育或者培训以外,工作经验是最重要的后天所获得的人力资本。

案例7:打工经历(再社会化)过程形成的人力资本

H女士是广西壮族自治区都安县佳美家政服务中心的创办人。创业已经有两年多了。创业,除了解决家里的生计问题,主要还是因为她有着与其他普通女性不同的敢于拼搏的品质。

初中没毕业的她因为家境贫寒,未满18岁就一个人外出到深圳打工,因为文化水平低,只能做工厂流水线工作。工作苦累不堪,且工资微薄。在工厂里干得累死累活却不知道别人是怎么给自己算工资的,知道自己文化水平低,也不怎么敢去和别人交流,就这样,自己感觉生活就是没头没尾的,有一段时间都失去了对生活的希望。她说,那时候才深切体会到知识的重要性,产生了特别想回家去读书的念头。看到城里的人们整天忙忙碌碌追求生活,她认识到这才是自己喜欢的生活。H女士是个有心人,而且也是一个不服输的人。她认真地分析了自己的长处与短处,觉得比较适合干家政,而且那里的人流量大,能认识更多的人。于是H女士在深圳的家政公司找到了适合自己并且自己也喜欢的工作，一干就是几年。产生创业的念头，是2009年底回乡过年，到家住镇上的亲戚家玩时发现一个现象而激发的。快到春节了，有很多家庭都需要打扫卫生，却又忙不过来，这给在家政公司上班的H女士带来了灵感：可以创办一个自己的家政公司。但那时乡镇上还没有家政服务业，不知道乡镇上的人们能否接受家政服务，风险很大。为了证明自己这几年工作的成果，同时也很想利用自己在外务工所学到的技能，于是在说服了家人及亲朋好友后，H女士很快就决定自己创业。

利用自己的积蓄，加上亲戚朋友的帮助，拿着筹集到的1万多元钱，H女士开始了艰辛的创业过程。而文化水平低，更是增加了她创业过程的难度。但是她并不后悔，也对自己刚刚起步的事业充满信心。她说，自己当老板与给老板打工，那是两种很不同的生活方式和追求。给老板打工，人就只会为了饭碗默默地干活，而当了老板，才会知道自己干活的意义，既可以证明自己的能力，又可以拓宽自己的交流面，增强自己与别人的沟通能力。H女士是一个不安于现状的人，她最大的感触是，人一定要了解自己，懂得自己需要什么、能做什么，这样才能给自己一个很好的定位。

目前她的家政服务中心提供的固定岗位虽然只有6个，但是繁忙季节，会根据情况，多招收一些像她这样的妇女。虽然现在给当地提供的税额不多，经济效益、社会效益并不是太大，但是她相信自己能把事业越做越大，对地方的贡献也会越来越大。

案例启示：这是一个再社会化很成功的案例。农村女性H女士们在外面打工期间最大的收获就是学到了很多知识，懂得了生活，社会经历也多了，"感受到了家乡与外界相比落后的一面，也看到了外面的知性女人做白领，挣高收入优雅生活的一面"，这对于没有见过世面的她们来说无疑有着很大的冲击力。H女士说，来到城里面，才知道人还有另外一种活法。同时，在工作中她也已经意识到了文化的重要性，产生了特别想回家去继续读书的念头。到了城里，一方面她们学到了新的知识，学到了和以往仅熟悉的农业所不同的技能，另一方面也看到了不同于传统农村性别角色的女性形象，开阔了眼界，提升了自己的生活方式，重新有了自己的人生期望和奋斗的目标。

H女士的人生定位，为自己建构了一个奋斗目标。生存驱动型的女性创业的核心要素是创业者的个人资源禀赋，这是创业得以成功的关键因素，其动机就是生存困境。所以有部分返乡农民工女性会自觉地寻找脱离农业的方法，从部分脱离农业实现完全脱离农业，最终实现职业的转变。她们通过自身的努力，在现有的社会结构中部分或彻底实现了职业的转变，这就意味着以后可能的身份转变，她们以后的发展无疑会有一个质的飞跃，而从个体累计到总体，体现出来的就是妇女整体的发展。不仅如此，同时也意味着她们今后对下一代的教育也会有着与以往不同的观念。这也充分体现了女性主体能动性在这其中所起的作用。这就是再社会化对于她们提升人力资本发挥的作用，也是其重要意义。

H女士还说，很感谢那几年在深圳的家政打工经历，它不仅给自己带来了创业需要的知识和技能，也让自己认识了很多敢于拼搏的女性朋友，与人沟通的能力也得到加强，更重要的是在深圳这座大城市的熏陶下，自己也变得对生活充满了信心，增加了活力，有了人生的奋斗目标，更愿意以积极乐观的态度去面对生活。

二 中观因素的影响及案例启示

要想创业成功，需要一定的社会资源。因此如何组织社会网络，构建适用于自己的社会资本，对于个人的创业也有着很大的影响。

> 案例8：以个人的人力资本充分构建社会资本创业
>
> 家在广西壮族自治区罗城仫佬族自治县东门镇大福村的W女士，曾就读于职业高中，专业是与电子科技相关的学科。毕业后与本村的一帮姐妹怀着见见世面的想法到了东莞，进入一家科技公司，成为工厂流水线的一名工人。四年以后，凭着学过的一些电子科技知识基础，加之工作中积累的不少经验，成绩突出的她被提升为车间负责人，待遇也随之增加了一倍。然而，就在她的生活越来越好的时候，2008年的金融危机使得她稳定并发展趋势向好的打工生涯戛然而止。回到家乡以后的她很是失落，整天闲着不知道要做什么，农活于她已经很是陌生，自己也不愿意再回到从前的生活方式里。那段时间，她时时刻刻都在思索着自己的人生道路应该如何走。
>
> 在一次进城闲逛的时候，她看见了县政府鼓励返乡农民工创业的广告，这激起了她的创业想法。经过反复思考，她决定在自己的家乡办厂，具体项目就选择自己熟悉的电子产品生产。因为在这个行业里，有自己熟悉的领导和员工，还有自己了解的生产工艺、生产程序以及管理经验。于是，在与她原来工作的东莞公司进行了半年多的洽谈后，于2010年10月在罗城仫佬族自治县，以其东莞公司的名义成立了康音电子分厂。在她的努力组织与协调下，公司生产初期，不但有总公司在资金、原材料的供应上给予大力的支持，而且仍在东莞公司工作但是

> 很想回到家乡的姐妹们也纷纷到她的工厂工作支持她，县政府经贸办、扶贫办在贷款税收等方面也给予了她很大的帮助。有了这些帮助，创业初期最困扰人的资金、原材料、熟练工人等种种困难得以一一化解。加之凭着她在打工中学到的技能以及管理经验，在短短不到一年的时间里，该厂已经走入正轨。
>
> 目前她的电子厂为当地提供就业岗位超过 200 个，年利润在 100 多万元，一跃而成为该县的电子大企业，为当地的经济和社会发展作出了较大的贡献。

案例启示：W 女士的创业过程，看似简单，实则是一个编织社会网络、构建社会资本的过程，也是创业催化剂起作用的过程。

创业除了普遍的创业动机以外，还要有创业的催化剂。创业动机是选择创业这条特殊道路的潜在原因，而推动女性们真正实施创业的往往是很具体的某件事情，这就是催化剂的作用，它包括推力和拉力。有些人是被外力推上去的，比如公司、企业裁员或者从较高位置落下来产生的失落感、家庭环境的变化等[①]。而有些则是出自内心的拉力作用，比如某人有了一个创业项目，或者某人被朋友拉去入伙做合作伙伴等。该案例，显然是推力和拉力两种力量共同作用的结果。W 女士，首先是失去工作而不满足于生活现状的推力在推动着她，而自己较高的人力资本的作用作为拉力也在拉着她，且正当其时的当地政府的创业宣传进一步起到了催化剂的作用。更为幸运的是，她在打工期间自己积累的社会资本以及自己所经营的社会网络起到了最关键

---

① 参见坎迪达·布拉什、南希·卡特、帕特里夏·格林《女性创业》，张莉、徐汉群译，人民邮电出版社 2006 年版。

的作用。

　　普林斯顿大学社会学教授波茨指出了三种社会资本形式：社群网络、家庭网络和外部网络。社群网络是社会控制的来源，家庭网络可以获得家庭支持，家庭外的网络可以获得收益[1]。分析W女士的创业过程，社会资本作为一种能带来资源的资源，肯定是可以为拥有者带来利益，但是，其受益的程度则是根据每个人的能力而有所差异。该案例中，由于W女士是农民工，其阶层地位，使得她最初的社交范围是很有限的，她的网络中最多的就是和她同一个层次的亲朋好友。而这个层次的特点就是：对亲朋好友的习惯性依赖，使得她们如果有需求，总是倾向于向同一个层次的亲朋好友寻求支援。然而资源的有限性，导致自己的资源仍然是局限于狭小的范围。信息单一、贫乏，资源缺少，通过社会活动和组织途径建立的社会关系也非常少。但是，W女士后来到了企业并成为该厂的中层干部，在这个过程中，她逐渐地拓宽了其社群网络。如果这个时候，专属于她个人的能力、品质等人力资本在社会关系的建立中能够起到极其关键的作用，那么，她的个人的社会资源就会增加。而这个行动主体与社会的联系以及通过这种联系摄取稀缺资源的能力，通常被称为社会资本[2]。

　　W女士的社会资本就是这样形成的：从理论上说，她的社会网络最初主要是家庭和外部两方面的网络，独独缺少社群的网络。因而，她首先做的就是通过自身的人力资本，获得了发展的关键性资源、机会和支持，并在此基础上，进一步构建了社群网

---

[1] 参见边燕杰、丘海雄《企业的社会资本及其功效》，《新华文摘》2000年第9期。

[2] 参见范丽娟《社会资本和农民工城市创业——以电视剧〈都市外乡人〉女主角为个案》，《安徽广播电视大学学报》2007年第1期。

络。取得一定的社会地位以后，又进一步积累了自己所需要的社会资本。从实践来说，她在深圳电子厂打工期间，通过她在学校学到的专业知识与实践的结合，很快得到了工厂领导的认可，因而获得了车间主任这个位置；在这个位置上，她构建了自己专属的社会网络群。如果把社会资本看作一种社会资源，那么社会地位本身就是一种社会资本。一般来说，社会地位越高，其所拥有的资源也就越多，而职业地位正是衡量社会地位的一个重要指标。车间主任的职位虽然不高，但是，在W女士熟悉的电子产品的行业里，有了解自己的上司，还有自己属下的员工。这一切，都为她构建了一个足以使她日后创业过程中方便且有效地获取其所需要的项目、资金、信息、人力等众多资源的社会关系网络。

像W女士这样许许多多的不同个体，通过为了实现各自不同的目标而对各种不同资源整合的这一微观行为，最终促成中观这个层面的社会关系的整合。因此，中观因素要对创业决策产生重要的影响，有赖于微观因素的重要作用；也可以反过来说，就是体现在微观层面的个体创业行为，有赖于中观网络的重要支持。

当然，即便是有家人和朋友的帮助，有较丰富的社会资本，如果创业者本人没有创业所需要的人力资本，没有持之以恒的毅力，没有自己坚信的目标，创业成功也是难以实现的。

三　宏观因素的影响及案例启示

国家政策的倡导，需要借助地方各部门的贯彻执行以及相应的制度规范，更需要经过再社会化以后自主性、独立性都增强的个人的接纳、吸收、消化才能起到影响作用。

案例9：国家政策的鼓励

22岁的小Z和她20岁的妹妹是贵州黔东南苗族侗族自治州兴义市则戎乡坪寨村——一个以布依族为主的少数民族聚居村寨——的村民，是典型的"80后"、"90后"。初中毕业以后，小Z姐妹俩怀揣着对城里美好生活的向往先后到深圳、广东、福建等地电子厂打工。打工期间，尽管每月能节余上千元的工资寄回家，但是让小Z姐妹俩感触最深的是，因为自己的文化水平不高，缺少电脑等常规性知识而让她们痛失了提职的机会。受2008年的金融危机影响，其所在的企业裁员降薪，她们两姐妹也受到了影响。无奈之下，两姐妹只好返回家乡。但是，对于不会干农活的年轻的她们来说，不知道后面的路要怎么才能走下去。

正在这时，乡政府和劳动保障部门派人进村入户，对返乡的农民工开展了就业意愿的摸底情况调查，同时还宣传农民工返乡创业的典型事例，传达了就业再就业相关的法律法规，以及免费提供技能培训等优惠政策的信息，大力动员和鼓励返乡农民工就地创业，为家乡作贡献。正在无所适从的她们被说动了。在听取了亲朋好友的一致建议，并上网查询了相关技术知识和市场销售的信息以后，姐妹俩下了决心，就留在家乡自己创业，创业项目结合自己家乡的自然资源进行，那就是养鹅。

在家人和亲戚的帮助下，小Z姐妹俩各自筹资6000元，又向亲朋好友借了20000元做本钱，租了村里老学校的几间空教室作为鹅舍，购买了300只鹅苗，利用村里坝子中央那条穿村而过的小河的天然水资源优势，她们办起了养鹅场。她们还利用上网等手段查询养鹅知识，买来了大量养鹅方面的实用技术书籍，聘请乡畜牧兽医站站长做技术指导，就这样边学边干，摸索着开始了她们返乡创业的发展之路。

三个月的辛苦有了回报,第一批成品鹅全部卖出。这让小Z姐妹俩为之振奋不已且信心倍增。进一步扩大养殖规模以后,到目前为止,由于她们养的鹅个大、体壮、肉质好,深受市场欢迎。她们的努力,让乡亲们看到了创业带来的收益,及其祖辈多年传统的农业所从未达到过的经济效益优势。由此带动了村里的众多农户,养鹅规模由原来仅有几户人家几只、十几只鹅的零散养殖,发展到现在的四五十户人家每户人家上百只鹅的养殖,乡亲们也富起来了。

尽管目前小Z姐妹俩的创业仍处于创业初期,但是与在外打工的日子比起来要稳定得多。而最重要的是:对她们来说,这是一个有着发展前途的事业,对年轻的小Z姐妹俩有着很重要的人生意义。

下一步,小Z姐妹俩想利用市妇联提供的4万元扶持贷款,建一个具有一定规模的、设施配套齐全的养鹅场,还要种植几十亩优质黑墨草供鹅群食用。她们还计划在今后五年内把养鹅场建成一个"万鹅基地",并形成自己的品牌。届时,不仅将带动村里养殖、种植业的发展,而且还会结束村里多人外出打工、田地荒芜、家中老幼无人照顾的局面,使村里所有的人们共同走上致富路。

案例启示:首先,该案例充分说明了创业者置身于更为宏大的社会文化背景中的作用。小Z姐妹俩的创业行为受控于社会文化,并通过其价值观表现了出来。由于国家一直在倡导创业带动就业,并且采取了一些导向行为,因此,在这样宏大的宏观环境影响下,创业者的创业行为就能正常进行。尤其是在金融风暴这个特殊时期,中央政府要求地方政府采取及时向返乡农民工开展就业意愿摸底情况调查，宣传农民工返乡创业典型事例，同时宣传就业再就业的相关法律法规，以及免费提供技能培训等优惠政策，大力动员和鼓励返乡农民工就地创业，积极帮助返乡农民工就地就近创业、就业。而该地方政府认真贯彻执行中央文件精神，在体制、制度上能够对国家的导向给予一定程度的落实和保障，而这一切都及时地传递给了作为微观层面的小Z姐妹俩。

因此，接受了这一系列创业价值观的人，在这样完善的创业环境、畅通的组织、政策保障机制下，做出创业行为的可能性就大。小Z姐妹俩受到金融风暴的影响，虽然失去了工作，但是在当时那样的大环境下，国家创业优惠政策的积极出台，又得到地方政府的及时贯彻执行，保证了她们创业的顺利实施。不仅如此，更重要的是，外出打工的经历不仅开阔了她们的眼界，使其阅历增加，也增强了她们个人的自主性和独立性，提高了她们自我选择职业的能力。因此当乡政府和劳动保障部门派人进村入户，对返乡的农民工开展就业创业意愿摸底情况调查，宣传农民工返乡创业典型事例、国家创业的相关法律法规以及免费提供的技能培训等政策，并鼓励和动员她们就地创业的时候，她们才能动心，才能积极采取行动，才能在国家政策的扶持下、在地方政府周到的服务下、在亲朋好友的帮助下成功创业。

其次，这个案例充分说明了个人的人力资本在中观、宏观的合适条件下才能够发挥作用。同时，小Z姐妹俩自己不但成功创业，还产生了带动一大片的效应。在社会结构层次上，如果有较好的创业环境，就更能够影响很多人做出创业的行为[1]。这为人们提供了一个范例，使得人们更加坚信别人能够做到的，自己

---

[1] 参见和矛《基于嵌入理论的中国东西部创业影响因素比较研究》，云南人民出版社2008年版。

也可以做到。这就是社会网络的作用，中观结构层的作用。榜样的无穷力量在于：在一定范围内创业者越多，人们就越熟悉创业，使得这个区域的创业成为一种常态。

最后，这个案例还说明了一个问题，即受过教育的"80后"及"90后"相对前辈们具有一定的优势。她们接受新生事物较快，能够运用所学知识武装自己。外出打工的经历，又让她们在社会这个大舞台学到了在家乡和学校没有学到的东西，丰富了阅历，开阔了眼界，更重要的是，增强了个人的自主性和独立性，强化了她们的职业观念。因此，一旦条件允许，她们就能够自我选择适合自己的职业，包括创业决策。

第七章

民族地区女性农民工的创业困境与发展障碍

该章的内容,主要是阐述民族地区女性农民工在创业过程中所面临的困境与发展障碍。

第一节 创业困境

在这次对返乡女性农民工进行调查的群体中,有三分之一是已经创业成功者(在农村,女性创业者数量很少)。在对一些创业者进行深入访谈时,作为创业者的她们,道出了创业过程中的种种困境与无奈。

> 案例10:创业困境
> 内蒙古的G是一个年轻的女孩子,蒙古族,小学没有读完。外出打工一段时间后返乡结婚,之后就没有出去过。因为家庭不富裕,她很想找一点活干以便贴补家用。但是外出打工的时候没有学到什么技术,而她们那里也没什么可干的,只对养羊比较熟悉。她说,赤峰市普遍实行退耕还林等一系列政策,对养羊的数量规模有了一定的控制,而对羊的品质要求却越来

越高。因此，她于2009年就在家搞养殖优质品种羊的创业（她们那里将其视为创业）。但是，由于优质品种羊的饲养与其原有品种羊的饲养在技术、方法上都不一样，而她并没有学到这方面的经验，因此在饲养的过程中小羊的死亡率很高。到最后，自己所掌握的那点儿养殖技术与自有资金已经不能够让创业再继续下去了。

她说，这个时候她非常渴盼能够得到相关部门的技术指导和培训，也希望政府能够提供一些贷款，但又不知道怎样才能够得到这些帮助。其实她们也了解国家有一定的优惠政策，也有一些项目、资金扶持，但是在她们看来，没有熟人关系是不可能得到这些帮助的。因此，她决定放弃自己的这个创业项目，明年就不再做了。这个时候正是年底，原来一块出去打工的姐妹们都陆续回来过年了，在与她们聊天以后，她打消了放弃养羊的念头。原来，几个在企业里打工的女孩子跟她说："其实在外面打工也很辛酸，干的活累不说，还对身体有很大的伤害，恐怕对以后的生育会有很大的影响。仔细想想还不如你们这些在家搞养殖创业的人呢，虽然辛苦，但是以后有了孩子，还能好好地照顾老人和孩子，哪像我们整年在外，都没办法好好地照顾家人。"说到这里小姐妹们还向她咨询创业有什么优惠政策，以后也想留在家里创业。

G说，其实她们那里有很多人都不想再外出打工了，很想在家自己找一点事做，但是因为创业比较难，没有什么好的创业项目，又怕钱不够，如果没有什么优惠政策，就很难起创业念头，即便创业了也很难成功。创建养殖基地的内蒙古D女士也很有感触地说过，国家对农民工创业的政策是很好的，她的养殖能够成功完全得益于当地政府的帮助，因此非常感激政府。她认为自己是很幸运的。但是很多人没有得到帮助，也有很多国家政策到了地方以后因为种种原因而不能有效实施，所以她们那里很多打算创业的人享受不到政策的优惠，创业率以及创业成功率都很低。

结合前面的创业现状、案例，以及影响因素的实证分析，农民工女性在创业问题上面临着以下困境：

一　创业基础——条件受限

资金、创业知识技能、生意经验、家人和朋友的相助等被认为是创业的基本条件，可以说这些基本条件里面包括了自身拥有的品质、人力资本以及能够在精神与物质上支持自己的社会网络等创业不可或缺的资源。

（一）资金的局限，影响着人们创业的决策与规模发展

在创业必须拥有的基本条件里，资金拥有量的多少对于有创业意向的人们来说，是影响其创业决策的重要因素之一。一般情况下，女性农民工创业资金来源，一部分是自己打工收入的结余，以及家里面的共有储蓄，另一方面，则来源于亲朋好友的借贷。而自己的打工收入则是直接影响其创业决策的首要因素。

1. 打工收入1万—3万元是影响其创业决策最重要的区域

打工收入的高低，是影响女性农民工创业决策的因素之一。民族地区农民工女性有一定的打工收入，但是绝大多数是在1万—3万元这个区间，这个收入区间集中了所有调查群体的73.14%的人。同时，这也决定了她们是否会创业，即打工收入在这个区域以下即1万元以下者，创业概率低。因为资金太少，在扣除了生活成本以及家用以后，基本上就没有结余了，同时也从另一个角度体现出其工作缺乏稳定以及技能。而在这个区域以

上即 3 万元以上者，创业概率也不高，因为有了较高的收入，对她们而言，会加大其创业的机会成本而增加风险。也就是说，打工收入太少不足以在创业的资金以及技能经验上帮助她们；而打工收入较高，又不足以让她们牺牲稳定的收入而承担创业风险。这也印证了前面实证分析的结果："打工年均收入较高者其创业概率较低"以及"打工年均收入也是较为重要的影响因素"。

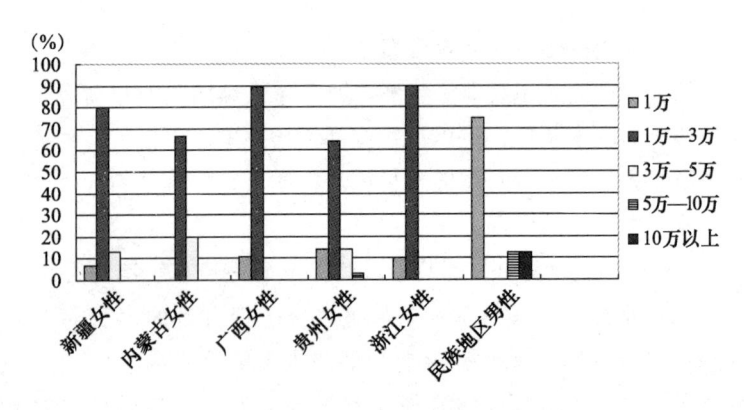

图 7—1　各民族地区有创业意向者的打工收入分布

注：不排除浙江女性与民族地区男性样本的局限性。

图 7—1 是各省有创业意向的女性农民工与民族地区农民工男性、浙江地区女性农民工的打工收入分布图。可以看出，在有创业意向的人群里，民族地区女性的打工收入，极少部分是在 1 万元以下，在 3 万元以上者不多，体现了收入不高的特点。尤其是广西女性，在被调查者中，其打工收入没有超过 3 万元以上的。她们民族基本上是由仫佬族、苗族、壮族、瑶族构成，打工地点主要分布在珠三角，其次是长三角一带，她们的工作以企业流水线居多，其次是做餐饮服务员。而浙江女性农民工也体现出这一特点。相比较而言，男性们的打工收入的分布却是一部分在

1万元以下，一部分在5万元以上，体现出有的男性缺乏技能只能做苦力收入较少，而有的男性有一定技能收入就较高的特点（不排除样本的局限因素）。

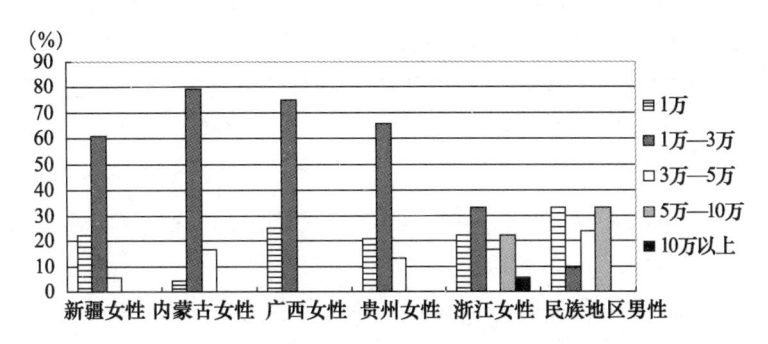

图7—2 各民族地区不打算创业者的打工收入分布

图7—2则是不打算创业者的打工收入分布图。可明显看出，在这些没有创业打算的女性中，她们的打工收入虽然仍主要是分布在1万—3万元这个区间，但是，低收入1万元以下者人数比起有创业意向者人数比例明显较大，3万元以上者的人数比例也明显较大。尤其是经济发达地区的浙江女性农民工以及民族地区男性农民工，更加能够体现出这个趋势。

2. 有限资金进一步限制着女性农民工创业规模的发展

农民工创业，虽然会有一些个人积蓄，但如果创业规模较大，或者是所创的业需要扩大规模，这个时候的资金需求量大多不足甚至缺口很大。

各级政府受财力所限，对农民工返乡创业的扶持性资金就非常有限。就目前民族地区看，只有省府市与个别市安排有创业扶持资金，因此享受扶持资金的人数非常受限。民营企业要想从正规银行贷款，则有很大的难度，更何况女性农民工创业的大多都不是什么实体企业，因此如果需要加大资金投入，只能是走小额贷款的路子。但绝大部分农民工创业者的家庭资产为农村自建房及家用电器，并不符合小额担保贷款的要求，民间借贷成本又太高。如果说小规模的创业之初，民族女性创业必备条件中资金不足的问题可以通过家人或者朋友帮忙，可一旦创业企稳以后，从管理上来说，要维持稳定以及扩大发展，就需要资金，这个时候，家人和朋友就心有余而力不足了，资金则成为创业者要想进一步发展的桎梏。很多人在创业后想扩大规模却缺乏后续资金，因无有效抵押物而贷款困难，使企业不能得以快速发展，甚至难以为继。

经营金银首饰的苗族 W 女士说：很想把自己的金银店做大，把它从小店经营改为后店生产前店经营这样一个实体企业，也很想把自己的技术传授给和她一样喜欢这个工作的人，共同把她们的民族文化发扬光大。但是，她除了有技术和想法，扩大规模的其他条件都没有，尤其是资金。因此，她热切期盼得到当地政府的支持，帮助她实现创办企业的梦想。种植虫草的布依族 X 女士说过，很想扩大种植规模，让当地人能够在餐桌上经常吃到虫草，这样会有利于他们的健康。但是，她认为，在任何情况下，资金、扶持政策、信息服务都是很重要的，但也很不容易得到。所以，她现在是既缺资金又缺技术。搞养殖、屠宰的蒙古族 D 女士打算转变生产模式，从单纯的养殖转变到从养殖到肉类加工这样一条龙的生产制作销售。然而虽然自己打拼多年，有了一定的资金积累，但是如果要这样做，规模就会较大，自己的实力远不足以支撑这个计划，这个时候就特别需要当地金融机构以及政策的大力支持。创办电子加工企业的壮族 W 女士说，如果在资金上能够得到帮助，那么她的生产能力还会提高，还能够提供更多的就业岗位，帮助她们解决生活上的问题。

问卷调查中女性农民工普遍认为,在创业中,"最难以获得的因素"是"资金",同时,她们"最需要国家和地方政府提供支持"的第一因素是"贷款"。

表7—1　　　创业者、未创业者创业时最需要国家
　　　　　　　　或者地方政府支持的选项　　　　　　　（%）

选项 问题	调查对象	贷款	减免税收	技术培训	项目	信息服务	其他
创业时最需要国家或地方政府方面的支持	创业成功者	78.95	54.21	60.00	48.95	37.89	0.53
	未创业者	78.29	55.43	50.86	46.57	39.71	0.00
创业时最难以获得的因素	创业成功者	75.79	49.47	57.37	44.74	30.53	2.11
	未创业者	80.29	38.86	43.14	46.29	32.86	1.71

在调查者中,虽然那些未创业者并没有创业,但是,从她们周围创业的人那里耳听到的或者是眼看到的情况,使得她们也产生了自己的看法。

(二) 创业知识与技能的缺乏,是直接影响创业决策的最大问题之一

创业技能是关系到创业成功与否的非常重要的因素之一。民族地区女性农民工虽然外出学到了一些工作经验和技能,但是,她们具备的打工技能和工作经验大多仍不足以支撑其创业。而这也正是她们担心创业失败的主要原因。图7—3是各国惧怕失败而影响创业以及掌握创业技能和工作经验的人数比重图,从中能够直观地看出民族地区女性农民工对于创业的不自信以及较少掌握创业技能和工作经验的状态。与国外对比、与经济发达地区对

比，甚至与同属于民族地区的男性对比，民族地区的女性农民工都体现出不自信，这与掌握创业技能和工作经验较少有着很大的关系。

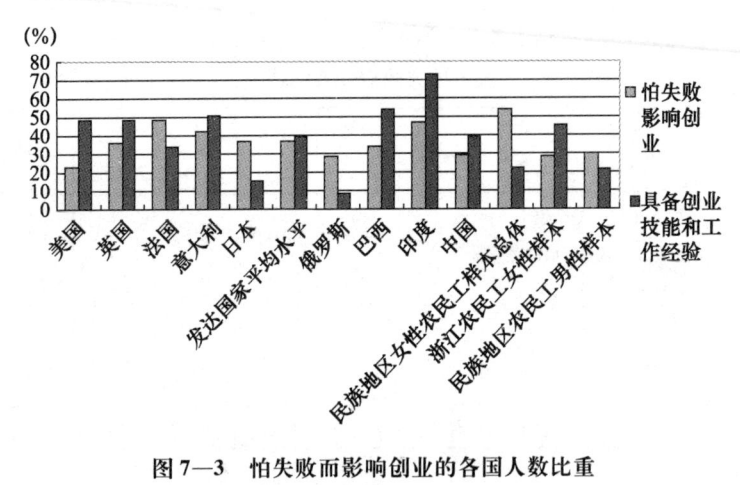

图 7—3　怕失败而影响创业的各国人数比重

资料来源：根据本书表 4—4 数据整理。

许多学者认为，影响创业者追求新企业发展的个人因素包括个性、技能、价值观、受教育背景和工作经历。对女性创业者而言，人力资本存量对女性创业有重要影响，尤其是在工作过程中积累起来的人力资本。胡怀敏曾经撰文写道，中国女性创业及影响因素研究在不考虑所用数据的局限性，那么人力资本存量的结构而不是人力资本存量本身对女性创业有影响，在工作中积累的经验、构建的社会关系网络、掌握的某项特殊技能比起单纯的高学历更有可能促进女性创业并取得成功[①]。由于民族地区的经济

---

① 参见胡怀敏、朱雪忠《人力资本对女性创业的影响研究》，《经济师》2007年第4期。

活跃度低，农村里出来的她们工作技能和经验只能依靠打工生涯的日积月累。而文化程度的低下，又使得她们难以找到蕴含工作技能的工作。尤其是在企业流水线工作或者是建筑工地上的工作，以及餐饮服务性质的工作，本身没有多少技术含量。或者说，她们在工作中所学到的技能、经验对其创业没有直接的帮助。也正因为如此，所以才有了怕创业失败的恐惧心理，这确实是影响民族地区女性创业的最主要因素之一。从图7—3来看，民族地区因为怕失败而影响创业的人数比例最高，且高于中国的平均水平，而创业的技能和工作经验除了俄罗斯和日本以外则处于最低水平，且低于中国的平均水平[①]。

我们问卷对这个问题也做了调查。调查对象分为三类：创业成功的女性农民工、有创业意向的女性农民工、无创业意向的女性农民工。通过对她们的调查，意在了解在不同创业意愿状态下的她们，对"打工中学到的技能和经验对创业是否有帮助"这个问题的看法，其结果见图7—4。

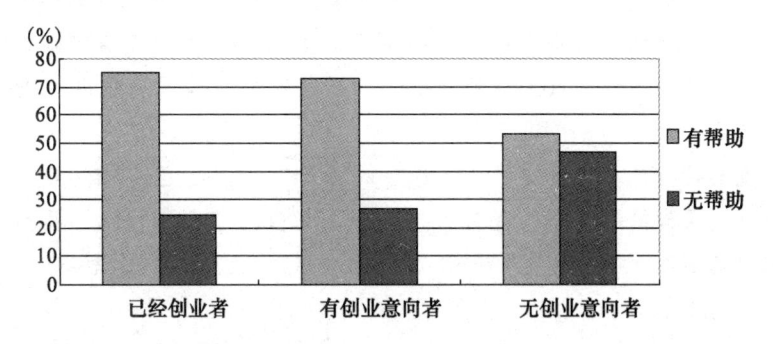

图7—4 问题：您外出打工学到的技能和经验对创业是否有帮助

---

① 日本是一个由男性占主导地位且创业活动水平较低的国家，因此，在这个国家里，妇女创业水平更低。

从图中可以看出，已经创业者与有创业意向者这两类中绝大部分人都认为，打工中学到的技能和经验对创业是有帮助的；而无创业意向的人们对是否有帮助基本上是各占一半。因此可以这么说，对于掌握有一定技能和工作经验的人们来说，这正是促使她们创业的因素之一。同样，对于无创业意向的人们来说，打工中没能掌握一定的工作技能和工作经验，的确也是影响她们无创业意识的因素之一。这实际上是从另外一个角度证明了打工技能对创业决策的影响是比较大的，这一点与项目组在前面的实证分析结果一致。

外出打工的经历开阔了这些女性的眼界，看得比以前多了，也增强了个人的自主性。返乡女性农民工部分地脱离农业，农业已经不是她们主要的经济来源。打工时所从事的行业对返乡以后的从业特征，尤其是非传统结构的从业有一定影响。但是，并不是所有的打工者都能够在打工中学到技能。如企业流水线等工作，就很难学到新知识获得新信息，并且交往圈子只限于工厂内部，这对于返乡以后的从业选择就不具有太大的优势，因此那些在厂里学到的技术在返乡以后都丧失了用处。例如在本次调查中，认为在外面打工学到的技能和经验对创业"没有帮助"的占28.15%。在这28.15%的人当中，认为自己"虽然有文化但找不到有技术含量的工作"者为26.96%，认为自己"做的是没有技术含量的工作"者为23.7%，认为自己"所学技术和经验回家用不上"者为17.76%，而认为自己"文化低只能做杂工"者为3.94%。

实际上，对创业有帮助的，并不仅仅是某项专业技能，也可以是某种知识、经验、意识或者交流能力。在农村，由于环境的原因，习惯了地广人稀的她们的社会化过程是比较简单的，学校教育的不完善，家庭周围邻居的影响单一，传媒、信息的缺失等造成了年轻人社会化的不完整,缺乏与人广泛交流的沟通能力。但是,在人数众多的陌生城市里面,与人沟通又显得是多么的重要。到了一个与之生长之地完全不同的环境,面对各类人,如何与人交流,如何为人处世,这于她们而言是很大的问题。从较落后的地区到繁华的都市,再社会化是她们必需的经历。在家与学校里没有完成的某些教育,在社会环境中能够完成。

课题组在试调查的深入访谈中想了解返乡农民工在打工时所学的工作技能都有哪些,很多人都提到了"沟通技巧",这曾经使我们很吃惊,与我们想象的不太一样。因此,在正式调查中就把其列为调查项目,把这个指标与"工作经验"、"工作技能"、"拼搏精神"等一起作为打工中学到的技能和经验的选项。让人意想不到的是,在正式调查时,无论是对已经创业者或者有创业意向者来说,71.85%人认为打工学到的技能和经验对她们确实是有所帮助的。但是,对创业最有帮助的不是所谓的"工作技能",而是"与人沟通技巧",其次才是"工作经验",仅有少部分的人认为"工作技能"对自己有帮助。调查结果见图7—5。

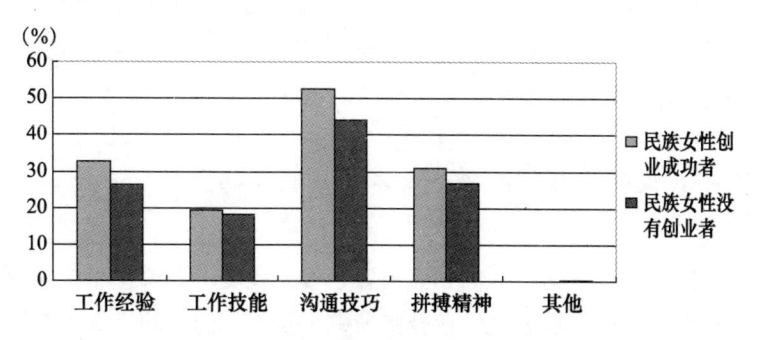

图 7—5 问题:您外出打工学到的技能和经验对创业有哪些帮助(多选)

下面是我们访谈的一个案例，是两姐妹因为缺乏创业知识与技能而创业失败的事例。采访中她们不愿意透露姓名，所以我们以姐妹称之。

> **案例 11：缺乏创业知识、技能以及商业经验而创业失败**
>
> 广西壮族自治区高岭乡有两姐妹，初中一毕业，就都到广东去打工了。在工厂里打工两年多后，姐姐结婚回到家乡。妹妹也随即返回家乡，并在县城一家美容美发中心工作，工作中学到了一点美容美发的粗浅技能。县城里人们的收入水平相对较高，因此，妹妹打工的美容美发中心的生意很是不错。看到这种情况，妹妹产生了自己回家开美容美发店的想法。于是在朋友的鼓励下，妹妹叫上姐姐，利用她们的积蓄和从亲朋好友那里借来的一万多块钱，在乡镇上开了美容美发店，开始了自己的创业。
>
> 为了节约资金，她们购买的设备全部是别人淘汰的旧货，店址就选在一个亲戚的新房子里。亲戚的新房子是坐落在该乡最近新开发的地区，那里的房屋建设还没有全部完成，住户不多，人流量很小，平时就只有车辆经过，而该乡较繁华的地段仍然是在旧街和旧市场，离她们的美容美发中心较远。姐姐没有美容美发的工作经验，就跟着技能并不出色的妹妹一边学习一边工作。因为美容美发中心远在开发区，又没有宣传，知道的人不多，客人很少，结果创业失败。

案例启示：两姐妹的创业失败，很大程度上是缺少相关的商业知识以及商业经验和专业技能所致。首先，选址的错误成为姐妹俩创业的第一败笔。为了节约创业资金，她们租用了坐落在该乡最近新开发地区亲戚的新房子，那里的房屋建设还没有全部完成，住户不多，人流量很小。她们忽略了她们服务的对象是人，没有了客流量，哪里来的生意。其次，虽说近几年，因为该县政府的努力，人们的生活水平有了很大的提高，但城乡差别还是很大，消费习惯的差距还非常明显，乡镇上真正有消费能力且愿意把钱放在美容护养上面的人很少，并且她们的店面宣传也不够，很多人并不知道新的开发区有一个美容美发店。没有认真分析市场需求这是她们创业的第二败笔。再次，妹妹的美容美发技术仅仅是打工时学到的皮毛，并没有经过专门的学习或培训，而姐姐更是什么也不懂，这在很大程度上不能让消费者信服。又因为资金的限制，购买的设备全部是别人淘汰的旧货，这让人们更加不愿意登门消费。几种原因结合在一起导致创业最终失败。

创业，需要胆量和勇气，需要资金、项目，但更需要以知识、技能和经验等人力资本做支撑才能够成功。

二 微观层面——素质偏低

（一）人力资本的制约

人力资本是指人的大脑中的知识存量，是一种潜在于人的头脑中的知识和技能所表现出来的质量水平，它可以产生效益，并且随着时间的推移，这种知识和技能在人的实践经验积累的基础上可以增值，强调人的知识和技能水平以及本身所具有的潜力。人力资本的理论认为，人力资源是不能自动地转化为人力资本的，因而要对他们进行教育、培训、科研投资等，最后形成不同质、不同层次的技能水平和熟练程度的综合能力与素质。在国外，美国农民的平均受教育年限为 10—11 年；法国 7% 以上的农民具有大学文凭，60% 的青年农民具有中专水平；荷兰 90% 的农民受过中等教育，12% 的农民毕业于高等农业院校；德国

7%的农民具有大学文凭，53%的农民受过2—3.5年的职业培训；日本农民中大学毕业的占5.9%，高中毕业的占74.8%，初中毕业的仅占19.4%[①]。较之西方发达国家，我国农村人力资本积累显然不足。

1. 基础教育

目前，我国农村所面临的最大问题，仍然是农村人口在人力资本存量上与城市存在着巨大差距。2000年，我国每10万人口中城市与农村各种受教育程度人口数量比是：大学城市是农村的18倍，中学是4倍，初中城乡基本接近，只有小学农村大于城市，这也只是因为接受义务教育的儿童农村比城市的多。根据全国人口普查的数据，2000年全国农村劳动力的平均受教育年限为7.33年，相当于初中一年级文化程度，而同期城市劳动力的平均受教育年限为10.2年，相当于高中一年级文化程度[②]。而少数民族女性的差异则更大，且这些年来，女性受教育水平提高并不大。表7—2是民族地区16岁及以上的人口在业率，从其较高的在业率，可以看出其与较早辍学是有一定关系的。

表7—2　　2010年民族地区16岁及以上人口的在业率　　（%）

地　区	在业率	地　区	在业率
全国	68.92	新疆	70.62

[①] 参见李澜《西部民族地区农村女性人力资源研究》，博士学位论文，中国农业科学院农业经济研究所，2005年。

[②] 参见黄卫国《彭水县回流农民工创业现状、潜力及对策研究》，硕士学位论文，西南大学，2010年。

续表

地　区	在业率	地　区	在业率
天津①	55.49	青海	70.59
内蒙古	65.96	宁夏	70.02
广西	74.15	西藏	75.70
贵州	69.71	云南	77.60

资料来源：根据《中国2010年人口普查资料》表4—1"各地区分性别的16岁及以上人口的就业状况"中的数据整理计算。

在业率与经济、文化发展水平以及产业结构密切相关。一个地区经济、文化、教育事业如果发达，则劳动适龄人口中正在接受教育的人员所占比重一定是比较大的，而老年人也会于退休年龄正常地退出经济活动，因而适龄人口在业率就会低。但是从表7—2可以看出来，少数民族地区普遍在业率高，究其原因，除了年龄较大者仍然要坚持劳动以外，还有一个重要原因，那就是人们过早地结束了受教育，提前进入经济活动中来。

虽然在义务教育方面，近几年我国农村的文盲半文盲比率已有所下降，但农村劳动力文化程度的整体水平仍然不高，尤其是在西部地区的某些少数民族仍然属于"知识贫困"的主要群体。见图7—6。

从图7—6可以看出，西藏的藏族，贵州的布依族、苗族、侗族以及云南傣族的文盲率是很高的，尤其是藏族、布依族、傣族和苗族。广西的瑶族、新疆的维吾尔族、宁夏的回族文盲率也比较高。在文盲的总人数中，女性文盲占了2/3以上；失学儿童中，女童也是约占2/3。性别偏移在这些民族地区大量

---

① 天津为全国在业率最低。

地存在着。

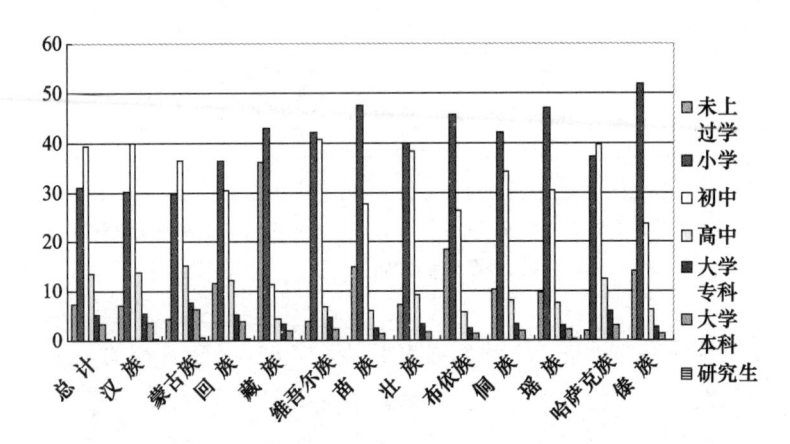

图 7—6　2010 年全国各民族分性别、受教育程度的 6 岁及以上人口

资料来源：根据《中国 2010 年人口普查资料》表 2—2 "全国各民族分性别、受教育程度的 6 岁及以上人口"整理。

2. 后续教育

在后续教育上，我国每年都有不少的专用培训资金拨到各地区。因受培训对象、培训理念、培训方向、教学方式、师资力量等诸多因素的影响，培训班办了不少，但效果不佳。主要有以下几个原因：

（1）女性农民工受教育的层次不高。较低的文化基础使得她们不仅自学困难，在培训时也表现出接受速度慢、效率低的问题。

（2）生产以及家务负担过重。男劳力外出务工的不断增多，造成返乡后的女性负担过重，从而导致参加文化科技培训和继续教育的精力和时间不足。

（3）缺乏针对性和实效性。民族地区基层财政状况普遍困难,很难从资金上对培训教材、校舍、师资方面提供保障。而女性农民工收入水平普遍不高甚至没有,也不可能自己出钱接受教育和培训。政府相关部门办的培训班多为半天到两天的短期培训班,缺乏针对性和实效性,这种灌输式的培训方式,女性农民工接受起来效果不太好。她们期待改变培训方式,希望专家和教师手把手对面教、到田间或者是养殖种植地去讲,进行操作指导。她们期待适合于本地的乡土教材,能够学以致用。

贵州劳动和社会保障厅于2010年开展了一次全省返乡农民工创业、就业意愿网上调查,参与者到2011年为止,一共是660人。参与调查者大部分是男性,而且能够上网,有一定的文化水平。因此,他们在培训问题上的想法,无论是培训时间还是培训项目与其他针对女性所作调查的结果有一定的差异:贵州省这次参与网上调查的男性为76.1%,女性占23.9%,初中文化程度以下的占72.42%,年龄20—30岁的占57.88%,30—40岁的占32.27%。调查结果显示,返乡农民工认为创业需要培训的占94.09%。其中,需要专业技能培训的为59.24%,产品营销知识的为37.73%,企业经营管理知识为29.55%,企业税费征收方面相关知识的为16.82%。在培训时间的问题上,认为应该培训1个月以下的为23.64%,1—3个月的为58.03%,3—6个月的为14.85%,6—12个月的为3.84%。广西壮族自治区隆安县妇联对隆安县返乡女性农民工作的调查结果则是:返乡女性农民工"主观上渴求培训,但实际参与培训的动力并不足,对培训时间较长的培训没有足够的耐心,更不希望自己在培训上投资"。内蒙古自治区妇联曾经用三个多月的时间,组织各盟市妇联采用调研和填写问卷的方法,对广大妇女的教育和培训情况进行了调研。自治区妇联有重点地抓了几个有代表性的盟市:人口多且农牧业比重大的赤峰和通辽两市、工业城市包头市、工矿城市乌海市、牧区阿拉善盟,并选择了农村牧区妇女教育培训工作基础较好和薄弱的 7 个旗县区 20 个苏木乡镇的 13112 名劳动妇女进行了问卷调查。这些女性中,16—50 岁的占 73%,50 岁以上的占 27%。目前在农村牧区的妇女劳动力占总数的 54.6%,其中从事种植养殖业的占 63.2%,外出务工的只占 16.6%。调查数据还显示,妇女个人收入的主要来源靠种植和养殖业,约占 80%,其余的为劳务输出、从事商贸等工作。她们中有 68.7% 的人想接受种植养殖业的技术培训,33% 的人想接受市场经济知识的培训,16.7% 的人想接受文化知识的培训。接受调查的女性农牧民认为,无论通过什么途径和方式,女性农牧民中的绝大多数都希望能够经常接受良好的教育和培训。

课题组在实际调查中也了解到,女性对培训有着强烈的好奇,只要培训不花钱,她们都愿意参与,但是一旦时间超过两三天,大多数女性就再也没有耐心继续下去,尤其是那些她们认为与自身关系不大的培训。

(二)创业动机对创业决策的影响

1. 创业动机与创业规模的关系

创业动机与所选择的行业是有关联的[①],很多人这么认为,本课题组起初也是这么认为。由于需要留下来照顾家庭,部分女性农民工返乡以后不再外出务工,但是没有了经济来源,出于生活压力她们要寻找一点事情做,因为没有合适的工作,部分女性就会想到自己创业。但是她们创业的动机大多数是解决温饱问题,且由于她们的打工收入并不高,除去家用所剩不多,亲朋好友的家境大多如此,借钱也会有限。重要的是,许多人并没有掌

---

① 参见坎迪达·布拉什、南希·卡特、帕特里夏·格林《女性创业》,张莉、徐汉群译,人民邮电出版社 2006 年版。

握一定的技能，也缺乏其他资源，加之还要照顾家庭，因此，这一切都决定了她们的创业只能选择比较熟悉的诸如经营小杂货店、小饮食店这样的项目。由于资金以及自己的人力资本限制，创业规模不可能大，因此，课题组分析认为创业动机应该与创业规模有着很大的关系。

为了证实这个问题，我们把已经创业的190人与虽然没有创业但是有创业意向的85人一共275名女性农民工的创业动机同她们所选择的行业进行了相关性的检验，结果相关系数仅为0.003927，证明创业动机与创业选择的行业没有太大的关系。下面是这些女性在各种创业动机下所选择的行业。

表7—3　　　　　　　　创业动机与行业选择　　　　　　　　（%）

创业行业＼创业动机	生活所迫	致富、有地位	自己当老板	证明自己有能力	其他
餐饮	15.63	20.97	26.32	13.33	10.00
服装、商品零售	26.56	25.81	21.05	40.00	30.00
美容美发	10.94	9.68	26.32	6.67	10.00
种植	9.38	16.13	2.63	13.33	10.00
养殖	31.25	19.35	10.53	13.33	10.00
其他	6.25	8.06	18.42	26.67	30.00

从各种动机下的创业项目所在的行业看来，我们能够大致看出一些端倪：低层次的动机如"生活所迫"等，选择养殖、小杂货店、小餐馆的较多，而创业动机较高层次者如"自己当老板"、"证明自己有能力"者所选择的项目往往有着较大的规模，如经营服装店、较大的饭店、照相馆、五金店、床上用品店、幼儿园、鞋店、饰品店，等等。

因此，我们判断，创业动机是与行业有关系，但仅仅是间接的关系。与创业动机有直接关系的，则是创业的规模。也就是说，创业规模决定着创业的行业。下面是对已经创业者的创业动机与创业规模相关的证明过程。

通过如下公式计算：

表7—4　　　　　创业动机与创业规模相关系数计算

相关系数 r	0.33232	= CORREL（B3：B277，C3：C277）
n	275	= COUNT（A3：A277）
$\sqrt{n-1}\mid r\mid$	5.511	= SQRT（B279 - 1）* ABS（H179）
a	0.01	0.01
Za/2	2.58	= NORMSINV（1 - H278/2）

设虚拟假设：

H_0：$\sigma = 0$（无关）

H_0：$\sigma \neq 0$（相关）

如果 $\sqrt{n-1}\mid r\mid$ > Za/2 = 2.58，则否定虚拟假设。

通过计算，$\sqrt{n-1}\mid r\mid$ 为5.51，远大于2.58。

总体大样本的检验显示，创业动机与创业规模在0.01的显著水平上存在着显著的正相关。即，创业动机的层次越高，则创业规模越大。

对于民族地区女性创业者而言，资金的有限性决定了她们创业动机层次不高，投资规模小，也因此经不起创业失败带来的损失，又使得她们在创业项目选择和经营中不得不谨慎小心，宁愿把项目做小一点，创业项目大都是种植养殖、加工等产业。而恰恰是这些项目，抵御风险的能力都不强，更容易受到市场变化和自然灾害的影响,并进一步影响到她们创业的信心与决策。

2. 创业动机、创业成功认同性、文化程度、打工收入之间的关系

为了弄清楚民族地区女性农民工创业动机、创业成功认同性与文化程度、打工收入之间的关系,我们做了复相关的实验,证明其间有以下的关系:

(1) 在民族地区层面上

表7—5 女性农民工创业动机、创业成功认同、文化程度、打工收入关系

	创业动机	创业成功认同	文化水平	打工年均收入
创业动机	1			
创业是否成功	-0.16542**	1		
文化程度	0.318646***	0.029364	1	
打工年均收入	0.287523***	-0.12568	0.321444***	1

注:***表示显著水平为1%,**表示显著水平为5%,*表示显著水平为10%。

计算数据表明:民族地区女性农民工创业动机层次越高,就越认为自己的创业不成功,而这些人的文化程度都比较高,年均打工收入也高;反过来,越是认为自己创业成功者,则创业动机层次就越低。

这从另外一个角度再一次说明:民族地区迫于生活压力而创业的人们,虽然创业的概率不高,但是一旦创业,她们的生存式的创业比较容易成功,这是因为她们的创业动机不是太高,只要解决温饱足矣。所以,她们创业的项目主要集中在传统行业的零

售业和服务业,再就是种植、养殖业。市场进入壁垒较低,女性创业则比较容易成功①。

(2) 在不同的区域之间

在不同的区域,创业动机、创业成功认同性、文化程度、打工收入之间的关系似乎也不太一样。以贵州、内蒙古两省区为例(见表7—6)。

表7—6　贵州、内蒙古创业动机、创业成功认同、文化程度、打工年均收入关系

地区	指标	创业动机	创业是否成功	文化程度	打工年均收入
贵州	创业动机	1			
	创业是否成功	-0.29005***	1		
	文化程度	0.39049***	-0.0754	1	
	打工年均收入	0.4254***	-0.26049**	0.475361***	1
内蒙古	创业动机	1			
	创业是否成功	-0.31908**	1		
	文化程度	0.033567	0.095645	1	
	打工年均收入	0.12345	-0.10693	0.25342	1

我们看到,不同的区域文化,会造就不同的区域观念。两省在创业动机、创业是否成功的认同上,以及文化程度、打工年均收入之间的关系上都体现出了差异。如贵州的创业动机的层次高低与文化程度的高低、打工年均收入的高低呈现出显著的正相关,与创业是否成功的认同是显著负相关。这与民族女性总体在

---

① 参见王华锋、李生校《透析女性成功创业的背后》,《浙江经济》2008年第2期。

该问题的方向上基本是一致的。但是内蒙古则不然。其创业动机只与创业是否成功的认同性有关系，与文化程度、打工年均收入却关系不大，或者说，其打工年均收入的高低与创业动机、创业是否成功的认同都没有显著关系，只与文化程度有较弱的关系。这个区别，除了区域文化不一样（北方女性大多数只干家务不干农活，而南方女性不单要做家务，而且还是干农活的主力），以及民族文化不同各自影响的观念也有所不同以外，可能还有一个重要原因，即贵州外出务工的女性农民工数量众多，且务工地点远离家乡，尤其是集中在珠三角、长三角等经济特别发达地区，因此受其发达地区观念影响较大。而内蒙古女性农民工外出务工很少，且多是集中在本乡本县内，理论上其意识仍然是受本区域文化的影响。

三 中观层面——社会网络狭窄

政治学家帕特南认为，一个人拥有的"社会网络"（所认识的人）和由这些网络产生的互相帮助的意愿（形成规矩的互惠行为）所形成的价值合成即为社会资本[1]。女性农民工社会网络狭小，都是由其亲朋好友组成，而这些亲朋好友大多数也是生活在与她们同一层次的狭小的区域里面，构成的社会资本稀缺且结构简单，因此接受的资源有限。信息不通畅、没有专门的技术指导，即便有创业的决心，在需要专业技术支撑的创业项目上的创业率和创业成功率都是很低的，也很容易挫伤农民工好不容易鼓起的创业积极性。下面的案例就说明了这个问题，且比较有代表性。

---

[1] Robert D. Putnam, *Bowling Alone*, New York: Simon&Shuster, 2001.

案例12：信息不通畅，缺乏专业指导

L是内蒙古赤峰市克期香台地人，今年38岁。初中毕业就和同村的人一起外出打工。后返乡与本村一位青年结婚。婚后，丈夫独自外出打工，而她则留在家里照顾孩子和家庭。闲待了几年，小孩子稍微大一点以后，习惯了工作的她很想找件事情做一做。一是能够解决生活问题，二是因为自己出去打工以后，多少长了一些见识，觉得自己还年轻，不想这么闲待着，很想自己独立做一点事情。但是打工中没有学到什么专门的技术，所以不知道做什么项目适合自己。

这个时候她家乡的生活水平已经有了很大的提高，村里很多人都到邻村打鲜牛奶喝。看到这种情况，她觉得这是一个机会，认为自己多少懂得一点养牛技术，养奶牛应该有很大的发展前景。她的想法也得到了家人与亲朋好友的认可。于是便贷了点款养了三头奶牛。

然而让她没有想到的是，奶牛与普通的牛在饲养方面有很大的不同，自己的家人、亲戚朋友以及周围的人对于这个问题也都不了解。周围更没有懂得养殖技术的人传授给她这方面知识，所以她一直是按照自己传统的方式来喂养奶牛。其结果，使得其饲养的奶牛产奶率很低。同时，由于不了解需要保鲜设备为销售不及时的奶保鲜，导致大量没有销售完的牛奶不能及时保鲜而坏掉。产奶量低、鲜奶销量上不去、鲜奶的保鲜技术不完善，等等，几种因素的叠加使其压力很大，导致亏损严重，创业失败，最终还贷款的钱都没有挣到。

案例启示：女性的社会关系网络对其创业的影响很大。这里的社会关系网络指的是获取对企业发展具有重要意义的信息和资源以及服务功能的渠道。女性创业主要以小微企业为主，而女性农民工的创业更主要是种植、养殖或者是以微型经营体为主，在市场中几乎没有支持女性创业者发展的服务体系和市场运作体系。一旦有什么问题，没有人咨询并为其提供服务。缺乏市场信息，使她们难以做出适时、合理的经营决策，上述例子就是一个很好的证明；缺乏技术，使其所创的业只能停留在简单仿制的低级水平而不能有较稳定的生存空间和更大的发展。有学者在通过大规模的样本调查后发现，个人的社会网络存在性别差异，女性的社会关系网络规模小于男性，同时，女性的社会关系网络趋同性高[1]。正因为如此，民族地区女性农民工的社会网络就更加单一、狭小，使其创业者获得其所需要资源的机会更少。

四 宏观层面——创业环境制约

创业环境确实与女性创业有着很紧密的联系。各民族文化与各地民族的社会规范不仅对女性是否进行创业有很大的影响，对女性创业后是否能够得到家人和社会各界支持等也是影响深远的[2]。

（一）地域民风民俗制约

各民族的独特文化凝聚了其在生存与发展过程中所形成的自然特点、风俗习惯、生活方式、价值观念、理想信念，并构成了自己民族的特质，在相当长的时期内，会一直保持着。受自然因素、社会和宗族差异的影响，民族文化具有明显的地域性，表现出不同的特性。少数民族大多生活在边远的山区，相互之间的信息交流多限于本土的人际范围，其文化传播呈现出本土性特征。

---

[1] 参见李敏《近年来中国新生代农民工问题研究》，《北京农业职业学院学报》2010年第1期。

[2] 参见祝延霞、刘渐和、陈忠卫《创业环境对女性创业的影响——以安徽省为例》，《科技与管理》2009年第7期。

由于长期与外界鲜有交往，封闭的环境、自给自足的自然经济、固有的语言和心理素质铸就了他们独特的民族文化，相对封闭的社会经济活动，使其文化在本土内部交流、传袭和演进。而经济交流与文化传播有着密切的关系。

有研究指出，影响女性意识的重要因素是区域文化，其次才是教育等因素。这就是来自不同地域的女性在性别角色的观念上就会有较为明显差异的原因。如在东部、南部地区，就有很多女性参与到经济活动中，社会和家庭对这种性别角色的认同度较高。但是在西部、西北部、北部等地区则传统观念的影响比较大。以新疆为例，在本次调查中，新源县的肖尔布捷克镇农民人均纯收入2010年为3764元，经济相对落后。这里的少数民族农村妇女"男主外、女主内"、"既不离土也不离乡"的传统观念比较典型，妇女们以"守家"为主，很少外出，家庭地位比较低。那里以家庭种植黄豆、玉米或者是养羊为主，消费能力很低。妇女们每天都在家里忙着永远也干不完的农活和家务事，所以一般情况下没有时间且地方风俗也不太允许她们外出务工。而她们自己也基本上没有到异地就业发展的想法，加之民族之间语言、生活习惯、文化风俗等差异较大，不太了解异乡情况，这些都使她们畏惧与外界交流而不敢外出。巩留县的牛厂乡等也是如此，那里的妇女也很少外出，年轻的女性除了在外面读书的以外，很少有出去打工的。少数民族妇女是这样，而汉族妇女在那个环境的影响下也是如此。即便有极少数的女性打工，最多也就是在村子周边帮帮忙，对于创业的问题，从来就没有想过，认为那是男人的事情。再以广西田东县的一个实地调研为例。据调查，那里农户的生产、生活用水的重任主要落在妇女肩上。尤其在大旱时节，翻山越岭、肩挑背抬的几乎全是妇女；2005年曾经在广西田东县进行过一次抽样调查，调查结果表明：当地以壮族、瑶族为主体的农村妇女主要是种植业和养殖业的承担者,承担诸如种甘蔗、种水果、养猪等的女性劳动力占农村劳动力的比重高达84.4%,她们根本没有时间做其他的事情[①]。2004年7月在新疆和田地区的调研也反映出少数民族妇女的这一特点:以维吾尔族为主体的农牧民的经济产业之一种桑养蚕几乎百分之百地由妇女承担,而且大多数的男性理所当然地认为这是妇女们忙完家务之余就可以"轻松"完成的劳动,到外面打工或者组织到外面务工的则基本上是男性。比如,和田地区某县政府曾经组织农民外出务工,无论是到北口修路,还是到军垦农场采摘棉花,95%以上的外出劳动力为男性,虽然也有几个女性,但那仅仅是出于生活的需要而"配比"的[②]。

目前,新疆已成为全国最大的棉花产地,每年8月下旬到11月,从四川、甘肃、陕西、河南等省到新疆天山南北的农场采摘棉花的农村妇女多达几十万人。但与之对应的是,在新疆很多地区,出门采摘棉花的主要是男性,而家中事务仍然主要集中在妇女身上,客观上限制了女性们的外出。当然,近几年随着经济的快速发展,新疆也发生了很大的变化,妇女们外出相对多了起来,但基本上都是短时间在家的周边转动,而那种较长时间跨界务工的女性仍然很少,因为,"自己家的活还干不完"。

(二) 创业扶持政策局限

近年以来,我国小、微企业发展迅速。但是对这些小、微企业的政策支持尚处于起始阶段,项目、资金等具体支持较少,而

[①] 参见李澜《西部民族地区农村女性人力资源研究》,博士学位论文,中国农业科学院农业经济研究所,2005年。

[②] 同上。

专门指向女性等弱势群体创业的具体政策就更少。在政策支持的对象里，很明显地存在着"性别盲点"、"政策空白"。对女性创业的帮扶仍以就业为主轴，创业只是增进就业的方法之一。各地方政府对女性创业的扶持仍然主要是依靠妇联从政策咨询、项目征集、资金支持、信息服务、技能培训、权益维护等方面来指导妇女创业与就业，只有极少的地区专门成立了妇女创业服务中心，极个别城市建立了女性创业的孵化基地，但也仅限于城市妇女，还没有针对农村妇女的。

相关部门在对创业进行政策、资金扶持的时候，会考虑到"成本"的问题。一般情况下，政府扶持的创业企业要达到相当规模并企稳后，政府才会给予扶持。由于农民工女性所创的业达到政府标准的并不多，因此，相关部门为了完成上级帮扶任务，甚至会出现一个项目多家部门支持状况。在这个时候，地方部门起到的就不是"雪中送炭"而是"锦上添花"的作用了。"政府支持的对象，必须具有一定规模，并且要具备各种条件，而且要达到相当标准的才能够得到支持。"邓幺妹鸡辣子董事长邓女士这么说。广源绿色油脂公司董事长 H 女士在谈她创业的过程时也说，她最初创业的时候，资金不够，借的是民间的资金，很高的利息。好在生产的产品是菜籽油，是季节性生产，资金周转快。最终凭着信念、毅力，她还是咬紧牙关挺过来了。假如生产的不是菜籽油，而是其他周期较长的产品，那么她很有可能是挺不下去的。企业有了一定的基础以后，得到了乡镇企业局、扶贫办、商贸局等政府职能部门各种名目的无息贷款、低息贷款、贴息补助等多方面的大力扶持，使得她的企业能够飞速发展。她的运气很好，她说，如果没有地方政府的扶持，她绝对不会有今天，更不可能达到现在的规模。现在回想起当初创业初期的困难，还是心有余悸。创办家政服务公司的 H 女士说，很感激县扶贫办在自己创业时候提供资助,数额虽然不大,但是能够得到政府的支持,精神上的鼓励对自己来说很是重要的。再加上税收部门的暂免税收,这在一定程度上减轻了她的创业负担。海子坝鹅群自然放养场的Z姐妹说,因为受到金融风暴的影响,虽然失去了工作,但是乡政府和劳动保障部门派人进村入户,向她们这些返乡人员宣传农民工返乡创业典型事例,同时宣传国家创业的相关法律法规及免费提供技能培训等政策,并鼓励和动员她们就地创业,而且还能得到地方政府的扶持,这一切对于当时前途迷茫的她们来说非常及时,否则她们很可能就一直混着,不知道生活的目标是什么,更不会想到创业,并且还能够成功。更重要的是,让年轻的她们发掘出了自身的潜力,并且有了今后奋斗的目标。风景村茶叶合作社的H女士说,她一开始种植茶叶的时候,也没有什么政策优惠。自己种植了一年以后,很多技术都不懂,是按照传统的方法来培植茶叶的,一年下来,投入了很多却没有什么收获,已经准备放弃重新外出打工了。然而就在此时赶上了金融危机,返乡的农民工越来越多,这阻止了她重新外出打工的想法,她也只好继续经营茶叶种植。也正在这个时候,国家加大了对农民工创业的鼓励力度。H女士说,了解这些信息是得益于她有一个担任村委会主任的丈夫。担任村委会主任的丈夫告诉她国家对返乡农民工有很多政策优惠,按照这个初步的信息,她找到了政府扶贫办,得到了具体的各类优惠项目以及提供优惠政策部门的名单。接下来则是寻求帮助。先找到农村信用社得到了创业资金的支持,小额贷款不用担保而且是低息贷款;接着相关部门指派技术人员指导种植茶树,并得到了劳动部门牵头,县科协、科技局、农办组织的农民工技能培训;而且政府还提供了免费的茶苗。她自己认为真是受益匪浅,她的创业也因此而上了一个台阶。目前,她已经成立了茶叶合作社,扩大了茶园种植面积,事业蒸蒸日上。

(三) 地方体制与制度滞后

少数民族地区多是经济不太发达的地区,工商企业不多,税源少,因而地方财政普遍比较紧张。进入"后农业税"时代,地方财政就主要依赖于上级的调剂和地方企业上缴的利税,这些地方企业中就包括农民工创办的企业。但是地方税费制度简单划一,僵硬的执行税负政策,则是返乡创业者反映较多的问题之一。而且农村地区政府公共服务能力与城市政府有较大差距,规范性较差,随意性较强。另外,虽然各级政府重视招商引资,也注重吸引外出务工农民返乡创业,甚至建立了一些农民工返乡创业园等,但是进园的门槛却较高,不要说女性的微型企业,就是一些小型企业也不能享受到优惠政策。有些地方政府的职能部门,如税务、工商行政管理、土地管理等部门,不仅不能为返乡农民工提供及时高效的公共管理服务,反而把公共管理服务作为敛财牟利的一种手段。采访中,很多已经创业的女士都提到了类似的问题。并且,在她们创业的过程中,出现很多问题却不知道到哪里去反映,乡镇企业局、经贸委、扶贫办都认为不是它们的管辖范围,而妇联更是不可能。下面的案例是 C 女士创业过程中的烦恼,这其实也是很多创业的女性农民工都曾有过的体会。

案例 13:创业是最需要专业人员指导的过程

贵州奇秀乳业有限责任公司的 C 女士,40 岁,老家在贵州大西桥,布依族,小学毕业后早早就出去打工。先是在建筑工地做事,不久因为识字就替包工头统计工人的工作量。后与该包工头结婚,婚后丈夫的事业也越做越大。但幸运并没有持续多久,丈夫在一次交通事故中意外丧生。C 女士悲痛之余强打起精神料理生意。这次打击激起了她的潜能，经过深思熟虑，她结束了丈夫在贵阳的生意后，回到家乡准备自己创业。

经过无数的奔波、忙碌、煎熬，C女士2006年9月在贵州安顺头铺镇创建了一家乳品加工企业，这是安顺市唯一的一家乳品加工企业。企业的成立，带动了当地农户收益及相关产业的发展，并于2008年4月被国务院扶贫开发领导小组办公室认定为"国家扶贫龙头企业"。虽然如此，但是每当忆及当初创业的过程她仍然心有余悸。她说，由于自己是老大，早早就出去打工而且吃过很多苦，所以自己的特点就是从来不怕吃苦。但是即便这样，在创业的过程中很多的困难和坎儿不知道应该如何解决怎么过去，或者是到哪里去寻求帮助。虽然经贸委等部门在贷款项目上曾经帮助过她，但是，因为文化水平不高，还是有很多诸如专业技术方面，特别是行业方面的政策、法规等问题弄不清楚，也找不到地方咨询。创业过程中浪费了大量的时间，走了不少的弯路。而且在办理执照以及其他各种手续或者是寻求帮助等过程中也受到过不少的刁难和打击。她说，如果不是丈夫遗留有较充裕的资金支撑，如果不是她从小吃苦耐劳以及在打工中经历了磨炼，如果没有坚定的信念，肯定是支撑不下去的。

女性在创业过程中会碰到很多的困难受到很多制约。首先，由于地方创业宣传、引导、咨询、辅导等工作不到位，创业者碰见问题不知道应该到哪里去咨询、求助、投诉，缺少专门为女性提供信息、提供帮助这样一个具体的组织部门。而女性的"娘家"妇联的工作对象虽然是妇女，但其职责范围以及人员却非常有限，在促进女性就业和创业工作上既缺乏人力、财力和物力上的支持，也没有精力去经营，只能跟在职能部门后面，起到的仅仅只是协助作用，心有余而力不足，因此，完全靠妇联来完成创业扶持工作显然是不现实的。地方上很多部门提供给女性的往往是"一阵风"似的帮助,"风"一过就找不到人了,不能保持"常态"。其次,虽然政府先后出台了一系列鼓励农民工创业的优惠政策,但许多基层行政单位和企业不知道如何来运作,没有相关的实例可以借鉴,导致有些优惠政策无法落到实处。某些政策执行力度不够,且政策中有的不适用农民工创业,有的只适用少部分符合条件的返乡农民工,税费减免、用水用电、创业场地等优惠政策的门槛较高而造成覆盖面较窄,尤其是对女性的小型微型创业,优惠政策对她们来说只能是可望而不可即。她们能够享受到的优惠政策大多数都仅仅局限于免去"登记工本费"之类,而真正需要的创业指导、项目选择、风险评估、法律法规、行业规范等咨询,甚至小额贷款的资金申请等都没有地方咨询,无从下手。另一方面,受到资金、人员等的限制,有些政策在地方执行不到位。如创业扶持资金、创业奖励、建立专家咨询团等工作在许多地区甚至尚未开展。农民工创业者在创业项目申报、相关证照办理、贷款申请等方面遇到的手续仍然是比较繁杂。创业政策在执行的过程中没有专门的监督部门,创业政策声势造得很大,实际上尚未根据农民工创业的特点制定适用的、易于操作的、成体系的农民工创业的扶持政策以及公共服务体系。

第二节 发展障碍

创业环境于创业者就如同庄稼必须有较肥沃的土壤、较适宜的气候、较丰沛的雨水、较充足的阳光才能够茁壮成长。土壤,好比是创业者自身的人力资本条件,如果人力资本积累较多,则独立选择职业能力高;较适宜的气候,就比如区域经济发展基础、地方创业的文化氛围,发展较快的经济能够带来更多的创业机会,并能够促进良好创业氛围的形成,进一步促进创业者创业;而充足的阳光、丰沛的雨水就好比国家、地方提供的创业政策,能够保障创业者顺利创业并且有较高的成功率。这些都是相辅相成的,目前,民族地区在创业问题上的困境,是需要努力加以克服的。

一 性别角色认知观念传统

男性和女性有着不同的社会角色,而社会对男性和女性有着不同的价值观和定位。性别角色认知是在社会生活中早就形成的。因为男女在生理系统、体力、体质上有着不小的区别,于是这个性别差异在长期的社会生活中被赋予了社会意义,成为社会差异。这种社会差异在运用于社会生活的所有领域时,通过人们的社会化变为观念、价值取向和行为方式被固定了下来,同时世代相传成为固有观念而被广为接受(包括妇女自己)。大多数人对于女性或者男性能力的认知,来源于从小的成长过程当中所接收的来自父母、老师、玩伴、朋友、教科书、媒体以及学校等社会和环境的信息,这些信息会影响每一个人的行为、意识。一旦这些信息与孩子们的观察和体验的结果相一致,随着年龄的增长,女性与男性所扮演的角色以及表现,就成为固定看法和角色期待并持续影响着人们,尤其是封闭的民族地区农村。

性别角色的认知具有地域性和民族性,男女两性在特定的历史条件下接受着特定地区、特定文化、特定家庭的生活方式的教养,使特定的社会群体的性别规范成了自己的行为方式。这是一种复杂的历史的结果。在历史发展的长河中,一个民族的传统文化积累必然会形成一定的文化模式,深刻影响并塑造着该民族的性格。

（一）对女童教育的影响

在西部少数民族传统社会中，各民族都有崇拜的女神，而且都把女性描绘成人类的始祖或民族的保护者。如苗族的"蝴蝶妈妈"、布依族的"美王"、侗族的"萨岁"、水族的"牙巫"、仡佬族的"浣沙女"，等等[①]。然而妇女的地位却极具双重性。虽然她们神圣的形象在本民族的精神世界里备受崇敬，但在现实生活中，其社会地位与男子相比却很是低下，尤其是比较偏远的民族地区。受经济条件和传统文化的影响，普遍存在着不利于农村女性与男性相平等的落后现象。女孩子在家庭中处于从属地位，这种状况使少数民族女性不能够自主掌握命运。体现在教育问题上，农村女孩子很难进入学校完整地接受正规教育。每当家庭经济困难，不能供养全部孩子上学，便会让女孩辍学在家做家务以便供养男孩。在接受教育这一问题上，女孩往往会成为牺牲品。甚至在只有女孩的家庭，一些传统的父母也不会供养女孩读书，他们认为女孩早晚是婆家的人，不愿意为其投资上学而耽误了家里的活。有些家庭为了减少负担就把女孩早早嫁出去。有的女孩虽然幸运地上了学，可没有几天就会辍学回家，帮助父母干活、拉扯弟妹。她们接受的教育，包括学习料理家务、照顾家庭和一些生产劳动、日常生活的知识，基本上来自父母及其他长辈的言传身教。结婚成家以后，妇女一般会按照母亲的行为规范和教导来生活，因此，诸如传统的"男主外女主内"的社会性别规范就这样在农村妇女身上一代代相传。

（二）对民族地域的影响

传统性别观念对民族地区的影响是很大的。虽然目前民族地

---

① 参见辛丽平《"六山六水"民族调查中的贵州少数民族妇女研究》，《贵州民族研究》2002年第3期。

区经济发展速度加快,人们的观念也有所改变,但是在经济落后的民族地区,父系家庭制度和与此相关的从夫传统仍然在农村占主导地位。女子即便结婚了,但当地的生产方式、土地制度和聚族而居的生活方式等,也决定了婚姻的本质并没有得到根本改变,女性结婚,只不过是其作为劳动力从父母向夫家转移而已。虽然男女这种性别分工因为近些年来的大量农村女性外出务工而有所改变,但是在这种环境下,家庭中夫主妻辅的性别角色和劳动分工仍然不可避免①。对于经济、社会都不发达的农村来说,想要自己的家庭日子过得较宽裕并且有一定的积累,以应变家中不时之需,很多人选择了外出务工。然而少数民族地区仍然有很多女性不能够外出。只要家中夫妻必须留下一个照料家庭,这个人就必然是妻子。结婚成家带来的责任感鼓励了男性的外出,却也成了女性外出的制约因素。现阶段农村男性的非农化发展,使得越来越多的农村妇女投入农业生产中,她们在丝毫没有减少传统责任和家务劳动的同时,又增加了农业生产这一重任。相对于男性的逐步非农化,农村妇女们就更加走向了农业化。我们在这次调查中就普遍发现,绝大多数农村妇女不但遵循传统的性别分工模式,承担家中的做饭、洗衣、照顾孩子等重任,还有大量的田间劳作。她们承担的劳动强度和生理负担越来越重,而在家庭收入方面,她们的现金收入所占的比重越来越低。其结果,在经济上更加重了她们对男性的依附性,并由此降低了女性经济的独立性,从而进一步强化了她们的不利地位,形成了不利的循环。与此同时,也遏制了她们提高文化素质的需求,甚至还有可能降低她们对教育年限的需求。最终,由于家务劳动繁重、时间长,使得她们的活动空间越来越狭小,自我发展时间不足,缺乏对市

---

① 参见谭深《农村劳动力流动的性别差异》,《社会学研究》1997年第1期。

场和社会的了解，而束缚了她们提高经济收入的能力。这一切从理论上讲，都将进一步制约着她们同自我发展相关的所有活动的选择与参与，大大减少她们应有的发展机会，客观上限制她们随着社会的进步而进步，尤其是地处边远的少数民族地区的女性。

(三) 对民族女性发展的影响

社会结构的第一要素就是地位，在社会中，每个人都占据着一个或多个社会地位，而社会位置决定了他在社会中的作为。1999 年，有研究把社会资源分解为组织资源、经济资源、文化资源。组织资源，即依据国家政权组织和党派组织系统而拥有的支配社会资源（包括人和物）的能力；经济资源，主要是指对生产资料的占有、使用和经营状况；而文化（技术）资源，主要是指占有社会（通过证书或资格认定）认可的知识和技能的状况。并根据这三类资源的占有状况将整个社会划分为 5 个等级和 10 个阶层。按照这个分类，少数民族、农民、妇女，这三个身份定位只要拥有其中一个，就意味着他们在社会群体中处于弱势。而民族地区的农村少数民族妇女们却拥有所有这些弱势者的身份。她们是生活在最底层位置的拥有极少量资源者，她们甚至根本没有那三种资源。她们无可选择或难以改变的先赋地位如身份、天赋条件、生理状态、生活区域、职业等使得她们在社会资源分配中处于不利地位。这一切因此也决定了在经济落后且民族风俗极盛的区域的农村女性，她们当中的绝大部分，如果没有机会与外界接触，比如没有出去打过工并且今后也没有机会走出去的话，再社会化就不太可能完成，自主性和独立性也就不可能形成。也就是说，在今后的较长时间内，她们不会有自己选择职业的机会，更不会有创业的意识。这同时也意味着至少到目前为止，在一些民族地区，"75 前"甚至"80 前"的女性将永远不太可能产生创业的行为。

二　创业环境不够完善

创业是一个复杂的过程。在整个过程中，都需要包括个人、地方以及国家的付出。从个人角度来讲，影响每一个创业者的从创业意向到创业行为的一切外部的因素，是地方与国家都要投入的，包括了政治、经济、法律、社会等方面相互作用和相互制约而构成的一个有机整体，而这个有机整体，就是创业者赖以生存的创业环境。课题组分析了前面民族地区女性农民工在创业的过程中，因为国家政策与地方政府支持与否而成功或者是失败的案例、创业者们创业中产生的困惑以及她们与创业意向者对地方政府的服务和国家创业政策的期待，并借鉴了国外的创业环境，认为我国的创业环境在以下几个方面尚有不足：

（一）政策框架不完善

1. 在创业问题上，改革开放以来我国历次创业主体以及具有代表性的推动创业的政策与法规文件

第一次创业：当时的主体对象主要包括城市毕业的中小学学生、返城知青等城镇的无业人员。1980年8月，我国首次提出了实行劳动部门介绍就业、自愿组织起来就业和自谋职业相结合的"三结合"就业方针；1981年7月，国务院作出了《关于城镇非农业个体经济若干政策的规定》；同年10月，又作出了《关于广开门路，搞活经济，解决城镇就业问题的若干规定》，等等。

第二次创业：主体对象主要包括一部分掌握科技知识以及一些手中握有部分资源和心怀抱负的管理人员。自1992年邓小平发表了南方谈话以后，同年5月，我国提出了《有限责任公司规范意见》和《股份有限公司规范意见》，并在当年的中共"十四大"报告中确立社会主义市场经济体制的改革方向。就此，

一批有识之士开始了自己的创业之路。

第三次创业：主体对象主要包括海外一部分留学人员以及少部分归侨、大批企业下岗人员。2001年5月，中央下发了《关于鼓励海外留学人员以多种形式为国服务的若干意见》，同时劳动和社会保障部还引进了国际劳工组织的"创办你的企业"的SYB培训。2002年9月，国务院发表了《关于进一步做好下岗失业人员再就业工作的通知》；同年12月又下发了《下岗失业人员小额担保贷款管理办法》和《关于下岗失业人员再就业有关税收政策问题的通知》。2003年，劳动和社会保障部在全国10个创业基础较好的城市创建了国家创业示范基地等。

第四次也是本次创业：这一次的主体对象主要是农民工、毕业的大学生。2008年9月，国务院下发了《关于促进以创业带动就业工作指导意见的通知》，重点指导和促进高校毕业生、失业人员和返乡农民工创业。10月，又作出了《中共中央关于推进农村改革发展若干重大问题的决定》，鼓励农民就近转移就业，扶持农民工返乡创业。12月，又发出《关于切实做好当前农民工工作的通知》，号召各地方政府抓紧制定扶持农民工返乡创业的具体政策措施，引导掌握了一定技能、积累了一定资金的农民工创业，以创业带动就业。次年1月下发《中共中央国务院关于2009年促进农业稳定发展农民持续增收的若干意见》，明确提出积极扩大农村劳动力就业、落实农民工返乡创业扶持政策和鼓励农民就近就地创业的措施，要求把回乡农民工创业纳入各级党和政府工作的重要议事日程，在资金、项目、创业环境上给以大力支持。

2. 第四次创业主体农民工与前几次创业主体的不同点

从前几次的创业主体来看，由于无业人员、海归人员、科技管理人员等创业主体的创业地点大多处于自己家的所在地，当事者比较熟悉当地情况，除了无业人员以外，大都都比较熟悉自己要干的事情，因此，国家政策只要有一个大方向，做一个引导即可带动起来。但是，这次创业主体之一的农民工，与前几次创业主体有很大的区别，其不同主要体现在以下几个方面：

（1）创业动机差异。农民工尤其是女性农民工的创业动机大多数出于生活压力，而前几次的创业主体的创业动机如"下海者"、"海归"，甚至部分大学生的创业动机大多数是抱负、理想，只有无业人员、下岗人员的创业动机与农民工一致，是为了解决温饱问题。

（2）创业环境的差异。当时的海归、科技、管理等创业主体的创业地点，都选择在他们工作或者生活的城市，即便是下岗工人，虽然没有掌握多少社会资本，但是由于很多人都有一定的技能，对于他们从小生于斯长于斯的城市也熟悉，生活成本少，那时经济发展较快，需要大量的第三产业，因此，他们可以凭借着熟悉的环境、人脉和自己所掌握的技能来创业。国家只要给予一定的优惠政策，并且引导一下方向就可以了。但是农民工不同，他们的文化水平不高，打工技能有限，尤其是女性，有一些人对自己的创业项目并不熟悉，且有些创业地点远离自己熟悉环境的乡镇或者县城，生活成本较高，即便是种植、养殖，因为有一定规模，需要专业技术，所以，对于她们来说也是一个难题。

（3）创业项目需求量差异。很多农民工创业的项目并不是自己熟悉的，更重要的是需求量有限。如男性在农村或者乡镇经营的小企业多是通过简单仿制制造产品，这类企业规模小，制造出来的产品质量不过关，企业要想发展起来非常困难；女性在农村乡镇开小餐馆、小杂货店，市场小，消费者就那么几个人，多一个人开，就干不下去了，所以成功的概率较低。种植、养殖的需求量虽然很高，但是由于文化素质的因素，存在技术问题，与市场不能紧密联系，也不能产生规模效果。下岗工人的创业，一般都是在城市里，由于很多人干的都是城市里需要的服务业，成本低，机动灵活，因此成功率以及成功的时效性较高。而那些精英就不用说了，干的是朝阳项目，发展前景远大。

（4）创业人脉资源差异。海归、科技、管理等创业人员社会资源丰富，即便是无业人员、下岗工人因为亲朋好友都在城市里，人脉资源在一定程度上也比农民工丰富得多。而很多农民工创业是在农村，或者乡镇、县里面，远离自己的家，没有与她们创业相关的人脉关系，缺乏社会资源。

3. 政策中体现的目标群体不够细致

正因为此次政策扶持对象之一的农民工与前几次不同，国家在制定政策框架时，由于目标群体不够细致，没有考虑到返乡农民工中有相当部分是女性，因此针对性不强。如第三次创业浪潮主体之一的科技人员，他们的创业动机是实现自己的人生理想，动机层次较高，目标明确，且基本上是男性，因此，只要国家给予他们一定的优惠政策，就可以促使其创业成功。返乡农民工群体，其自身人力资本积累较少，没有社会资源，但是受生活所迫又要自己创业。在这种情况下，我国在制定促进创业政策的着力点和对象方面，就不够细致。虽然国家、地方制定有鼓励创业的政策，但是从政策本身来说，较宏观，缺乏针对性，地方政府没有根据地方特点的需要给予细化。另外，对返乡农民工相关的优惠政策宣传不够，没有做到全面、到位，缺乏对返乡农民工宏观方向的正确引导，远没有形成惠民政策的长效机制，更谈不上专门针对女性农民工方面的政策。也就是说，没有把减少创业障碍，促进创业活动，最终实现推动经济增长的目标建立在科学的理论基础和政策体系上。其结果，不但没有起到保护返乡农民工创业积极性的作用，反而因为一些不良影响，遏制了女性农民工创业的积极性。

(二) 创业机制不健全

给创业者提供宽松的创业环境，需要一个功能强大、各环节流畅的工作系统，这是一个由推进创业而建立的机构组织、体系和制度，以及各因素、各环节之间相互整合的、涉及所属组织或部门之间相互作用和相互衔接的系统，而这个系统就是创业机制。

面对创业意向者，在宏观层面上，首先要保证有一个优化的能够激励返乡农民工创业的机制，来激发返乡女性农民工的创业欲望和创业热情。因此，创业机制，具体体现在激励机制、制约机制和保障机制方面。

一般来说，激励机制是调动创业主体积极性的一种机制，而各地政府根据地方经济发展的需要以及状况专门制定鼓励人们创业的各种优惠条件，就属于这种机制；制约机制是保证创业行为有序化、规范化的一种机制，对法律法规的执行，能够起到监督的作用，只是目前，从国家到地方似乎这种机制的功能还非常弱；保障机制是为了给激励机制提供物质和精神条件，这需要各职能部门的积极配合，但是从目前来看，创业的保障机制的运转也不是很到位。激励、制约、保障等机制功能的发挥，需要体制和制度来提供保证。因此，在体制上需要各部门职能和岗位责权的调整与配置，而在制度上，则需要保证国家和地方法律、法规以及各级政府各部门建立的相应的规章制度的执行。也就是说，只有通过与之相应的体制和制度的建立，才能形成相应的创业机制。

分析目前我国创业机制的问题，在创业机制的形成上，制度的作用是比较直观的。所以，激励机制的建立在创业机制的过程中一般是首当其冲，而这一点，国家和地方政策是能够做到的，这也是目前我国对创业行为行使较多的机制；但是，仅有这一机制还不行，保障机制的作用则需要紧跟其后。也就是说，国家以及地方关于激励以及扶持政策的具体实施，需要相应的职能部门贯彻执行，否则政策再好，不能够落实，也起不到其应有的作用，对创业者也就难以起到激励作用，关于这一点，我们在前面的实证分析中已经得到了验证。但这一点，地方落到实处的并不多。监督则是约束机制中的重要环节，法律规范等关键岗位的制约，以及监督、意见反馈等方面的制度建设和责权配置，则是完善约束机制的重点，但恰恰是我国创业机制的弱点。

由此，我们得出一个结论：全国上下，还没有形成较为系统的创业机制。从创业的引导、宣传、扶持、奖励、监督整个过程来看，还没有形成系统性以及长效性。很多地方仍然是一阵风，上面文件一来，临时抓工作抓统计，以应付完工作为目标，缺乏一个长效机制。总之，尽管各地区制定了一些鼓励政策，各部门也开展了一些扶持工作，但相关制度尚未成熟，配套服务工作严重滞后，各部门工作缺乏协调，无法形成合力。

三 地方创业氛围不足

民族地区的创业环境没有形成较好的氛围，对女性创业存在着一定的障碍，具体如下：

(一) 认识不足

一些地方对农民工回乡创业的重大作用和意义缺乏正确认识。有的认为农民工返乡创业就是返回到原来居住的农村，这种意识显然与国家的农村富余劳动力从农业转移到非农产业，从农村转移到城镇中，统筹城乡发展的思路相悖。有的认为返乡创业对县域经济发展、财政增收作用不大，因而没有把农民工创业视同招商引资那样公平对待。尽管目前各部门开展了一些扶持工作，但仍存在宣传力度不够、政策不具体、操作性差等问题，各部门没有形成合力，审批部门多，办证时间长，收费项目多，导致农民工创业初期成本过高，创业热情备受打击。针对农民工返乡创业的配套扶持政策，很多地方政府的支持力度也不大，认为农民工返乡创业不过是"小打小闹"，缴税少、发展慢、事情多，最多也就是只能解决他们自己的吃喝问题，对区域经济的发展、财政增收起不到什么作用。这些认识目光短浅，没有站在一定的高度看问题，忽视了农民工创业的星火燎原之势。正因为有了这些想法，在很多地方，农民工返乡创业税费负担仍然很重，没有享受到应有的优惠政策，客观上压制了农民工的创业决策。

（二）制度不优

创业需要政府提供良好的公共管理服务。农民工返乡创业是一项系统工程，其创业行为涉及各地工商、税务、银行、劳动、农业以及创业项目所属的各职能部门。农民工要办理场地、资金等证明，要作环保评估，还要办理消防和安全、生产、卫生、工商等多项许可手续，这些手续以及办证流程，绝大多数返乡创业人员知之甚少。特别是女性创业主要以小微企业为主，但在市场中基本上没有支持女性创业者发展的服务体系和市场运作体系。缺乏市场信息，使她们难以作出适时合理的经营决策；缺乏技术，使其产业发展只能停留在简单仿制的低级水平而不能有更大的发展。组织化程度不高的农民工返乡后，各谋出路，分散发展，缺乏专门的组织对其进行有针对性的管理，没有最大化地发挥返乡农民工的优势，相关职能部门没有尽到自己部门的专门作用。内蒙古的D女士说，对她们养殖户来说，养殖技术、市场信息都非常重要，对此地方畜牧局应该发挥它们的作用。贵州的 X 女士是成功创业者，但是说到创业，她觉得自己非常需要专业培训。她感慨地说，一般情况下，如果创业的项目是技术活，就特别需要技术方面的培训，比如她的虫草栽培以及后期的处理。然而想归想，却不知道要把自己需要专业培训的想法反映到哪里。她还说，自己知道这个想法不太容易实现。广西 H 女士说，听说国家现在有一些政策在鼓励农民工创业，她希望国家能照顾一下像她这样文化水平低、很需要国家帮助的妇女，多提供一些专业或者管理方面的培训，只要有条件，她都会很乐意去学习。贵州的 C 女士也认为，特别需要政府派专家在专业技术方面，特别是行业的政策、法规方面进行指导。因为在她创业过程中，走了很多弯路，浪费了很多精力。

能够帮助她们拓展网络关系的地方职能部门在专业技术、专业知识传授方面，其实也做了一些工作，但从针对性以及工作的频率上来讲，显然是不到位的。案例 11 中，内蒙古的 L 养殖技术的盲点，是导致其失败的最大原因之一，这与地方政府相关部门在职能上的缺位有着很大关系。女性农民工创业的时候在技术、管理和信息的摄取方面存在困难，而她们文化素质普遍不高，不知道有问题怎么办，去哪里寻求帮助。虽然创业的规模小，产品结构单一，科技含量低，但在创业过程中还是经常会在技术、管理、信息等方面遇到问题，难以巩固创业成果，更难以扩大规模。这种状态，很难实现可持续发展。这个时候，地方政府相关部门及时的指导、服务就显得非常重要了。同时，政府对发展农民各种民间组织的支持度也不足，没有充分利用并整合返乡农民工的各种资源，使她们互相交流，互相帮助。

从另外一方面来说，近年来国家对创业者、回乡农民工还是采取了多项创业政策扶持，但是绝大多数女性对国家或者当地政府创业政策并不十分了解，造成创业者渴求扶持却不知道有相应的扶持政策，信息极不对称。在前面的实证因素分析中我们了解到，宏观因素如国家政策等对农民工创业没有起到什么影响，究其原因，固然是女性农民工本人不太关心时事，对能否得到国家或者地方优惠政策不敢抱有幻想而较为冷漠，但是另一方面，也说明地方相关的职能部门对国家创业等政策的宣传，以及对创业的指导、服务工作不到位，使得一些农民工创业享受不到相关的扶持政策。正因如此，国家相关的创业政策再好，如果不能得到很好的贯彻执行，不能惠及创业者，不能形成一种氛围，也会大大影响创业意向者的决策。在执行政策的地方组织中，尤其是农村地区，市场信息、公共服务体系的空白则是制约农民创业的重要因素。而农村现有的基层组织明显缺乏经济管理能力，缺乏组织农民经济合作、资本运作、共同致富的能力。

（三）财力有限

民族地区经济发展欠发达，财力有限，因此在帮助优惠对象的时候，通常很慎重。在调查中了解到，最早也有一些创业项目看起来不错并且得到了政府扶持，但是最终失败，弄成人财两空。这是因为一个项目要成功，在创业的过程中，除了有一个较好的项目、较充裕的资金以及国家相关的优惠政策以外，不确定的因素还有很多，而个人的品质也至关重要。因此，对于大多数都较贫困的民族地区相关部门来说，为了不浪费有限的资源，只能是帮助那些看起来项目发展较稳定并有可能进一步发展且对政府有利的项目，这一点对地方政府的政绩而言至关重要。而对于刚刚起步急于政府支持的项目，或者是政府看不上眼的微型项目就不太可能或者不想顾及了。其次，为了地方的经济发展，一些地方政府在制定优惠政策的时候，把改变当地经济不发达的希望过多地寄托在引进外商和大企业上，门槛设置较高，从而忽略了返乡农民工的需求，没有把服务农民工回乡创业视同招商引资一样重要。更有一些贫困地区舍小求大，好高骛远，高不成低不就，最终创业园或者是开发区一片荒芜，既浪费了耕地也没有招到商引进资，同时也没有对小型、微型企业有所帮助，严重挫伤了农民创业的积极性。

四　民族区域市场经济发育不成熟

生存环境的多样性和经济生活的多样性，造就了民族文化千姿百态的个性特质，而现实的物质生产活动中产生的特定民族文化意识，又成为影响各民族经济生活的主要因素。由各地民族文化特征所赋予的价值观念、道德意识、选择方式，等等，对民族经济生活产生了重要的影响①。区域经济发展水平的缓慢，对农民创业能力的影响主要还是表现在创业机会方面。

（一）从区域经济结构来看

从宏观层次上讲，区域经济发展水平对区域经济结构，包括国民收入结构、居民的购买力水平、产业结构层次等都会产生影响。目前我国正在不断地进行国民经济结构优化，在国家层面上，产业结构逐步升级，国民经济中第一产业的比重正在逐步下降，二、三产业的比重也在逐步增加，这为农民在非农领域内创业创造了更多的就业与创业的机会。但是，区域经济发展的不平衡，尤其是少数民族地区经济发展的滞后，仍然在制约着其产业的升级，减少了农民的创业机会。

---

① 参见叶坦《论民族文化的发展特性与动力——兼及区域经济与民族振兴》，经济管理出版社 2000 年版，第 39 页。

表 7—7　　　少数民族地区经济社会发展对比分析①

年份	指标	贵州	广西	新疆	内蒙古	青海	宁夏	云南
2005	综合评价指数	0.65	0.40	0.86	0.99	0.80	0.79	0.80
2009		0.69	0.70	0.88	1.12	0.86	0.85	0.84
2005	经济发展水平评价指数	0.44	0.8	0.64	1.11	0.73	0.77	0.59
2009		0.52	1.8	0.72	1.42	0.85	0.91	0.64
2005	社会发展水平评价指数	0.81	1.25	0.89	1.11	1.21	0.96	1.09
2009		0.83	1.20	0.50	1.17	1.22	0.98	1.15

资料来源：李德伟、范松海：《西部少数民族地区经济社会发展失衡分析》，《内蒙古社会科学》（汉文版）2007 年第 7 期，第 102 页。

表 7—7 显示，即便同为民族地区其经济发展水平也不一样。贵州、云南的经济发展水平较低，且到 2011 年为止发展速度仍然缓慢，体现出区域经济发展水平的不平衡。而区域经济发展水平尤其是农村城镇化进程以及乡镇企业的发展，在很大程度上又影响着农民对创业机会的寻求和把握。也就是说，从理论上讲，区域经济的发展水平影响着区域的产业结构状态，一个地区的产业结构如果处于升级阶段，就能够创造较多的创业机会②。

（二）从城镇化水平来看

从理论上讲，城镇化是由传统的农业社会向现代化城市发展的自然历史过程。它表现为人口向城市集中，城市规模扩大，现代化水平提高，城市文明不断向农村扩散并最终达到城乡协调发

---

① 这些指标的指数是与全国平均水平对应指标相比之后的结果，指标值高于 1，则表示高于全国平均水平，低于 1 则表示低于全国平均水平。
② 参见葛建新《创业学》，清华大学出版社 2004 年版，第 72 页。

展的社会发展过程。加快城镇化进程的首要目标就是促进农村富余劳动力转移。通过发展小城镇，将农村各类企业特别是乡镇企业加快升级换代，并利用城镇化所具有的城镇聚集效应和扩展效应来促进市场发育，缩小城乡差别。尤其是要发展非农业领域，以此提高居民的购买力水平，增强人们的需求性，为农村剩余劳动力的转移开辟道路，为农民的就业和创业拓宽渠道。

在现实中，民族地区区域经济发展水平的差异在一定程度上影响了市场发育程度。区域经济发展的不平衡，导致农民创业在区域上也表现出很强的区域差异。西部地区经济发展尤其是农村城镇化和乡镇企业的发展缓慢于东、中部地区，农民创业的机会也大大少于东、中部。而民族地区滞缓的农村城镇化进程，工业和非农产业不发达，城镇规模小、起点低，区位优势和产业优势不突出，导致城镇功能不健全，基础设施投资成本高、使用效率低，配套服务能力弱，进一步阻碍了小城镇聚集效应的发挥和非农产业的发展，相对减少了农民在非农产业创业的机会。另一方面，由于少数民族聚集的西部地区农民创业意识薄弱，加上在资源、技术、市场等方面的差距，乡镇企业以及私营企业的缓慢发展也制约了创业率。而多年来经济发达地区乡镇企业的迅速发展，又进一步拉大了东西部农村发展的差距。虽然西部也正逐步强调大力发展乡镇企业和私营企业，但是，由于改革开放的全面发展、市场格局的变化和市场竞争的加剧，乡镇企业所面临的市场格局也发生了较大的变化，从以前的卖方市场逐步转向买方市场，其发展压力不断加大。在这种情况下，民族地区农民发展乡镇企业和私营企业的难度加大，发展的机会因此而降低，严重阻碍了农民向本地非农行业的转移，就业和创业都受到了极大的限制。

从结果来看，经济不发达直接影响了人们的消费需求，也遏制了人们的创业决策，影响人们的创业行为。如广西两姐妹的美容美发店的失败就是如此。即便是同一个区域，由于民族地区的封闭性以及经济发展的差异性，创业的积极性也大不相同，比如同属南疆的阿克苏市依干乡与新源县肖尔布捷克镇的差异。

第八章

对策建议与可行思路

　　从来创业维艰。内中包括了很多国家和当地政府、个人需要为之努力的因素。女性尤其是女性农民工的创业问题，从来就不是一个单纯的经济问题，它涉及人们的观念、社会机制以及经济发展状况等多个方面，也与女性发展以及个人的综合素质有着极大关系。为此，如何在社会发展的过程中把女性创业的理念与机制很好地结合起来，使民族地区女性农民工从以往的被动就业参与到主动创业中来，这是一次重大战略调整，完成这次调整，确实需要一个复杂的、长期的过程。在这个复杂的、漫长的过程中，对民族地区而言，需要结合创业成功案例，探究其创业的促进因素，她们需要在什么样的宽松环境，通过针对性的政策，来促进这些因素的形成并发挥其应有的作用，以此能够改变本地区当前女性的就业格局，并借此促进女性的发展。

　　具体而言，则需要从创业者的环境、女性创业者创业必备的条件、创业者自身因素，以及创业中的感悟、期望，或者是拟创业的人们需要的引导或者是扶助等几个方面来着手。要做到这些，不但需要微观方面的个人努力，更需要宏观方面的地方政府、国家等方面的努力。尤其是国家政策的鼓励、地方政府的扶助，这对弱势的女性农民工的鼓励是非常重要的。正如她们所言，政府的资金有限，完全依赖政府的优惠是不太可能的，但是创业的入门指导、技术指导、信息提供等方面，对于初创业的人们来说是非常重要的，希望能够得到这些帮助。为了最大限度地调动女性农民工创业的积极性，缩短其创业决策的距离，提高已经准备创业的女性农民工创业成功率，保护其创业积极性，带动和鼓励更多的女性农民工创业，提出以下几点建议及借鉴。这些借鉴虽然不是创新，但正在一些地区实施，且已经证明了其有效性、宜操作性及可行性。因此，如果各民族地区能够借鉴这些举措，可缩短其探索时间，能够快速、有效促进女性创业的发展，并且加快民族地区女性发展的进程。

第一节 构建民族地区女性农民工创业的理论框架

一 完善国家、地方创业政策体系

创业政策的本质就是刺激创业，其作用就是减少初创业时所面临的不确定性，因此，创业政策作为各国和地区促进创业的手段或策略，直接影响着这个国家和地区的创业活动水平。由于创业是一个长期复杂的过程，受到社会环境、文化氛围、传统价值观等多种因素的共同影响，因此，在这个过程中，针对哪些因素是创业的促进因素，以及如何通过合理的政策来促进这些因素形成并发挥应有的作用等问题，各地在响应国家创业政策的同时，有必要根据当地的实际情况，进一步细化创业政策。有必要建立创业政策的理论框架，并重视其系统性。系统地分析政策的着力点和对象，以驱动关键变量来刺激创业活动。把减少创业障碍，促进创业活动，实现促进社会和经济发展的目标建立在科学的理论基础和政策体系上。尤其是创业目标群的界定，是国家和地方制定政策的依据，也是营造创业环境的基础，是创业政策执行的目标对象。针对目标群的创业需求，制定相应的战略是创业政策的重要内容。而目标群在经济生活中处于什么状态，哪些因素是创业的促进因素，如何通过合理的政策来促进这些因素的形成并发挥应有的作用等，都需要国家合理的、适用的政策框架来支撑。

创业活动是动机、技能和机会相结合的结果，创业政策的理论框架可以围绕这三个要素来建立。因此，制定具体的创业政策应该考虑以下三个层面：首先在个人层面上激发人们进行创业；其次使创业者获得创业所需要的知识和技能；再次为潜在创业者提供资源和环境支持①。在国外创业政策类型中，就专门有"利基"创业政策，即政府专门针对"弱势群体"或者是特殊创业人群所采取的促进创业的措施。其目标群体主要是妇女、青年、少数民族、失业者、土著居民等。由于他们在拥有创业资源、获取创业机会方面均处于劣势地位，所以政府采取"利基"政策，正是希望通过相应的措施来帮助他们克服创业过程中的障碍②。

在现实社会条件下，人力资本和社会资本都比较充足的女性，即便是在充满着性别歧视的职场，她们依然可以找到合适的工作。而处于次级劳动力市场的女性，却不断地被边缘化，在劳动力市场与再就业过程中处于不利的地位，女性农民工更是如此。几乎所有的女性农民工创业者的原始动机都是走出经济与就业的困境，自谋出路。这就能很容易理解为什么生存驱动型创业

---

① Anders Lundstrom and Lois A. Stevenson, *Entrepreneurship Policy: Theory and Practice*, New York: Springer, 2005.

② 参见戚迪明、侯立白、景再方《国外创业政策对我国农民创业问题的借鉴》，《农业经济》2009年第3期。

会成为民族地区农民工女性创业的主导模式。她们的生存发展只能是在现有市场中寻求微小的机会。由于她们知道自己没有可供利用的人力资本或社会资本，知道创业对自己意味着什么并且有着充分的心理准备，所以许多创业者顽强坚韧、不惧失败、吃苦耐劳、勇于拼搏。美国经济学家克拉克认为，当个体的属性——身体特征、智力特征、社会行为方式与其所处的社会环境中承担的角色发生冲突时，个体就处于社会边缘状态[1]。实际上，处于社会边缘状态者因为所获得的现实利益小，个体放弃现实利益进行创业的机会成本也就小，因而创业的可能性也就大，民族地区的农村妇女即属于这一群体。

因此，通过民族地区女性创业的案例总结，了解了创业者、拟创业者对创业环境的认知、期待以后，建议构建适合民族地区女性农民工创业的理论框架，并围绕其在目标群体、创业动机、创业技能以及创业区域机会等方面来建构。具体考虑以下几个层面：为创业者提供创业大环境支持，即提供信息项目帮助以及服务指导、减少创业进入障碍、启动资金支持、建立反馈和监督网络等支持政策及服务手段；为创业者提供创业所需要的知识和技能，即开展针对性的创业教育及专项培训；目标群体个人层面上采用专门的政策激励，即针对目标群体专门制定激发其创业决策的优惠政策并提供完善的服务。见图8—1。

二 建立健全地方创业机制

创业机制的构建是一项复杂的系统工程，各项体制和制度的完善不是孤立的，也不可能简单地以"1+1=2"来解决。不同层次、不同侧面必须互相呼应、相互补充，这样整合起来才能发

---

[1] D. Clark, *The Marginal Situation*, London: Routledge and Kegan Paul, 1966.

```
┌─────────────────────────────────┐
│   降低创业进入门槛,               │
│   减少创业障碍                    │
└─────────────────────────────────┘
```

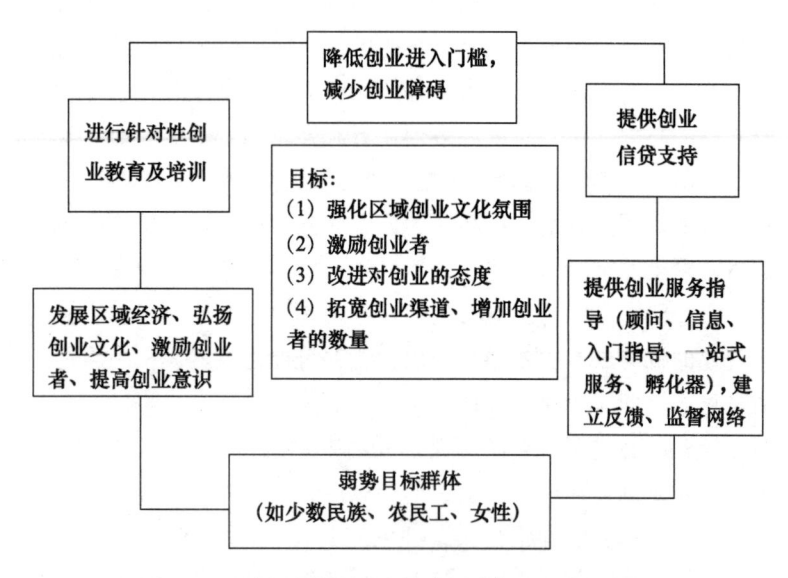

图 8—1 适合民族地区女性农民工创业的政策框架

资料来源：根据 Anders Lundstrom and Lois A. Stevenson, *Entrepreneurship Policy: Theory and Practice*（New York: Springer, 2005）框架图整理。

挥作用。还要特别重视人的因素，体制再合理，制度再健全，执行人的观念意识不清，机制还是到不了位。而且体制与制度是相互交融的，制度可以规范体制的运行，体制可以保证制度的落实。民族地区如何实现科学合理的创业运行机制，使得有创业意向的人能够顺利实施创业行为，最重要的就是做好宏观环境的建设。这需要从两方面来进行：一方面通过国家一系列优惠政策为创业者创造宏观外部条件，营造创业氛围，形成创业文化；另一方面，则是地方政府针对本地区经济、民族的特点为创业机制的流畅运转提供空间。

要保证创业机制这个系统协调并运行流畅，需要从以下三方面来进行：其一是行政的运行机制，即以行政的手段把各个相关部分有机统一起来；其二是指导、服务式的运行机制，即以导向、专业的方式去协调各组织之间的关系并为服务对象提供指导；其三则是监督、服务式的运行机制，即以监督、服务的方式去督促各相关组织的工作落实。由于机制的功能包括了激励、制约和保障等机制，因此，民族地区各级政府在构建这些机制时，要针对本地区区域经济、民族特点并结合各机制功能的不同，完善和建立符合自己区域特点的创业机制。

（一）要健全各级地方政府的行政、保障、制约体制

就组织结构而言，各级地方政府应该贯彻中央决议，建立健全激励创业的专门的组织机构。运用行政机制，以行政的手段调动和管理各部门职能和岗位责权的积极性，进行科学的部门和岗位职能配置；运行指导、服务的机制，针对不同目标群服务对象尤其是女性农民工群体的特点，出台专门的扶持政策，大力开展创业培训与指导工作，引导和协调合作组织和行业协会的建立，给有创业意向的女性农民工提供一个交流平台；为保证创业行为有序化、规范化，需要在体制上设置监督岗位，制定相应制度，确保各职能部门的政策能够到位，并且协调各部门、各环节之间的关系，以及各方的利益纷争。

（二）要通过地方政府各职能部门各方面体制和制度的建设，实现各机制的整合

就激励机制而言，农民工返乡创业是外出劳动力对输出地和输入地的投资成本与效益进行比较后的一种理性选择[1]，其最大激励来源于创业的收益大于打工收益。地方政府提供的优惠以及

---

[1] 参见刘光明、宋洪远《外出劳动力返乡创业：特征、动因及其影响——对安徽、四川两省四县为返乡创业者的案例分析》，《中国农村经济》2002年第3期。

扶持政策能够更进一步激发创业者创业的激情。就保障机制而言，各职能部门需要建立相应的规章制度，以保障各项激励、服务、指导等工作落到实处。制约机制方面可以采用各种方法，督促和保证各项工作到位。激励机制、制约机制、保障机制之间存在着密切的关系，缺一不可，同时加强体制和制度建设，才能实现创业机制构建的目标，并发挥其功能，达到促进创业者创业的目的。

三 借鉴案例

云南省委、省政府针对前期创业工作中所提供的创业服务体系不完善、促进创业的工作机制不健全、责任难以落实、创业扶持政策体系不完善，一些政策难以落实到位的不利于创业的环境，于2009年1月1日出台了《云南省人民政府关于鼓励创业促进就业的若干意见》，具体实施了"贷免扶补"这一独创的扶持创业模式。在实施该模式的过程中，该省充分运用组织领导、管理运行、保障监督三大机制，体现出较为完整、细致的政策框架以及流畅的创业机制，保证了目标明确的政策体系的实施，形成了对于创业者来说较为宽松的创业大环境。

（一）该政策框架特点

1. 采取各种宣传、动员的形式

利用各种宣传手法，包括大量散发宣传册，对象是政府就业经办机构、教育厅、工会、共青团、妇联、工商联、个私协会等部门各自管辖下的人员，对他们进行鼓励创业的"贷免扶补"政策的广泛的宣传和动员。并在宣传册里，对"贷免扶补"的内容、特点、如何办理、办理地点等问题以及事项进行详细的解答，以此让所有符合条件的人都知晓这一优惠政策。

2. 明确政策的着力点和扶持对象

"贷免扶补"政策的出台，是云南省政府针对该省就业总量矛盾明显、就业结构矛盾突出、人们创业意识不强等严峻的就业形势提出来的。"贷免扶补"政策的着力点和对象即有创业能力的大学毕业生、返乡农民工、复转军人、下岗工人、城镇失业人员、留学回国人员。这群人正是云南省当前就业最不稳定、最需要扶持的对象，因而成为政府鼓励创业的人群。

3. 摆出的是政府主导、部门负责、多方参与的总阵容

在浩大的宣传和组织的阵营中，云南省再就业工作领导小组统一领导，省人力资源和社会保障厅负责组织实施。省再就业工作领导小组下设鼓励创业"贷免扶补"工作办公室，设在省就业局，办公室主任由省就业局局长担任；省人力资源和社会保障厅作为"贷免扶补"工作的牵头单位，负责协调、组织、推动该项工作；省财政厅负责创业的专项资金、小额贷款担保金、贴息等资金的筹措、审核、拨付；省工商局、卫生厅等部门负责落实创业人员有关行政事业性收费的减免政策；省地税局负责落实创业人员有关税收优惠政策；工商联、个私协会建立创业导师库，为创业人员提供导师帮扶；农村信用社是鼓励创业"贷免扶补"工作的金融服务机构，负责贷款的审核、发放、组织实施，以及贷款贴息、统计汇总等具体工作。

4. 推出了有力度的激励政策以及有效的保障机制

云南省委省政府给予了创业者较为宽松的创业环境。首次创业者，由相关部门采取"一条龙"服务[①]，对其创业的全过程实行帮助。较大力度的帮扶政策，极大地激起了人们创业的积极性；有效的保障机制，不但能够保证创业者得到自己所需要的资源，就连参与到创业工作中的服务人员也有了工作经费的保证；

---

① "一条龙"服务，即创业咨询培训、项目评审推荐、创业小额贷款、创业导师、后续跟踪等服务。

而监督机制的执行，保障了所有参与创业者的利益，不但带动了各类人创业的热情，同时也激发了创业服务工作者的热情。

5. 以问责手段考核年度目标

实行年度目标管理责任制，层层分解任务，落实工作责任到县级，确保服务不走样。对启动不利、动作缓慢的部门将进行问责。

6. 建立了"贷免扶补"风险的防控监督机制

针对贷款出现的因为创业者创业失败、发生意外不能还款，或者是创业者主观上不愿意还款的可能风险，"贷免扶补"运行机制，设计了事前、事中、事后、风险补偿，承办单位初审推荐和跟踪服务环节等风险控制；农村信用社对创业者的诚信，对创业项目在技术、管理、财务等方面的评估等风险控制，对小额贷款还款方式的风险控制，以及风险补偿机制等制度设计，全过程跟踪管理与帮扶过程等采取的有效的监督控制措施，都使得扶持创业者创业成功和信贷资金安全的双重目标得以实现。

7. 明确最终目标

并不是很充裕的云南省财政在"贷免扶补"的实行过程中拿出了很多资金。云南省政府始终认为，这是培育就业的新增长点，是解决就业难题的一套有效机制。这个模式的运行，对拓宽就业渠道、缓解就业压力、促进经济社会和谐发展具有重要意义。

（二）创业运行机制

在政策的框架体系中，云南省委、省政府明确了"贷免扶补"模式的运行机制，即组织领导机制、管理运行机制、保障监督机制。

组织领导机制，即实行政府主导、部门负责、多方参与、农信社承贷的组织运行机制。

管理运行机制，即实行统一政策、统一管理、统一服务，分系统实施、分层落实、分阶段帮扶的运行机制。

保障监督机制，即采用双向目标考核、风险分担、考核监督等运行机制，督促其目标完成。

正是创业机制的正常运行，保证了各项创业政策的具体落实，使得各项政策得以实施。因为其创业大环境的宽松，云南省创业工作当年就收到了很好的效果。扶持创业成功2万余人，其中，有53%的农民工积极参与到创业活动中来[1]，农村女性也有3000人以上。到了2011年末，仅女性农民工，就有2万多人从众多申请者中被推荐创业，能够享受到该省的这一普惠政策。与相邻省份贵州作一比较，贵州近几年来全省返乡农民工累计创业人数是4.3万人，其中，女性占30%即1.29万人。云南的成绩是显而易见的，该模式的实践，带动和鼓励了更多的女性农民工创业，对于提高已经准备创业的女性农民工创业成功率，起到了积极的推动作用。同时，也说明了其政策体系的有效性、宜操作性以及可行性。

在创业政策体系的框架中，创业机制体系的构建不是简单、绝对的，而是一项长期而复杂且需要不断创新的工作。社会环境在不断发展，人们的要求也在不断提高，机制就需要随时作出相应的调整。云南省委省政府为了保证"贷免扶补"工作机制的顺利运行，促进其长效性，设立了一系列评价指标体系，保证了该模式的健康运行。而民族地区女性农民工创业问题，涉及民俗民风、人们的理念、社会机制和经济发展等多个方面。为此，如何在社会发展过程中把促进女性农民工创业的理念与机制很好地

---

[1] 参见张玉明《贷免扶补——创业机制理论与实践》，云南人民出版社2009年版。

结合起来,将是我们长期关注的一个问题。

第二节 构建适合民族地区女性的创业模式

一 根据不同层次人力资源建立不同的创业模式

根据以往的调查,再结合这次调查的案例、问卷调查等分析得出:民族地区的女性人力资源具有层次性,因此女性创业不是同质性的[①]。在同一个区域里,既包括了高级白领、知识女性等群体,也包括城镇失业、下岗的女性,还包括返乡农民工在内的农村女性。不同的女性群体具有其不同的特点,她们创业活动表现出来的能力不同,则对区域经济发展所发挥的作用也各不相同。如高级白领以及知识女性,是素质较高的女性群体,社会资本较多,有些掌握了某项高级技术,有些积累了一定的管理经验,有些又拥有较灵通的信息渠道,或者是具有较敏锐的市场眼光,因此,她们创业的领域较宽。既可以创办高新企业,也可以提供高层次、高技术含量的服务。创业对她们而言,仅仅是把自己的意愿转化为现实,地方政府只要为她们的创业提供一定的资金、场地、税收等优惠政策,大多数都能够如愿创业,并最终成为城市经济增长的新动力。

而底层女性创业,主要是解决就业和温饱问题。这一群体,既可以通过自主建立一个正规的或非正规的经济实体来解决自己的就业,也可以通过家族式的简单的可独立操作的加工制造业和小型、微型企业以及自由的个体经营来解决就业;她们所创的业,既可以是满足城市和农村居民的生活需求,提供其他经济补

---

① 参见任远、陈琰《对城市失业下岗女性、女大学生和女性知识分子自我创业的比较分析》,《妇女研究论丛》2005年第5期。

充功能的第三产业，还可以是农村里区别于传统农业的种植、养殖业。总之，其特点就是所提供的服务或产品的技术含量以及成本都比较低，门槛也较低。由于这样的创业机会能满足居民和城市、乡村建设的多种需求，因此，其潜力较大，且这种需求会随着经济和城乡建设的不断发展而逐渐增多。更重要的是，低层次创业主体灵活，既可以是下岗女职工，或者是受教育程度不高的城市女性，也可以是刚毕业的女大中专学生，还可以是外出打工返乡的女性农民工以及农村有志的妇女。

因此，对于因中小企业特别是乡镇企业发展较慢、城镇化水平偏低而不利于扩大劳动就业容量的民族地区而言，目前适合民族地区女性创业的模式是：从创业主体上分，可以是小部分高层次的女性及大部分低层次女性创业并存，以鼓励低层次女性创业为主；从创业动机上分，可以是小部分机会型创业，大部分生存型创业并存，以鼓励生存型创业为主；从创业类型上分，可以是小部分高科技、高技术含量服务创业，大部分农村及城镇的社区需求服务创业并存，以鼓励社区需求服务为主；从创业规模上分，可以是小部分中型企业，大部分小型甚至微型企业及经营个体创业并存，以鼓励小型甚至微型企业为主。不同区域则应因地制宜进行鼓励目标细分。

二 政策导向目标群体应以"80后"为主，兼顾部分"70后"

再从民族地区返乡女性农民工总体素质上来看。外出务工返乡以后，她们恢复了农村妇女的身份。"80后"的农村女性是新生劳动力，大多具有小学或初中文化程度（比起经济发达地区她们的文化程度要低一个层次），比起其前辈来说，文化程度较高且有一定的自主学习的意识和接受能力。假如经过职业培训，或者是外出打工期间有所学习，是能够学到一定程度的技能和经验的，重要的是帮助她们增强选择职业的信心。因此她们中的绝大部分人，可以通过创业或者就业的方式脱离农业而转移到其他行业。"70后"、"60后"的女性则是农村的骨干劳动力，这部分人目前是农村的中坚力量。她们大多具有小学及以下文化，极少部分具有初中文化。她们农忙时在家务农，农闲时在村寨周边打工，这部分人脱离农业机会的可能性与"80后"相比则小得多。20世纪60年代以前出生的女性则是农村最基本的劳动力，这类女性多数谈不上有什么文化程度，有些人可能不识字，她们当中绝大部分人甚至没有外出务过工。她们是继承传统农业的最基本力量，有了她们，千千万万个农村家庭稳定的生活才成为可能。这部分人如果不是特殊情况，绝没有脱离农业的可能性。鉴于此，针对农村创业、就业的政策导向的对象应该是以"80后"为主，包括部分"70后"的农村女性。

第三节 努力改善创业者资金条件

资金是创业者创业成功的基本保证。创业者创业资金的来源主要有三种途径：第一条途径是私人的权益资本，其中包括自有资金、亲朋好友的借贷以及民间借贷；第二条途径是创业资本的融资；第三条途径则是上市融资。但生存驱动型类型决定了民族地区大多数女性农民工的创业只能定位于传统的女性行业，并且是门槛较低的行业，所体现的是规模小且微的特点。这种条件下融资的可能性不大。国家金融扶持，其基本含义是指女性农民工在创造新的有别于传统农业的企业时，获得金融资源上的支持，包括拨款和补贴。但是民族地区经济不发达，尤其是前些年，政府补贴和拨款靠地方自己解决的可能性比较小，同时资源有限，又很少能够顾及女性农民工这种生存驱动型的微型创业。因此，那时她们大多数人创业资金的来源就只有一种可能性，也就是前面提到的第一种途径，即自有资金、亲朋好友的借贷、民间借贷。但打工积累和亲朋好友的资金有限，民间借贷成本太高，这使得有创业意向的人难以决策，同时也决定了她们的创业项目类型、创业规模、创业资金之间的不利循环。即资金越少，投资门槛越低，规模越小，创业项目越传统，同时就越得不到政府的扶持，创业的风险很大。

城镇的创业者创业时融资手段相对于农村创业者较多，如风险投资、基金担保贷款、保单质押贷款、信用卡透支等，但是返乡农民工尤其是女性农民工没有这些条件。农村正规金融体系包括农业发展银行、邮政储蓄银行和农村信用合作社。农业发展银行是以政策为导向的国有农业信贷机构，承担着粮棉油收储贷款业务，不开展个人信贷业务。原来的邮政储蓄银行只能存不能贷，其功能是把资金从农村输送到城市，而现在的邮政储蓄银行的贷款业务也还没有开展对农民工贷款的业务。因此，目前只有农村信用合作社是面向农民服务的唯一正规金融机构。然而由于历史缘故，农村信用合作社普遍存在着不良贷款和亏损的情况，对农民工创业项目的支持因而有限[①]。

如何改善创业者以及创业意向者资金的问题，这是一个不仅创业者纠结，也让地方政府非常头痛的问题。民族地区资金有限，女性农民工创业完全依靠拨款、补贴均不现实。目前，解决的办法仍然只能是走小额信贷这条路。这就需要农村信用社积极筹措资金，以保证需要资金的妇女贷款能够"资源充足"。因

[①] 参见杨宜勇、杨欣波《青年农民工创业：困境与脱困》，《中国发展观察》2008年第2期。

此，如何充分发挥小额信贷的作用，农村信用社如何积极筹措资金，地方政府如何积极调动一切有限资金最大限度地给予创业者支持，有以下案例可供借鉴：

一　充分利用小额信贷

其实早在20世纪90年代初国家就下发了小额信贷方面的文件。这是借鉴了孟加拉国的一种比较成功的小额信贷方式。其基本宗旨就是针对低收入人群和社会相对弱势的群体提供额度较小的增加其收入促进其发展的信贷服务，这也是作为扶贫项目的一种特殊资金的使用方法。一直以来，贵州六盘水市盘县妇联的小额信贷工作就做得很成功，有效地为当地农村妇女（其中包括农民工返乡者）创业提供了资金帮助。

案例14：贵州小额信贷工作的典型

地处贵州六盘水市的盘县是一个农业大县，在118万人口中，农业人口占90%以上，汉族与少数民族混居。其中，有54万女性人口，23万妇女劳动力。盘县大部分农村妇女长期生活在贫困落后、自然环境恶劣、土地贫瘠的山区，文化素质偏低，与外界缺乏联系，生产、生活思维方式落后。她们中的绝大多数人有改善生活的要求，然而缺乏启动创业资金，找不到突破口。

1990年盘县妇联以妇联干部的工资做抵押，协调农业银行为10户农村妇女贷款2万元，拉开了小额信贷的序幕。在几年的实践中，盘县妇联不断总结经验，摸索出来一套有妇联特色、操作成熟的小额贷款管理模式。1998年，县委、县政府高度认可了妇联的这项工作，并开始为妇联小额贷款提供贴息，由此掀起了小额贷款的热潮。截至2009年，盘县妇联为广大农村妇女发放小额贷款5896万元，受益22801户100750人。而且多年来，妇联系统小额信贷款回收率均达 100%，打响了盘县妇女诚实守信的品牌，这在当时的条件下是一件很了不起的事情，因此被贵州省誉为"小额信贷盘县模式"。相对于很多地方实施小额信贷失败的例子来说，盘县妇联确实是"小额信贷的一面红旗"。她们成功的要点是：

（1）"以妇联干部的工资做抵押"，背水而战；

（2）"在实践中，不断总结经验，摸索出了一套有特色、操作成熟的小额贷款管理模式。"该模式的特点是：①五户联保；②八不贷、十不准、四公开①；③各协同单位各司其职。

（3）积极协调，争取各方支持，扩大工作成效。

2011 年，妇联仍将继续努力，在原来工作的基础上，更加积极做好协调工作，争取扶贫办、金融系统的大力支持，进一步与农业银行协调，为种植、养殖大户争取额度较大的小额贷款，以适应种植养殖大户对大额资金的需求，使她们能扩大产业规模，更好更快地发展生产，起到示范带动作用，促进妇女发家致富。

这些模式看起来似乎并没有什么突出的地方，但每一条都是盘县妇联、扶贫办、农村信用联社这些年来在实践中摸索出来的经验，正是他们满怀热心地为农村妇女服务，真心实意地替广大

---

① 八不贷：丧失劳动能力和以救济为生者不贷；还款意识差和原有贷款未还清者不贷；好吃懒做恶习未改者不贷；非常住人口不贷；不愿意参与联保小组者不贷；不自愿申请者不贷。

十不准：不准用贷款偿还其他债务；不准用贷款交各种税费；不准用贷款缴纳罚款；不准用贷款办红白喜事；不准用贷款建住房；不准用贷款非法经营；不准用贷款转存其他农村信用社；不准用贷款转借他人使用；不准随意提高贷款利率和提前扣息；不准明发按收。

四公开：贷款对象公开；贷款金额公开；贷款利率公开；还款时间公开。

农村妇女着想,专注于支持妇女创业、致富,发展农业,在工作中一步一步、踏踏实实、认认真真、非常到位地履行自己的职责,才取得了这些成绩,为创业者、为农村贫困妇女提供了创业、致富机会,创造了可观的家庭收入,使得她们的经济地位逐渐得到改善,在家庭和社会中有了越来越多的发言权和决策权。而且在这个过程中,农村妇女的文化素质及接收社会信息的能力在一定程度上也普遍得到了提高。这些成绩的取得,各协同单位的各司其职,功不可没:扶贫办负责检查项目的实施和贴息;县农村信用联社负责贷款审批、资金组织、发放和手续费兑现;县、乡(镇)妇联、村妇代会主任及联户小组长负责跟踪项目的发展、资金使用情况,回收贷款。每一个环节配合不好、掉链子,"小额贷款"的工作就不能正常运转,作用也不会得到充分发挥。

二 全力提高农村信用社的融资功能

盘县妇联为了扶助女性,在"小额信用贷款"的使用和来源上积极协调,努力服务,但毕竟"小额信用贷款"的源泉不是在妇联,而是在农村信用社,因此,农村信用社如何保证资金的来源,积极扩大服务品种和服务范围,就特别需要他们拓展自己的工作理念了。贵州镇宁苗族自治县农村信用合作联社,就走出了为农村创业者多方位服务的路子。

案例15:贵州农村信用社服务工作的典型

2008年以来,贵州省农村信用社安顺办事处积极实施"走出去"战略,以"服务跟着农民工走"的方式在全国首创了农民工金融服务中心。该办事处胡主任认为,安顺是民族地区劳务输出大省贵州的主要劳务输出地,而农村信用社是农民银行,客户是农民,农民都外出打工了,信用社的服务也要跟着农民工走。

在派人到东部以及京津等农民工聚集地的几十个城市调查后发现,隶属安顺6县区的外出打工的农民工至少有50万人,假如年收入以人均1.5万—2万元计算,总收入在75亿—100亿元,除去基本消费,沉淀下来可以存入金融机构的资金,至少有20亿—30亿元,这是一块很大的市场。另一方面,充足的资金潜力还能够为农民工提供服务。因为东部很多地方的金融机构都嫌农民工的金额小,往往不愿意办理农民工的金融业务,且农民工普遍缺乏金融知识,针对他们的金融服务几乎是空白。安顺办事处的服务跟着农民工走的理念由此被激发出来。他们外派员工到北京、浙江、江苏、云南、广东、福建等贵州籍农民工较为集中的省(市)设立了驻外服务点,为农民工提供面对面的金融服务,同时,不断扩大其服务的内涵和外延,并且于2008年成立了农民工金融服务中心。

在经过两年多的努力以后,安顺农村信用社户头上,累计存款已达20多亿。有了资金,农村较为严重的"融资难"问题得以缓解,用于农村女性创业的信贷资金得以充足。而"服务跟着农民工走"这一做法也引起了新华社、中央电视台、《人民日报》等50多家主流媒体的深入报道,受到了中国银监会以及贵州省委省政府的高度肯定,并在贵州全省推广。

融资的问题解决了,信贷资金的组织及投放就可以做得风生水起。例如,隶属安顺农民工金融服务中心的贵州镇宁苗族自治县农村信用合作联社截至2011年8月末,各项存款余额达11.6亿元,各项贷款余额达10.4亿元,涵盖地方各行各业及城镇建设(种植业、养殖业、运输业、旅游业、建筑业、农产品加工业等），为地方经济建设和产业结构调整作出了应有的积极贡献。受益客（农）户达 5.7 万户。然而，解决农民"贷款难"这一农村经济建设中的融资瓶颈问题，还需要做多方面的工作，因为"贷款难"问题是多方面原因造成的，既有农村诚信环境状况问题，又有无合法有效可抵押物品问题。对此，他们细致、耐心地开展了以评定信用户、信用村（组）、信用乡（镇）、信用单位为主的农村诚信环境建设工作，从而有效解决了农民"贷款难"问题。2010 年，贵州镇宁苗族自治县农村信用合作联社又增加了金融品种，针对返乡农民工、农村妇女研发并开办了"念乡富"农民工返乡创业园贷款以及"瀑乡巾帼"妇女创业贷款，仅几个月的时间，贷款发放就达到 1140 余万元。

目前，镇宁农村信用社早已经扭转亏损局面，成为县内资产规模最多、存贷款规模最大、机构网点全覆盖、存贷款增量最快、服务群体最广、金融产品最活的金融机构，为全县地方经济建设和产业结构调整作出了应有的积极贡献。同时，也体现了小小农村信用社在广大农村的适用性、灵活性。这个案例的成功，在于农村信用社不但解决了自身资金源的问题，而且还针对女性创业的特点，帮助解决了女性创业资金难的问题。

虽然针对农民工以及妇女创业，国家在扶持资金上做了很多工作，然而，目前民族地区甚至全国范围内的金融格局仍然是城市过度饱和，农村供给严重不足。如果返乡创业农民工得不到正常渠道资金支持，这会使她们创业走弯路，为其艰难创业增加障碍。采访中我们了解到，除农村信用社外，其他金融机构在服务农村方面，主动性差，服务产品单一，缺乏手段。这些一方面有悖于世界范围正在成为主流的"普惠性"金融服务原则，一方面对正在崛起的民族地区农村经济则是不够的，因而影响正在崛起的工业化、城镇化建设。因此，鉴于目前仍然没有有效解决这个宏观金融问题的方案和方法，国家应该专门立项来解决农村金融方面的实际问题。

三 积极扩展小额信贷资金扶持模式

小额信贷目前比较受创业者们的欢迎，是因为该模式的扶持对象是全社会中相对弱势的群体，且是针对其小型创业项目所提供的短期周转的资金扶持模式。但是，目前在我国，从事小额信贷业务的机构只限于正式的金融机构、非政府组织、社区组织、政府机构和国际组织，而且创业者申请小额贷款需要担保和抵押，对于一些女性农民工来说，还是有一定的门槛。另外，这项工作特别需要没有统一工作目标以及统一管理的各协同单位的通力合作，才能得以正常运转，无论哪个协同单位的工作滞后，都会影响到小额贷款作用的有效发挥，这在一定程度上制约了小额贷款的作用。

云南省在2009年4月出台的《云南省人民政府办公厅关于印发云南省鼓励创业贷免扶补实施办法（暂行）的通知》中，首次提出"贷免扶补"这种扶持创业的模式，不但继承了小额信贷的特点，并在此基础上有所创新，扩展了小额信贷资金扶持模式，完善了小额信贷的不足。

案例16：云南省贷免扶补的模式

2009年4月，云南省各级人民政府和有关单位为鼓励首次创业者在本省自主创业，出台了"贷免扶补"的扶持措施。具体如下：

贷：对有创业能力的大学毕业生、农民工、复转军人、留学回国人员等申请创业小额贷款的创业人员，每人提供不超过5万元的创业小额贷款。

> 免：对创业人员按照有关规定免相关行政事业性收费，减免相关税收，申请小额贷款免担保、免利息。
> 扶：为创业人员提供创业扶持政策、法律等方面的咨询，以及有针对性的创业培训服务。为创业人员介绍创业服务导师，提供一对一的创业指导。并对创业人员给予跟踪指导，协助解决创业过程中遇到的困难和问题。
> 补：对首次创业成功者并稳定在一年以上的，给予1000—3000元的创业补贴。对承担具体创业帮扶的单位，每帮助一人成功创业，则给予1600元补助用于工作经费。对经办创业小额贷款的农村信用社以及担保机构等有关部门，则给予奖励性补助资金。

该模式的特点，正如该省人力资源和社会保障厅Z副厅长所言，就是强调为有创业能力的初次创业者提供无门槛进入，即对创业者申请小额担保贷款免担保、抵押、利息，同时，特别强调承办单位为创业者提供一个"保护期"，并且在创业期间，要给予其"陪伴式"的跟踪服务[①]。也就是说，对创业者不仅仅是发放完贷款就了之，而是从项目扶持到跟踪服务，发挥"组合拳"的作用，并且给予有效的监督。该模式一经推出，有创业意向的就参与进来，当年就有超过2万人享受此政策，其中农民工占到53%以上。

云南省这几年的实践证明，该模式解决了资金以及服务诸多难题，而且为优惠政策的实施提供了有效的保证和监督，因而受到创业者的大力追捧。"贷免扶补"模式发展到2011年，仅女性农民工就有2万多人通过审核并被推荐创业，极大地激起了女

---

① 参见张玉明《贷免扶补——创业机制理论与实践》，云南大学出版社2009年版。

性农民工创业的热情。

从课题组这次对民族地区女性农民工的调查分析得出，除了为数不多的稍微大一点的实体企业所需贷款较多以外，大多数女性初期创业的规模都不大，所需要的贷款并不多，但是，进入的门槛低，这将有助于她们成功创业。云南省的扶助创业政策"免担保、抵押、利息"的低门槛，是比较适合她们的，这也是该省"贷免扶补"模式大受欢迎的主要原因。

四 加强现行扶贫政策与创业政策的融合

2012年，中央决定将农民人均纯收入2300元作为新的国家扶贫标准，这个标准从现有的人均年纯收入1274元大幅提高至2300元，比2009年提高了92%近1倍。按照新标准，我国农村贫困人口将从2688万人增加到1.28亿人，占农村户籍人口的13.4%，总量将是现行标准下的5倍。新扶贫标准的实施，标志着我国扶贫工作进入了一个新阶段，必将给我国扶贫开发工作带来新的机遇和挑战。而中国未来十年的扶贫目标是，到2020年，稳步实现扶贫对象"不愁吃、不愁穿，保障义务教育、基本医疗和住房"。

少数民族地区大多数是和贫困地区相叠加的，民族地区中的西藏、云南、青海等藏区，以及新疆的南疆三个地州是扶贫开发的主战场，贵州、广西等许多乡镇也是国家贫困地区。要完成这一巨大的工程，需要进一步创新扶贫思路和机制，通过提高扶贫资源利用效率、优化扶贫产业和项目选择机制、提高贫困人口素质以及推进政策协调等措施实现扶贫政策创新，把扶贫与创业政策融合起来。而提高民族地区女性农民工创业率以及创业成功率，是加速其脱贫的重要手段之一。因此，各地政府要遵循规律，科学决策，"造血式"扶贫，结合各地的具体实际，确定扶持发展的思路,制定发展规划和项目实施方案,综合利用各种有效的资源(包括扶贫资源),为返乡的女性农民工提供最大限度的帮助,开创扶贫开发工作的新局面。这也是考验当地政府执政能力的最有效方法。

第四节　大力促进个人人力资本积累

就个人人力资本的积累方面而言,可以从正规教育渠道与非正规教育渠道两个方面来分析(见图8—2)。从正规渠道方面走是需要国家干预的,比如义务教育以及政府组织的各类培训;而非正规教育方面,则需要政府引导、自己主动。总结下来,人力资本的积累应该从以下几个方面进行:

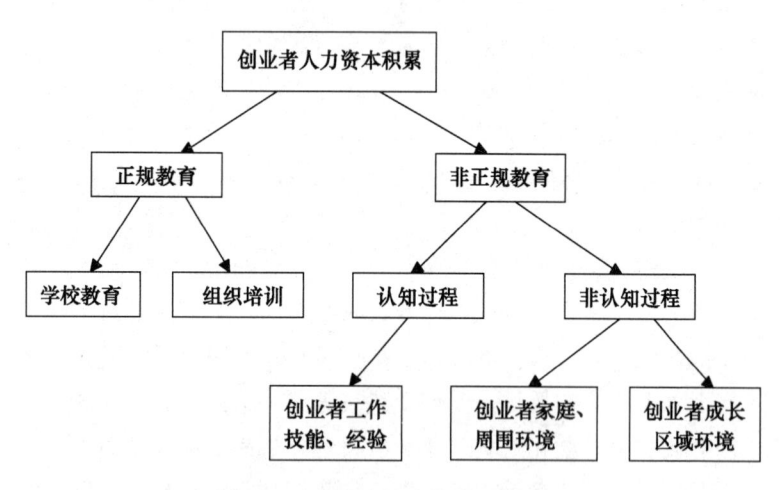

图8—2　创业者人力资本积累过程

资料来源:Dimitris Skuras, "Entrepreneurial Human Capital Accumulation and the Growth of Rural Businesses: a Fourcountry Survey in Mountainous and Lagging Areas of the European Union", *Journal of Rural Studies*, Vol. 21, 2005.

一 加强正规教育

(一) 强化义务教育

这是一个老生常谈的问题,由于少数民族的多样性以及民族风俗习惯,有的民族比较崇尚学习,其民族的文化传统和民族习俗对人力资本投资起到了特殊的作用。如蒙古族就有着重视教育的优良传统,有谚语说,有知识的人是最富有的人,有勤劳习惯的人是第二富有的人,有牲畜的人是最后一等富有的人。体现了蒙古族人民一种重知识轻财富的社会心理倾向[①]。哈萨克族的教育观念也比较强,云南傣族区域女童比例也明显比男童高,这是跟其宗教文化有关系的。但是有的民族对待教育问题就比较忽视,这其中有宗教文化的关系,也有经济影响,如除藏族以外,还有贵州的布依族、苗族,他们多数不重视教育问题。为了解决农村女童完成学业难的问题,有必要加大力度采取一些实际的措施。

1. 在贫困地区实行膳食补助

> 案例17:实行膳食补助有益于减少辍学率
> 北京大学教育经济研究所的D老师,2010年到广西柳州的融安、融水,以及贵州的融江这三个相邻的最贫困的县,检查中英西南助学项目的实施情况,这些项目是从2008年开始的。到了地方以后,听说国家也正在这三个县搞学生"免费午餐"的试验,于是就想验证免费午餐与降低辍学率之间的关系。辍学率不是学校自报的,是中英西南计算的数据。计算过程是:让学校去填报每一年级在校生人数,凡是数据库显示入

---

① 参见李澜《西部民族地区农村女性人力资像研究》,博士学位论文,中国农业科学院农业经济研究所,2005年。

学的，都要经过核查。然后，再填一份每一年的转入、转出学生人数。即今年的五年级学生到了明年就是六年级学生，把当年入学时候的人数减掉第二年的人数，这个差加上转入再减去转出，剩余就是辍学的人，这是比较客观的计算。

D老师说，正是在这种客观的验证中，发现全免费和补助额度增加是一种显著降低辍学率的方法，也就是说经济因素仍然是影响辍学的重要因素。有了"免费午餐"，明显可以看到辍学率更低。其比较案例就是与广西融水县相邻的从江县。这个县属于贵州省。两个县的自然地理、经济发展水平、民族构成等自然、经济概况非常相似，只不过在行政上一个隶属贵州，一个隶属于广西。政策方面都一样，也有中英西南助学项目，支持政策情况也非常相似。仅仅有一个差别，那就是贵州的从江县没有搞"免费午餐"。这个案例比较几乎是一个自然实验。在详细比较了融水跟从江的前后情况以后，可以看出：之前两个县的辍学率非常相近，看不出有什么显著差别。但是实行免费午餐以后，融水的辍学率统计数字明显比从江县要低得多。由于两个县除了是否实行免费午餐这个因素有差异以外，其他方面都类似，因此，辍学率结果的差异就只能归因于实行免费午餐这个影响因素了。

可见，在贫困地区实行膳食补助，是减少辍学率的重要措施之一。

2011年7月，贵州省政府印发了《贵州省农村寄宿制学校建设攻坚工程实施方案》，明确提出：年内建成9901个农村学校学生食堂，实现"校校有食堂、人人吃午餐"的目标；逐步实施农村学生营养改善计划，探索建立与财政支出、老百姓收入相适应的营养保障机制，确保学生在校能吃饱，获得基本的营养膳食。在解决学生有饭吃的问题后，重点抓学生如何吃得安全的问题。其他民族地区各省也正在采取有效措施，尽自己的力量，为贫困地区实施农村学生营养改善计划，以促进贫困地区儿童的义务教育。

2012年5月，中央财政在去年国家启动实施的农村义务教育阶段学生营养改善计划试点基础上（按照每生每天3元的标准为学生提供营养膳食补助），下拨了农村义务教育营养改善计划的中央补助资金76.27亿元，专项用于集中连片特困地区农村义务教育的2542万名学生，提供膳食补助①。这一举措，不但有助于大多处于贫困地区包括女童在内的义务教育对象，而且将推动地方采取相同举措共同帮助困难儿童完成其学业。

2. 实行科学的学校布局

农村义务教育布局调整的初衷在于重新整合教育资源，改善农村办学条件，提高教育教学质量，帮助贫困地区儿童更好地完成义务教育。然而，布局调整不是简单的撤减合并，而是需要有一系列辅助政策来保障执行。有的乡镇由于撤点并校速度过快，以及一刀切的做法，使得不少学生上学困难，也使因为整合教育资源而采取的教育布局调整效果大打折扣，由此造成农村学生上学费用增加、住宿饮食条件差以及交通安全存在隐患等问题。从教育学角度来讲，如北师大P教授所说，《义务教育法》规定让儿童就近入学，操作化标准表明，在3公里半径内，政府就有义务建一个校点。世界各国都在采取措施使教育制度适合农村人口的需要。如澳大利亚就规定只要有5户家长表示愿意让孩子在本地接受教育，政府就必须在那里建一所学校。印度小学生入学的政策是方圆3公里范围内就近入学，基本上每个自然村庄都有一

---

① 中央电视台：《新闻联播》，2012年5月16日。

所小学①。俄罗斯在学校结构调整过程中，小学无论在校人数多少均予以保留，其初衷就是低年级学生"留在母亲身边"，在家庭中成长②。

新疆教育厅2012年3月决定，在农村学校布局调整中，一些脱离当地实际撤销的中小学和教学点，今后应予恢复。例如，造成学生失学，影响入学率、巩固率的；寄宿制学校食宿、安全条件不能保证的；地处偏远，交通不便，又无法解决交通工具的。他们认为，处理好集中办学与就近入学的关系，既要坚持结合新疆城乡经济社会发展状况、学龄人口变化、城镇化进程和新农村建设规划、教育资源配置、规模效益和教育质量等指标的变化，又要方便学生就近入学，有益于学生亲情沟通和健康成长，有益于减轻农牧民负担，防止学龄儿童失学、辍学，切实保障所有适龄儿童依法接受九年义务教育。对于农村较小规模学校，自治区教育厅将对保留的规模较小学校和教学点加大经费投入，使较小规模学校达到标准化学校的基本要求，保证教育教学的质量。在师资方面，新疆将按规定编制配齐农村中小学及教学点专任教师，探索建立以乡镇中心学校为核拨教师编制单位，教师轮流支教的工作机制，提高教师待遇，解决教师食宿、交通等问题，吸引优秀教师到农村任教，使农村小学及教学点教师能留得住、教得好。

广西大学东南亚研究中心研究员P教授认为，让政府承担责任，让制度创造效益。她说，如果政府能够承担最边远、最贫困的山区群众在集中资源办学中增加的基本教育费用，通过创办

---

① 参见陈继辉《印度小学生不住校》，《环球时报》2006年3月31日第19版。
② 参见姜晓燕《俄罗斯：缩小城乡差距普及优质教育》，《中国教育报》2011年2月15日第3版。

寄宿制学校解决学生上学不方便的困难，对缩小边远地区与发达地区的教育差距就有积极意义。教育部提出均衡发展观，引导我国农村义务教育发展，在这种制度之下，越边远的地方、越贫困的地方，得到的资源就越多、越好。

2012年5月25日至27日，中共中央政治局常委、国务院总理温家宝来到湖南省湘西土家族苗族自治州古丈县、吉首市、花垣县就推进连片特困地区扶贫开发工作进行调研。在考察古丈县时，针对村民反映的问题，如学校离村子远，孩子太小，每天早出晚归，接送很不方便等问题，总理指示当地政府：学校调整布局要实事求是，从农村实际出发。要根据实际情况，充分考虑学生年龄、上学路途、安全等问题，建立或恢复一些农村教学点，不要让孩子们的精力都花在路上。有的教学点学生虽然少，但也要办好，要想办法帮助边远的教学点提高教学质量。

相信，在党中央的关怀下，在众多专家的关注中，在地方政府不断提高认识的基础上，通过这些具体措施，在民族地区的女童教育问题上，辍学率一定能够得到不同程度的降低。

（二）完善农民创业培训系统

人们的社会化过程将贯穿其一生。针对这一规律，社会化的含义也随之扩大。它已不仅仅是指"生物人"成长为"社会人"，即"预期社会化"的过程，同时还包括了具有社会成员资格的成年人，在未来不断学习、接受新的文化内容及适应社会角色变化的过程，即"继续社会化"的过程。经过这个阶段以后，初始社会化大致完成，自我形象已经基本确立，人格也已基本定型，个体能够有较强的自主选择和创造能力，不但能够根据自己的意志去选择扮演某种角色，还能够去创造某种角色。正是因为如此，广大的女性农民工在正规教育没有完成的情况下，后天的培训就更需要加强，这是人力资本构成最重要的一部分。在培训中，政府不但要加大对培训机构的投入，建立激励制度，鼓励农民参加培训，还需要借鉴国际农民创业培训成功经验，引导社会资源培训事业，整合社会各种力量，形成多元化的农民培训网络，激励引导她们参与到新型农民创业培训中去。

其实国家、地方每年都会拿出一大笔钱来搞培训。如人力资源与社会保障厅针对下岗工人的培训、农委针对农民的培训、扶贫办针对贫困地区人员的培训，等等。但是，从培训的对象来看，很少有女性，更没有专门针对女性的培训。由于这一类的培训往往缺乏针对性，所以培训的内容并不为女性所喜欢，或者说不太容易接受。妇联的培训虽然针对的是女性，但是因为不是职能部门，所以缺资金、缺专业人员，培训也不多。这也是国家每年花费一大笔资金搞培训，创业女性却缺乏培训的原因。

针对农民工女性的技能培训要从实际出发。要兼顾民族地区农村妇女文化水平较低，接受科学技术的能力有限的弱点。在培训内容上要形象、直观、易懂，有具体实践操作的指导，在培训的形式上要丰富多彩。少数民族妇女多是在西部边远山区，由于交通不便，走出家门到县城或省城参加培训，会在人力、物力、财力方面超出她们的支付能力，而且还会影响她们每日必须做的繁重的家务劳动，很不现实。因此，应根据其具体的发展需要，组织不同的专家，利用现代、直观、生动的教具作为培训手段，较大限度地吸引她们参加各种农业技术和职业技能培训。如聚集在广西、贵州、云南、新疆的壮族、瑶族、苗族、白族、维吾尔族地方，很多农村妇女都有着很好的民间编织、刺绣手艺，但是因为没有好的图案设计，手工艺织品的花样普遍缺乏创新，很难形成特色走向市场。按照当地的经济水平，组织大批的少数民族农村妇女外出交流和学习基本不可能，但是如果组织有专长的手工艺高手到各村镇进行交流就比较容易，而且可以获得很好的效果。例如，广西百色市靖西县在开发旅游产业的过程中，就是采用这种方法取得了较好的成效。当地壮族农村妇女精心制作的壮锦工艺品在国内外都赢得了美誉，不仅提高了她们编织、刺绣的工艺技能，突出了民族地区旅游产品特色，而且还增加了创收。再比如村级培训的具体课程也可以采取社区主导方式来确定。如木垒哈萨克自治县少数民族能力开发协会在项目区举办培训时，事先设计好问卷，分发到牧民家里，由牧民选择课程，协会人员经过汇总分析后再确定培训课程，组织培训。采取这种方式设置的培训活动，既尊重了牧民意志，符合牧民意愿，又适合社会需求，在牧民中引起了热烈反响，他们争先恐后报名参加培训学习。还可以采取"订单式计划、委托式培训"的模式为返乡农民工进行培训等。下面的案例，就是女性农民工创业者利用当地少数民族民间手艺创业的典型案例。

案例18：利用当地少数民族民间手艺创业

　　B女士，30岁，一位普通的哈萨克族妇女，读书不多，是新疆伊犁尼勒克县喀拉苏乡赛普勒村村民。她在村寨周边打过工，但是不久就返回家乡，因为家乡的习俗使得她不能够长时间地离开家庭。但是没有经济来源，日子很是困难。靠什么来支撑这个家，思来想去，她想到了自己曾经参加妇联举办的民族服装设计班的培训。她在那次培训中学到了一些技术，再加上本身的刺绣基础，打算利用这个技能开一个刺绣点。

　　刺绣工艺是新疆哈萨克族的传统工艺和艺术瑰宝，有着悠久的历史，具有浓厚的民族底蕴，新疆刺绣也深受全国各族群众的喜爱。如果能够把这个传统工艺利用起来，就可以解决一家人的生活问题。于是在妇联组织的帮助下，她打破过去以户为主的传统模式，把零散的生产户集中到一起，成立了一个刺绣基地。并且在生产企稳后，引导民族刺绣业向产业化经营方向发展，通过利益共享、风险共担的市场经营模式，为会员提供技术示范指导、服务和信息交流，帮助会员销售自己的民族刺绣产品，形成了刺绣企业产业化经营格局。这样一来不仅解决了自己的吃饭问题，还把其产品推向了市场，推向全国各地，扩大了当地民族艺术的影响，被列为自治区"妇女手工艺品"示范基地。

在这以后，B女士又加大了民族手工刺绣培训基地的管理，逐步扩大生产规模，提升档次，形成了培训、管理、研发、销售一条龙产业链，努力打造品牌。在妇联组织多方帮助下，成立了"柯赛绣民族刺绣厂"，注册了具有代表哈萨克刺绣特点的"柯赛绣"商标，她还担任了柯赛绣刺绣厂厂长。在2008年的哈洽会期间，该厂500余件由贫困少数民族妇女手工制作的刺绣产品带到哈洽会上与国内外各知名企业的商品同台展出，受到了国内外客商的喜爱和赞美，得到了主办单位的高度评价，并与十余家企业达成合作意向，当场与一家企业签订了40万元的合同。她的工厂还不定期地举行刺绣的培训与交流，受到了妇女们的欢迎。

作为一个"80后"，B女士是哈萨克妇女中一名典型的自主创业者。她在"男主外女主内"这种传统非常强的氛围里，能够打破旧的传统观念，排除传统的风俗习惯，勇于走出家庭，克服常人难以忍受的困难，利用自己在培训班学到的技艺创业成功，并且带动了身边一大批人，闯出了自己的一片天地，这是很不容易做到的。B女士说："是政府的培训帮助我掌握了创业的技能，身边的姐妹们也帮助了我，使我能够创业成功，并且把事业做大。我会以自己的能力去帮助更需要帮助的人，回报社会。"目前，该厂有244名妇女从事刺绣业，会员则达到1800人。

结束打工返乡的女性，重新成为农村妇女。身份回到以前，但是这个身份的内涵与打工之前相比却有了一个飞跃：这个回归不是简单的回归，而是再社会化以后的回归，在知识、技能、见识上都有了一个升华，增强了自己的独立性以及对生活的选择性。因此，重视技能培训，确实是体现农民工女性自觉寻求蜕变的最重要的手段之一。案例19就是如此。

案例19：注重自我培训

黔南布依族苗族自治州基长镇有一个以布依族为主的村寨，距县城有19公里。全村有5000多人，W就出生在这里，她是苗族。1995年初中毕业后，她在一次乡政府的招聘中争取到了一个去深圳打工的机会，在一家大型金银加工厂开始了其流水线工人的生涯。在工作几年以后由于表现优异，得到了一次接受外国专业人士培训的机会，学到了金银加工方面的专业技能，也就是这个技能为其日后创业打下了基础。结婚以后，为了照料家里，W女士回到了家乡。8年的打工生涯使得她习惯了每天工作，但是没有了经济来源，这使得她回到家以后的日子很是艰难。为此她做了很多经营上的尝试，如开小餐饮店等，但都因为创业项目重复、竞争压力较大且没有这方面的优势而失败。最终，她把目光放到了自己的专长上。

本镇没有金银店，而他们的民族都喜欢佩戴银饰品，村里的人们购置这些饰品需要到较远的地方。经过分析，W女士看到了商机。经与家人商议并在他们的帮助下，她在镇上开了一家小小的金银首饰店。最初一段时间内，她的金银饰品的款式以及质量一直不能得到人们的认可。意识到了这一点，为了提高自己的技能与知名度，W女士除了刻苦钻研技术以外，开始有意识地参加各种级别的比赛，不断提高自己的技能。终于，在2010年获得贵州省多彩贵州风银饰三等奖。

W女士主动刻苦钻研技术，有意识地参加各种级别的比赛，以此提高其技艺以及知名度。因此，获奖证书，不仅证明了W女士产品制作的精美、精致，也是她对自己产品的信心以及对质量保证的一份承诺。这之后，W女士的金银店生意兴隆，不但方便了本镇以及附近人们购买饰品，而且丰富了当地的产业结构，丰富了少数民族的饰器，传承并发扬了当地的民族文化。

近年来，手工编织、家庭服务等行业成为我国大力发展、尤其适合妇女们就近创业、就业的项目。2010年4月，全国妇女手工编织协会在北京成立，这是全国妇联帮助基层妇女群众依靠手工技艺在家门口实现就业的重要举措，充分利用了女性喜编织、细腻而且不愿离家的特点，拓宽了妇女的就业渠道，还为有创业意识的人们提供了一个平台。同时，这也是一个非常符合绿色就业概念的工作。在国外，手工艺不仅是一个手艺，还被视为一门传达文化内涵、富有独特设计的艺术。在贵州，一块普通的蜡染布如果经过一系列再加工、包装等手段，就能够提高手工艺的价值，且价格也会翻十几倍，成为高端的手工艺品。在个性化需求和个性化消费日益兴起的今天，手工编织业面对的是就业密度强且层次高的市场。尤其是少数民族女性，在编织、刺绣方面拥有其民族独特的技艺，如果把她们组织起来，针对民族地区特点开展培训，提高当地的工艺水准，是提高市场开拓和市场营销水平、打造知名品牌，强化创业促进就业的一条可行之路，也是拓宽农村女性就业创业之路的有效方法。

除了刺绣以外，由于民族地区女性农民工从事种植、养殖者较多，因此就需要结合地方农业创业结构调整方向以及各乡镇产业特点，深入乡镇、村寨举办种植、养殖技能培训班。如贵州黔东南布依族苗族自治州剑河县妇联，就以自办、联办、协办等方式，结合当地特点，举办了香猪、香鸡等养殖技术，钩藤、冬桃等种植技术，还有家政技能、农家乐等创业技能多期培训，培育和扶持了革东"野凤凰山鸡养殖基地"、岑松和屯舟"反季节蔬菜种植基地"、观么"冬桃基地"、太拥久仪"药材基地"等12个融生产、培训、示范为一体的种植、养殖"妇"字号示范基地，培养了多个创业女能人，发展了岑松蔬菜专业合作社、观么冬桃种植协会、天羽农业专业合作社等五个农村合作经济组织。这种农村合作经济组织，能够有效地带动当地农村妇女就业、创业，为提高她们的经济地位起到了很好的促进作用。

二　注重扩大农村女性的认知面

要扩大农村女性的认知面，必须引导她们从繁重的家务劳动中走出来。恩格斯在《家庭、私有制和国家的起源》中指出，妇女的解放，只有在妇女可以大量地、社会规模地参加生产，而家务劳动只占极少的工夫的时候才有可能。因此，民族女性要想发展，必须走出来，融入外面的世界中去。

作为民族文化的体现和载体者，各民族妇女因家庭分工使得她们长期生活在狭小而固定的家庭圈子中。见识很少，体现在妇女身上的这种文化现象尤为突出，其保守性甚于男子，在继承和传播本民族文化中起到了决定性的作用。思想意识和观念属于上层建筑的范畴，思想观念的变动往往预示着新生事物的产生。经济发展和社会进步总是以思想观念的转变作为先导的，即便其转变难度很大，却是人在转变的过程中的基础，也是最根本的。人的认识活动是从两方面进行的：一种是自觉能动地去观察，去思索；另一种就是不自觉地、被动地接收和灌输。把这两种都集中在一点上，目的就是创造其与外界沟通的机会，打破少数民族分布的凝固性，加强她们的流动性，并在流动过程中拓宽其视野，扩大其知识面，这就是所谓的见多识广。因此，如何加强与外界沟通，通过外界的新文化、新思想，来消除少数民族妇女自身障碍，真正提高自身觉悟，是促使她们能够理解改变旧有观念，进而提高素质的关键。正如美国社会学家韦伯施拉姆所指出的，社会发展有一种规律：在社会变迁与发展中，人自身的问题影响着人的行为，也自然会影响制约着国家的经济，要有发展，必须有社会的改造，为了使社会得到改造，就必须动员人力资源，必须解决难弄的人的问题。因此，民族地区的女性应该积极寻找扩大其视野、拓展其知识面和生活面的广度及深度的机会。

在前文的创业困境里面谈到了南疆的新源县的肖尔布捷克镇的女人，她们不愿意走出家门，而同属南疆的阿克苏市依干乡情况则大不相同：那里因为距离县城较近，很多年轻妇女经常进城务工。那里的支柱产业是种植水果，近几年很多人家还办起了农家乐，还有开服装店、药店的，最多的是经营水果摊的，与外界联系密切，经济活动比较活跃，市场发育程度比较高，信息渠道较通畅。受汉族影响也很大，女性的语言障碍较少，因此闲暇时进城务工者也很多。经济发展也比较快，2010年农民人均纯收入达到8520元。在这样的经济氛围下，人们的需求会增加，创业的机会也会增加，创业者也就会增多。再比如，广西壮族自治区河池市都安县高岭镇高岭村。高岭镇位于都安县城中部，南距县城15公里，近年来国道210线穿境而过，交通、通信比较便利。而高岭村属于高岭镇的一个村，总人口6745人，农民年人均收入是3132元/人。因乡政府驻高岭街,街上形成三条主道,交通的便利使得高岭村成为高岭镇所有村中,经济条件相对较好的村,居民经济收入的主要来源是靠外出打工获得。多年打工的陶冶以及自己村周边环境的影响,使得该村村民的创业意识越来越强。随着最近几年人们的生活水平越来越高,越来越多的女性从田间转向创业,有规模小的,如小吃摊点、生活用品摊点、小书摊等,也有规模较大的,如服装店、快餐店、蛋糕店、美容美发中心,等等,而创业的女性大多是之前外出打工又嫁回家乡的女青年。

市场经济必然给传统的女性角色属性带来强烈冲击,女性角色也必然发生转变。不仅在行为上发生角色转变,而且观念上也发生变化。而市场经济女性角色的转变反过来也会促进民族地区社会经济的发展①。经济发展促使人们生活水平提高,才能够使得人们对生活需求呈现出多样性,而这一切都会刺激创业者的意识、观念,因此也会促进创业项目的多样性。另外,也从另外一个角度证明了,走出来经过外出务工历练的农村青年女性,经过再社会化以后,即便返乡,因为意识影响行为,许多人不愿意再回到以前旧的传统的生活状态,总是要重新寻求一种新的生活方式,以解决其经济问题和生活方式问题,而创业就成为其中比较主要的方式。林斐曾经以90年代安徽省农村劳动力由城市打工后返回本地创业的193个个案调查为基础,对农村劳动力从外出打工到回乡创业的一般规律进行了实证分析,从动机、资源、资本等多角度阐明了外出打工与回乡创业之间的内在联系,认为外出务工是创业的"孵化器",务工为创业主要提供技术经验、市

---

① 参见陈延超《市场经济与少数民族女性角色转变——以三亚回族妇女为例》,《广西民族学院学报》(哲学社会科学版)1999年第7期。

场信息和人力资本积累,从而具备成功创业必要条件[1]。

第五节　积极拓宽女性农民工社会网络

有研究发现,女性企业家为了获得帮助,一直寻求着建立自己的女性社会关系网络[2]。然而,女性农民工的关系网络主要是建立在传统的远亲近邻的关系之上。在社会中,由于阶层地位的限制,个人和群体因为社会中所处的地位不同,所拥有的社会资本也不同。传统制度刚性的作用,使得女性农民工这个经济地位和社会地位都比较低下的群体和其他群体的社会资本存在着显著的差距。她们的社交范围有限,人力资本虽然在社会关系的建立中能够起到极其关键的作用,但对于她们来说却是难以做到的,缺乏的正是她们与社会联系并摄取稀缺资源能力的这个条件。因此,要使女性农民工成功创业,就需要拓宽女性农民工的社会网络,来帮助她们获取需要的社会资源。

这就需要为她们搭建服务于返乡女性农民工创业的平台,以拓宽其社会网络。这个创业平台应该包括两个层面:一个是由当地政府组织的、来自农民工创业者外部层面的农民工创业服务平台。这个服务平台的建立,可在创业信息、创业决策咨询、企业经营管理、行业行规、法律法规等方面提供各类指导与服务,帮助其减少创业过程中的困难与障碍;另一个则来自女性农民工创业者自己的内部层面,即成立专门的女性农民工创业协会。她们

---

[1] 参见林斐《对安徽省百名"打工"农民回乡创办企业的问卷调查及分析》,《中国农村经济》2002年第3期。

[2] 参见刘铁鹰、何灏、史春琳《从"女农民"到"女农民工"身份的转变谈农村女性争取经济地位自觉时代的到来——基于成都市服务行业青年女农民工经济地位现状的分析报告》,《中国校外教育》2009年第8期。

可以在这里相互学习，相互交流，通过各种方式实现信息等资源的共享。搭建服务于返乡女性农民工创业的平台，这应该是强化女性农民工社会资本最主要的途径之一。这个工作，应该由各地政府行使行政、监督的职能，督促各相关职能部门来完成。

案例20，是贵州镇宁苗族自治县农村信用合作社为农民工提供的综合服务，为其异地再创业提供了本应该是地方政府行使的多方位的公共服务，起到了很好的启示作用。

案例20：为农民工提供公共服务

家住贵州镇宁苗族自治县江龙镇的Y女士，今年四十来岁。丈夫是上门女婿，在本村没有田地，家里的田地不够，所以只能向别人租地种，再加上做点小生意，才勉强维持全家生活，日子过得很是艰辛。2000年春节，Y女士家连买油盐的钱都没有了，看着其他打工者回家省亲都挣了钱，于是春节后把孩子托付给老人，和丈夫随着返乡过年的老乡们一起到浙江省浦江县打工。

浙江的浦江几乎都在生产水晶。在浦江，从事水晶加工的以镇宁人为主的贵州籍人至少在3000家之上，都是亲戚或者老乡带出来的，整村整乡集中在一处打工。因为水晶生产门槛很低，花200多元买台手工磨机就可以生产，于是Y女士马上借钱买来两台机子，和丈夫在出租屋里磨起了水晶。这个工作不需要技术，熟练以后，一天就可加工100多颗，有200多元收入。一月下来，Y女士说，当老板把几千元钱递到她手里时，她双手直发抖，因为从来没有见过这么多钱！到了2008年，Y女士已经发展到拥有七八台全自动磨机的规模，资产已达二三十万元。但是，远离家乡的Y女士非常牵挂家乡。她说，农民工漂泊在外，以打工为生，一年或几年才能回趟家。老人过世、孩子生病也不能回家照看，人在外面，心里则时常牵挂留在家乡的老人、孩子，经常有一种漂泊感。她们都很想回家。但是，她们创立的事业在这里，收入也稳定，不可能抛开这一切。

她们的这些想法被在那里设点为农民工进行金融服务的贵州镇宁农村信用社所了解。贵州镇宁农村信用社是安顺农村信用社的下属单位，在跨省农民工金融服务的活动中，发现蒲江是个零资源地，也就是说原材料、市场、用工都不在蒲江。而且，在这里生产的农民工贵州镇宁人很多。由此产生了把水晶加工业搬回家乡的想法，这样既可以促进镇宁产业结构的调整，为当地经济作贡献，而且Y女士她们的事业还可以转移到家乡，不用出家门仍然可以继续赚钱，同时，他们的金融服务工作也能够就近解决。这个想法得到了上级安顺农村信用社的肯定，也得到了农民工老板们的响应。

这实际上也是水晶产业的异地创业，为此信用社为农民工顺利转移之事做了大量的牵线搭桥工作。他们的积极协调、尽力督促使镇宁县委县政府的各项扶持政策很快落实到位。最终，在安顺农村信用社金融扶持以及镇宁县委县政府的承接服务下，Y女士一家与老乡们随着蒲江水晶加工产业转移到了贵州镇宁。Y女士说，回到家乡真是太好了！可以随时回家看孩子和老人，心里也踏实了。特别感谢地方政府对她们微型企业的扶助、支持，更要感谢安顺农村信用社的金融支持和扩大服务，使得她们能够回到家乡足不出户赚到钱。

案例启示：安顺农村信用社在Y女士她们的产业转移服务问题上，起到了多种作用，包括指导、服务、协调、监督以及金融服务等。其中，除了金融服务是他们的本职工作，其他工作都超出了他们的服务范围,这些本来应该是地方政府以及市场主体相关管理部门的职责范围。该案例同时也说明了农民工创业特别需要地方政府提供的各种服务。

一 拓宽社会网络的需求性与必要性

带着产业返乡的农民工老板 Y 女士,是生存型创业。这一类创业,绝大多数主要以解决自我就业和谋生为主。由于知识和技能有限,社会资源贫乏,对机会的发现和把握能力相对不足,同时用于投资的资金也有限,这类创业通常都表现为家庭小工厂、小作坊、小卖店、小餐馆之类,因此对资金、技术和管理的要求并不高。由于这些企业、经营体对地方经济拉动力不足,地方政府往往会忽略它们的存在,对这部分创业的政策支持和服务扶持力度因此相对较弱。也正因为如此,这种类型的创业在创业过程中面临着更多的约束和困难,就特别需要有一个协调部门来帮助她们寻求其所急需的资源来完成创业。而 Y 女士的企业正处于这种情况。水晶产业的迁移实际上就是异地创业,在这种情况下,安顺农村信用社的金融追踪服务以及主动扩大范围的服务,完成了她们的期望,他们的牵线搭桥,使得部分蒲江水晶加工产业转移到镇宁的工作能够顺利完成并且开工。水晶加工都是一些小型或者微型企业,转移到一个新的地方重新创业,缺乏一切社会资源。面临着资金、厂房、土地、环保等硬件的需求,特别需要地方政府的帮助,需要一系列优惠政策的支持。而水晶加工产业的转移过程,是一个由小到大、由局部到整体的渐进过程。在这个过程中,地方各级政府部门包括属于市场主体的相关企业,做好公共服务、产业配套及金融资本的跟进服务,解决好返乡农民工们最关心的诸如政府税收减免政策是否执行到位,厂房住房低租赁费的承诺能否兑现,银行是否在创业贷款上给予支持，政府是否在创业贷款上给予贴息支持等最关心的诸多具体问题，这关系到后面一大批跟进的农民工。在资金上，她们得到了镇宁农村信用社的大力支持，在转移过程中又得到其积极的协调，使得镇宁县政府各职能部门也采取了相应的服务，把她们妥善安置在"返乡农民工创业园"，同时给予了免除厂房租金、水电、税收等的优惠政策。目前，已经有多家小企业落户到镇宁，后面还有大量的水晶加工企业以及相关产业要陆续进场，这一切将会带动其他产业的发展，为当地的经济结构带来较大的改变，并且推动地方经济的发展。

安顺农村信用社主动扩大服务范围、镇宁县委县政府对小企业给予的积极态度，也是其他地区可以借鉴的。我们在采访的时候，镇宁农村信用社 W 理事说：这些类似督促政策落实等公共服务的事情本来应该是地方政府的事情，但是由于水晶产业转移包括从想法到实施，农民工与地方政府之间的协调工作一直都是我们镇宁农村信用社在做，因为我们的全心全意，以及对农民工的极其负责，得到了广大农民工的信任，所以农民工无论遇到什么难题都会来找我们，这使得我们在非常荣耀的同时也感到了为难。毕竟这许多工作并不是我们的职责范围，在解决很多问题上显得心有余而力不足，所以还是应该搭建一个为农民工服务的平台。

通过我们对返乡农民工创业问题的调查结果，通过 Y 女士等带着产业返乡的农民工老板返乡创业所遇到的种种问题，了解到地方政府如县级、乡镇这一级，缺乏相应的组织机构和专业服务，使得返乡妇女缺少获得创业就业信息的渠道和平台以及公共服务，也了解到返乡农民工迫切需要一个协助他们办理各种创业事项的专门组织机构的心情以及必要性。

二 搭建服务平台确立长效机制的需求性与必要性

创业不是一件简单的事情，也不能仅靠一时的热情和冲动，它是一个持久的过程，是一项复杂的工作，所以成功创业需要全方位、全过程并且长期的服务。W理事说：我们在水晶产业迁移的各项工作，除了金融服务以外，其他的服务工作农村信用社已经基本结束。但是在这次服务工作中，他们看到女性农民工由于各种主客观条件所限，更需要周到、细致、长久、有效的服务，她们的创业才能取得成功，而且对于水晶产业迁移以后的服务工作并没有完成，后续还有大量的服务需要有人跟进，但是我们不知道这些工作应该移交到哪里。W理事的这番话，道出了目前女性创业中最迫切需要解决的问题。

因此，针对农村妇女创业缺少信息来源、交流载体、咨询、指导等服务问题，在为她们创业提供咨询与服务的中介组织较少的情况下，至少应该在县一级尽可能地创造条件成立农民工返乡创业者指导服务中心，为返乡创业农民工提供创业培训、市场信息、开业指导、管理咨询、融资指导等服务。在实施中，一是要建立健全创业信息平台，创建妇女创业网站，提供创业项目推介、创业指南、创业辅导、培训和信息技术服务。二是要广泛整合创业资源，建立农民工女性创业辅导机构。如整合与农民工返乡创业有关的金融机构、科研机构、咨询机构、行业组织和其他社会中介机构，使之相互协调，形成多方参与的农民工返乡创业服务网络。这个服务网络，要切实发挥牵头作用，联合相关部门定期召开妇女创业推进会、座谈会，定期举办女性创业者联谊会、研讨会等活动，邀请专家到场指导，让她们掌握行业发展态势，学习先进管理经验，共同探索提高企业竞争性的对策和措施，实现创业女性的相互交流和相互促进。

第六节　加快民族区域经济发展

经济因素在大多数情况下，常常是民族问题产生的基础和终极原因①。因此，需要大力促进民族地区区域经济的发展。而促进区域经济的发展，一方面要鼓励农民工返乡创业，为加快城镇建设、县域经济的发展提供动力。同时从另一方面来说，解决了区域经济的发展问题，也可以为农民工返乡创业创造更多的机会。

鼓励农民工返乡创业并不是让所有的农民工都返回农村，而是要将其创业与农民工的创业结构以及如何走多元城镇化道路统筹考虑，使农民工返乡创业成为农村城市化的有力推手。女性农民工返乡创业的规模虽然小，创业地点虽然在乡镇较多，县城的较少，但是，因为其家庭中心位置等原因，在扩大城镇人口规模等方面能够起到一定作用，能够直接或者间接地推动乡镇、县城的民营经济的发展，能够形成一定的产业支撑，能够一定程度上提升乡镇或者县城的经济实力，以及当地城镇的建设，加速农村城镇化的发展。下面是在浙江蒲江的贵州镇宁县做水晶加工的打工老板Y女士以及她的那些农民工老板整体转移回家乡的案例。

> 案例21：产业转移案例
>
> 　　贵州省安顺市镇宁县是布依族苗族自治县，同时也是贫困县。人口36万，财政收入2.5亿元，农民人均收入3116元。镇宁农村主要是传统农业，据不完全统计，每年在外打工的有5万多人，农村经济在很大程度上属于打工经济。投入不足、财政困难是镇宁的实际现状。因此，培育一个行业，带动一个

---

① Anders Lundstrom and Lois A. Stevenson, *Entrepreneurship Policy: Theory and Practice*, New York: Springer, 2005.

产业是县委县政府的目标。

2009年,安顺农村信用社在跨省农民工金融服务活动中,发现作为世界水晶加工厂的浙江蒲江是零资源地,也就是说,原材料、市场、用工都不在蒲江。据初步统计,从事水晶加工的贵州籍人至少在3000户以上,且其中以镇宁人为主。这是因为他们往往是亲戚或者老乡带出去的,体现出整村整乡集中在一处打工的特点。既然是零资源,如果把老乡们的加工厂搬回家乡去,同样也可以生产。在征得上级同意以后,安顺农村信用社主动承担了融资以及与创业转移承接地政府镇宁县的相关协调服务的工作。

在农村信用社的金融扶持和镇宁县委县政府较为完善的承接服务下,带着加工作坊返乡的农民工老板就有70多家,后面还会有多家陆续返乡,原材料供应商和下游收购商也将陆续进场。

镇宁无形中把十多年前家家户户都办厂的"温州模式"搬回了家乡,这种做法,对解决县域经济的产业匮乏问题,农村劳动力就近转移问题,都起到了很好的作用。这种快速度、低成本且操作性强的创建一个新产业的方式,则非常适合贵州省目前产业结构落后、经济基础薄弱、基础设施欠缺、建设资金匮乏的省情,为以打工经济为主的贵州县域经济,提供了可借鉴以及复制的经验。目前,当地政府正在尝试着在产业配套、创业者住房、户口和农民工子女教育等方面进行研究,希望能在促进产业发展和城镇化建设中摸索出一条路径。

县城是县域工业化、城镇化的主要载体,是发展农村城镇化最有潜力的,同时也是形成城乡经济社会发展一体化新格局的重要战略支点。时任安顺市委书记 C 就说，安顺市镇宁县当下引进的水晶工业园，是县域经济中，连接乡村和城市的一个承接点，有利于推进城镇化建设。贵州在京的北京大学客座教授 L 说，民工返乡创业拉开了贵州工业自身造血的序幕，这种自发性、内生性、本土性的自觉发展，会在很长一段时间成为西部大开发和贵州"十二五"发展的亮点。有的地方政府也许会认为其小，微不足道，对税收和 GDP 也没多大帮助，但是从长远来看，具有极强的生命力和推动力。中国社科院特聘研究员 X 说：在城镇化推进过程中，特别要注意缺乏内生动力推动的空城现象。如一些地方政府主导打造的新农村民居中，住房修得豪华漂亮，却缺少产业支撑，城镇化仍然无法快速推动。而水晶工业园这样的产业引进，刚好能够回答这样一个问题。作为劳动密集型产业，水晶产业在加工过程中，当地人的就地创业解决了就地就业，让农村经济作为一种内在的动力呈现可持续发展态势，在经济发展的同时也能解决更多的社会难题。X 研究员说：包括中石油、中石化和移动这样的大型国企在内，产值和利润虽然很高，但是在吸纳就业方面，反而没有一些小型加工业有优势。

因此，无论是农民工创业者还是打工者，都能够在一定程度上从传统的农业职业向其他非农业转变，继而在聚集地形成一定规模的城镇，这有利于城镇化建设和当地风俗和文化结合，并打造出适合本地特色的城镇。而把县城作为农民工创业的主要载体，鼓励创业农民工向县城集聚，发展依托县城的新型城市化，是将农民工创业与农村城市化结合起来的重要途径，不仅可以逐步形成县域范围内的功能互补、协调发展"中小城市—中心镇—集镇"体系，还能够有效提高农村城镇化的发展质量，创造出持续增长的需求。如浙江省义乌市就是一个通过农民创业带动就业推动县域城镇化的成功典范。义乌通过农民创业所推动的城镇化，使原来只有2万人口县城发展成拥有70万以上城区人口、位居全国百强县第八位的中等城市，实现了由落后的农业小县到实力雄厚的经济强市的跨越，由创业农民转变成的职业商人构成了义乌小商品市场的主体①。

目前，我国东部地区劳动密集型产业因为结构转型与产业升级，需要向中西部地区转移，这为中西部提供了各种创业机遇。首先，由于东部地区的生产要素资源价格不断升高，导致创业成本不断攀升，这使得一些企业不得不向中西部转移，这也使得为西部农民工提供的岗位将越来越多。因此，西部地方产业经济的发展将提速，这为农民工返乡创业创造了机遇。其次，部分东部的劳动密集型企业向中西部转移，这就需要有众多的企业为其提供配套服务，以及上下游产业链上的生产协作，这同样会为当地的创业提供机会。如原来中国水暖工业三大基地之一的温州市梅头镇集聚了很多河南省固始县人，他们在这里租地办翻砂厂，生产水暖器材半成品，向较大企业供货。但由于在当地办厂的成本在不断地增加，2005年以后，很多人陆续"打捆"移址到家乡创业。目前水暖工业已成为河南省固始县的六大支柱产业之一②。

反思沿海经济发展模式，其发展起点其实也与贵州镇宁的农民工Y老板等一样，也是从家庭作坊开始的。镇宁水晶产业转移的案例，其实就是多年前河南省固始县人的翻版。镇宁水晶产业转移，使得这些微型企业带着积累的资金、技术和市场，以一

---

① 参见辜胜阻、武兢《扶持农民工以创业带动就业的对策研究》，《中国人口科学》2009年第3期。

② 参见崔传义《河南省固始县鼓励支持农民工回乡创业实地调查报告》，2010年6月12日，国研网（http：//www.drcnet.com.cn/DRCNET.Channel.Web）。

种原始的微观方式，完成了东部产业向中西部转移的宏观巨作。虽然现在水晶产业的基础还没有扎稳，但是，要不了几年，水晶产业也许就会成为镇宁布依族苗族自治县的支柱产业之一。而地方政府要做的就是，积极设计好扶持政策体系，努力制造创业氛围，做好准备，抓住一切可能的机会来促进产业升级，带动区域经济的发展。

从近期的结构调整和发展来看，各民族省区都正在积极发挥政策和区位优势。如广西发挥临海以及在东盟经济合作中的有利地位，正从山地经济向海洋经济发展；内蒙古依托畜牧业特色和能源资源优势，大力发展特色经济，发挥品牌效应，经济增长率位居全国前列[1]；新疆在与中央座谈会以后的两年来，利用国家给予的各种优惠政策，发挥其能源、特色瓜果、棉纺等产业的优势，各种优秀项目正在展开，综合发展能力得到快速提高；同为民族地区的贵州，从 2012 年起，得益于中央 2 号文件，战略定位为全国重要的能源基地、资源深加工基地、特色轻工业基地、以航空航天为重点的装备制造基地和西南重要陆路交通枢纽，正在大展宏图；青海和云南，也正在享受国家的特殊政策，各自大力发展着本省的特色经济。

此外，民族地区政府仍然要针对当地特点，积极调整农业和农村经济结构，大力发展传统种植、养殖业以外的农业产业，扩大农业综合开发，提高农业综合效益。大力推进农业产业化经营，发展农产品加工、销售、储运、保鲜等产业，延长农业产业链，在这一系列的开发中，为有志创业的女性农民工以及农村女性提供更多的机会。

---

[1] 参见黄健英《论少数民族经济与少数民族地区经济》，《学术探索》2009 年第 2 期。

第七节 努力营造良好的创业氛围

我国西部少数民族在经济发展的内容、结构和层次上,因为存在着山区、石山区、峡谷山区和高原牧区等不同地理而具有其特点。复杂的地理环境不但形成了丰富的区域经济类型,造成了少数民族地区社会经济的封闭状态,且多层次的社会经济结构也使得各民族的经济、文化、生活等方面呈现出不同时代的特征:在生产力发展水平上,原始农业、传统农业与部分现代农业并存;在商品交换和流通过程中,自然经济、小商品经济与较发达的商品经济并存;在生产工艺方面,传统小工艺、一般工艺与部分现代高科技并存,在意识形态和社会生活中,不同类型的民族传统文化与其价值观并存[1]。而长期的宗教信仰以及衍生出来的各种宗教习俗仍然深深地影响着当地民族的思想观念和行为方式,而且由于宗教信仰的差异又同时形成比较复杂的民族关系,既反映在各少数民族之间,也体现在汉族与少数民族之间。这些都使得西部地区发展建设的人文环境变得较为复杂,其社会经济的发展具有更多的特殊性和艰巨性。对于这一点,我们必须了解和尊重。

在这种文化氛围下的女性要想走出家门,行使自己的独立权益就很不容易,需要政府大力营造氛围。民族地区农村女性的创业意识的形成,需要一个循序渐进的过程,需要一定程度的民族区域经济发展基础、产业基础以及进一步的优化过程。在这次民族地区的调查中,我们有一个选项:"贵民族的风俗习惯对女性

---

[1] 参见施正一《少数民族经济学教程》,中央民族大学出版1997年版,第163页。

创业有阻碍吗？"在所有的女性农民工调查者中79.63%的人认为没有阻碍。表面上看起来，民风民俗对女性创业似乎不存在影响，但是正如内蒙古成功创业的D女士所言：我的民族的风俗习惯对女性的创业看起来似乎没有什么障碍，反而有时会因为女性的身份，在工作中有意想不到的收获。但是偏远牧区的传统思想则很严重，男性酗酒、暴力比较严重，女性要想走出来，仍然是很困难的事情，她们自己也已经习惯了这样的生活。地方政府对此应该加大对妇女们的教育，解放和转变她们的思想。

地方政府要做的就是，提高认识，创建良好的创业大环境和提供良好的公共管理服务，做出像企业一样的灵活机动的流畅的工作系统。即由推进创业而建立的机构组织、体系和制度，以及各因素、各环节之间的相互关系整合的、涉及所属组织或部门之间相互作用和相互衔接的这样一个创业机制。在观念上，不仅重视大、中型项目的引进，也要重视小型、微型企业的扶持。努力制造公平公正的创业氛围，通过建设创业所需要的社会环境和经济环境来推进女性农民工创业的进程。正如安顺农村信用社主任L所言，大的中心城区骨干工业园要搞，小的能解决农村劳动力就近转移的返乡农民工创业园更要建，招商引资不能只重视骨干性大项目，农民工返乡创业这种草根经济，由于数量多，整体规模大，不用多长时间，对地方经济将会是举足轻重的力量。

而普遍存在于民族地区的传统的民族文化障碍，则需要通过广泛的宣传教育和激励，移风易俗。只有这样，才能营造一个良好的创业氛围，客观上起到激励创业的作用。

结束语

有资料表明，20世纪90年代中期，美国女性从事第三产业的人数占女性就业人数的66%，法国为53%，日本为50%，而中国仅为20%左右。针对这种现状，国务院制定了《中国妇女发展纲要（2011—2020年）》，为女性的发展提出了奋斗目标。《纲要》指出在未来十年里，力争保障妇女享有同等的劳动权利，消除就业性别歧视。将努力实现妇女的从业比例保持在40%以上，且城镇女性从业人数逐步增长，男女非农就业率和男女收入差距缩小，技能劳动者中的女性比例提高，高级专业技术人员中女性的比例达到35%。从目前来看，与国外比较，中国女性从事第三产业的比重还有很大的差距，因此，在经济结构调整中，大力发展第三产业和社区服务业，是增加女性创业就业的机会。

近年以来，跨省外出务工人员正在逐步减少。但是，这并不是农民工外出务工的结束，而是恰恰相反。从深层次看，农民工的返乡行为是他们在个人、家庭以及社会经济环境等多重因素的影响下，对输出地和输入地在经济收益、生活方式等方面做出分析比较以后的一种选择。2008年至2009年女性农民工较集中的返乡，其实并不仅仅只是国际金融危机影响那么简单，那不过是一种契机，更多的还是多种复杂因素影响叠加的结果。因此，随着目前各省市的经济结构调整以及城乡经济社会一体化的不断推进，这种外出务工或者是返乡发展的选择会是这一时期的特点。而女性农民工在时间上时而务工时而务农，在空间上亦城亦乡的流动状态也会存在较长时期。特别是，民族地区增加的就业机会也将会越来越多，更多的农民工将会把务工地点从经济发达地区的珠三角、长三角一带转向他们自己的家乡。

从本次的调查结果也得知，女性农民工假如创业，绝大部分的人都愿意把创业地点放在家乡。因为她们认为这里有自己熟悉的人文环境，而且还可以就近照顾家庭。在这一点上，无论是对于民族地区的各级政府还是农民工来说，都是很好的事情。一方面能够促进当地农民工就地就近创业，另一方面也使得农民工能够就近照顾家庭，既加快了地方经济发展，也能够促进地方社会和谐。而此时对创业环境的进一步优化，其实也是地方政府发展地方区域经济、促进小城镇发展的重要时机之一。地方政府对返乡的女性农民工提供针对性的特殊政策，不仅是她们的期盼，也包括了男性们的共识。一旦得到特殊政策，这不仅将有助于她们的创业决策，更是有助于她们延续其有别于传统的新的生活方式，还将大大有助于农村女性物质和精神层次快速提高。

民族地区多处于西部偏僻的山区或者林区，这恰恰为其带来了独特的资源优势。存在于民族地区各省的大量有待于开发的生物资源、矿产资源的发展空间都非常大，能够为人们的创业提供机会；而普遍存在于民族地区丰富的旅游资源，与多姿多彩的少数民族民风民俗资源，也为有创业意向的返乡女性农民工带来了潜在的创业机会。女性创业的规模多是小型或者微型企业，实体企业不多，而且大多属于服务性质，但这正适宜民族各省区的经济结构的改变。而且，企业价值的体现就是服务工作的细化，不能说大企业的贡献就是巨大的，而女性的行业就是低贡献，应以重要性来体现其价值。特别是在现代社会生活中，人们越来越需要多维度、多方面的优质服务，因此，也就更加离不开女性创立的小型或者微型企业。

在促进创业决策方面，不仅国家以及地方政府要做出努力，女性农民工自己也要努力。从调查数据的实证分析中，我们得出了基本结论：民族地区女性农民工在创业决策上会受到三重因素的影响，即宏观方面的创业环境好坏、中观方面的资本网络和结构的宽广度，以及微观方面的个人人力资本的高低。在这三重影响中，微观方面的个人人力资本的影响是最重要的。因此，作为微观的自己，完成自己的基本学业，在社会大环境中磨炼自己，努力提升自己的人力资本，有助于提升自己选择职业的能力。而一旦女性创业者多了，就会带来示范效应。这也是为什么很多人创业成功都是因为朋友、家人、周围人邻居影响的结果。从总体来看如果一定区域里这类人越多，则这个区域范围就越容易产生更多的创业者。

更何况女性也有自己的特点。贵州创业成功 L 女士就说，其实女人无论管理能力还是协调能力都很强，并且细腻。如果能够把这些特点运用于创业以及经营过程的各环节上，那么成功的可能性是比较大的。因为女性们的管理细致，心里只是想着如何把工作做好，而且能够做到步步为营，这一点和男人一心只想着如何赚钱，赚多少钱，却不太在乎创业、经营过程的细节的特点是大大不同的。女性最大的优势还在于只要认定目标，遇见天大困难都能够咬紧牙关坚持再坚持。这个韧性，也是女性不同于男性的根本地方。

党的十八大报告提出"为全面建成小康社会而奋斗"，从"建设"到"建成"，是一个质的飞跃，而其中最引人注目的目标就是到 2020 年"实现国内生产总值和城乡居民人均收入比

2010年翻一番"。这也为地方政府提出了一个看得见、摸得着、感受得到的阶段性目标。而促进民族地区女性农民工的创业,则是走进这个目标的重要工作之一。

主要参考文献

［美］阿历克斯·英格尔斯：《人的现代化》，四川人民出版社1985年版。

［美］坎迪达·布拉什、南希·卡特、帕特里夏·格林等：《女性创业》，张莉、徐汉群译，人民邮电出版社2006年版。

《每周韩国》1999年12月28日。

白南生、何宇鹏：《回乡，还是外出？——安徽四川二省农村外出劳动力回流研究》，《社会学研究》2002年第3期。

边燕杰、丘海雄：《企业的社会资本及其功效》，《新华文摘》2000年第9期。

蔡莉、费宇鹏、朱秀梅：《基于流程视角的创业研究框架构建》，《管理科学学报》2006年第2期。

陈继辉：《印度小学生不住校》，《环球时报》2006年3月31日第19版。

陈晓宏：《农村女性创业问题初探》，《中共福建省委党校学报》2011年第1期。

陈延超：《市场经济与少数民族女性角色转变——以三亚回族妇女为例》，《广西民族学院学报》（哲学社会科学版）1999年第7期。

崔传义：《河南省固始县鼓励支持农民工回乡创业实地调查报

告》，2010 年 6 月 12 日，国研网（http：//www. drcnet. com. cn/DRCNET. Channel. Web）。

党夏宁：《西部农村女性人力资源利用与开发》，《新西部》2010 年第 8 期。

都阳：《贫困地区农户参与非农工作的决定因素研究》，《农业技术经济》1999 年第 4 期。

范丽娟：《社会资本和农民工城市创业——以电视剧〈都市外乡人〉女主角为个案》，《安徽广播电视大学学报》2007 年第 1 期。

风笑天：《社会学研究方法》，中国人民大学出版社 2004 年版。

高建、程源、李习保、姜彦福：《全球创业观察中国报告（2007）——创业转型与就业效应》，清华大学出版社 2008 年版。

高建、盖罗它：《国外创业政策的理论研究综述》，《国外社会科学》2007 年第 1 期。

高建：《全球创业观察中国报告——基于 2005 年数据的分析》，清华大学出版社 2006 年版。

高建等：《2009 中国百姓创业致富调查报告》，《商务快信息》2009 年第 9 期。

葛建新：《创业学》，清华大学出版社 2004 年版。

葛美云、祝吉芳：《欧盟中小企业政策支持女性创业发展的启迪——性别意识应纳入我国中小企业的决策之中》，《江苏社会科学》2003 年第 1 期。

辜胜阻、武兢：《扶持农民工以创业带动就业的对策研究》，《中国人口科学》2009 年第 3 期。

贵州省剑河县妇联宣传材料。

贵州省黔东南州妇联宣传材料。

郭军盈：《中国农民创业问题研究》，博士学位论文，南京农业大学，2006年。

郭志仪、金沙：《中西部地区扶持农民工返乡创业的机制探索》，《中州学刊》2009年第3期。

何加正、刘红星：《草木青青润莽原》，《人民日报》2000年2月13日。

和矛：《基于嵌入理论的中国东西部创业影响因素比较研究》，云南人民出版社2008年版。

贺雪峰、袁松、宋丽娜等：《农民工返乡研究——以2008年金融危机对农民工返乡的影响为例》，山东人民出版社2010年8月版。

胡怀敏、肖建忠：《不同创业动机下的女性创业模式研究》，《经济问题探索》2007年第8期。

胡怀敏、朱雪忠：《人力资本对女性创业的影响研究》，《经济师》2007年第4期。

黄健英：《论少数民族经济与少数民族地区经济》，《学术探索》2009年第2期。

黄卫国：《彭水县回流农民工创业现状、潜力及对策研究》，硕士学位论文，西南大学，2010年。

姜晓燕：《俄罗斯：缩小城乡差距普及优质教育》，《中国教育报》2011年2月15日第3版。

居凌云：《女性的创业现状与促进对策研究——以镇江为例》，《江苏大学学报》2006年11月。

李德伟、范松海：《西部少数民族地区经济社会发展失衡分析》，《内蒙古社会科学》（汉文版）2007年第7期。

李嘉、张骁、杨忠科：《性别差异对创业的影响研究文献综述》，《科技进步与对策》2009年第12期。

李澜:《西部民族地区农村女性人力资源研究》,博士学位论文,中国农业科学院农业经济研究所,2005年。

李录堂、王建华:《回流农民工创业激励机制研究》,《贵州社会科学》2009年第4期。

李玫:《"小额贷款",农村妇女创业的助推器》,采访材料,2010年7月。

李敏:《近年来中国新生代农民工问题研究》,《北京农业职业学院学报》2010年第1期。

林斐:《对安徽省百名"打工"农民回乡创办企业的问卷调查及分析》,《中国农村经济》2002年第3期。

刘传江、徐建玲:《第二代农民工及其市民化研究》,《中国人口·资源与环境》2007年第1期。

刘芳:《当前农民工返乡创业问题分析及对策研究——以安徽省为例》,《安徽农业科学》2009年第12期。

刘光明、宋洪远:《外出劳动力返乡创业:特征、动因及其影响——对安徽、四川两省四县为返乡创业者的案例分析》,《中国农村经济》2002年第3期。

刘丽娟、张立忠:《新形势下农民工返乡创业与政府责任》,《长春工业大学学报》(社会科学版)2009年第7期。

刘铁鹰、何灏、史春琳:《从"女农民"到"女农民工"身份的转变谈农村女性争取经济地位自觉时代的到来——基于成都市服务1行业青年女农民工经济地位现状的分析报告》,《中国校外教育》2009年第8期。

刘中起、风笑天:《社会资本视阈下的现代女性创业研究:一个嵌入性视角》,《山西师大学报》(社会科学版)2010年第1期。

龙远蔚等:《中国少数民族经济研究导论》,民族出版社2004年版。

隆安县妇女联合会：《隆安县返乡女农民工创业就业现状调研报告》（http://www.lax.gov.cn/contents/1120/117377.html）。

卢海元：《适合农民工特点社会养老保险制度的初步设想》，《农村工作通讯》2004年9月。

梅达泉、王健全：《以规模求效益·以特色创品牌·以品牌闯市场——哈密市发展特色农业的实践与思考》，《哈密报》2000年7月22日第3版。

莫寰：《研究述评：女性特征对女性创业活动的影响》，《中外企业家》2007年第6期。

内蒙古临河区妇联宣传材料。

戚迪明、侯立白、景再方：《国外创业政策对我国农民创业问题的借鉴》，《农业经济》2009年第3期。

钱红：《女性创业意向与创业行为及其影响因素研究》，博士学位论文，浙江大学，2007年。

钱晓燕：《农民创业能力评估研究》，博士学位论文，西南大学，2009年。

任远、陈琰：《对城市失业下岗女性、女大学生和女性知识分子自我创业的比较分析》，《妇女研究论丛》2005年第5期。

商界编辑部：《创业式生存——中国返乡农民工创业调查》，《商界》2009年第3期。

施正一：《少数民族经济学教程》，中央民族大学出版1997年版。

宋放：《国外农民创业培训模式及启示》，《河南农业》2010年第11期。

孙永松：《影响农民工回乡创业意愿的因素分析——以江苏省南京市为例》，硕士学位论文，南京农业大学，2008年。

谭深：《农村劳动力流动的性别差异》，《社会学研究》1997年第1期。

王华锋、李生校：《透析女性成功创业的背后》，《浙江经济》2008年第2期。

王济川、郭志刚：《Logistic回归模型——方法与应用》，高等教育出版社2001年版。

王玲杰：《农村女性流动打工经历对其家庭经济地位的影响》，《南方人口》2009年第4期。

王西玉、崔传义、赵阳：《打工与回乡：就业转变和农村发展——关于部分进城民工回乡创业的研究》，《管理世界》2003年第7期。

王延荣：《创业机制及其架构分析》，《理论月刊》2004年第4期。

韦吉飞、王建华、李录堂：《农民创业行为影响因素研究——基于西北五省区调查的实证分析》，《财贸研究》2008年第5期。

西南少数民族发展时策研究课题组：《西南少数民族社会经济发展情势及对策》，《云南社会科学》1989年第8期。

辛丽平：《"六山六水"民族调查中的贵州少数民族妇女研究》，《贵州民族研究》2002年第3期。

许传新：《"落地未生根"——新生代农民工城市社会适应研究》，《南方人口》2007年第4期。

杨宜勇、杨欣波：《青年农民工创业：困境与脱困》，《中国发展观察》2008年第2期。

姚梅芳：《基于经典创业模型的生存型创业理论研究》，博士学位论文，吉林大学，2007年。

姚晓芳、杨文江：《创业者特性对创业活动的影响研究——基于"2007城市创业观察"对合肥市的分析》，《科技进步与对策》

2008年第6期。

叶坦:《论民族文化的发展特性与动力——兼及区域经济与民族振兴》,经济管理出版社2000年版。

岳春光、徐萍平:《西方女性创业理论:过去的研究与未来的趋势》,《科研管理》2008年第12期。

臧得顺:《格兰诺维特的"嵌入理论"与新经济社会学的最新进展》,《中国社会科学院研究生院学报》2010年第1期。

湛军、张占平:《全球妇女创业现状概述与分析》,《河北大学学报》(哲学社会科学版)2007年第3期。

张善余:《中国人口地理》,科学出版社2007年版。

张玉明:《贷免扶补——创业机制理论与实践》,云南人民出版社2009年版。

赵曼、刘鑫宏、顾永红:《农民工返乡创业发展规律、制约瓶颈与对策思考——基于湖北省15县67名返乡创业者的纪实调查》,《湖北经济学院学报》2008年第6期。

中国城乡统筹发展研究中心:《新农村人才战略研讨会论文集》,2009年。

中国就业培训技术指导中心上海分中心,上海市职业指导培训指导中心:《上海市开业指导》。

周大平:《新机制在实施中走向完善》,《教育周刊》2006年第7期。

周学馨:《女性创业与女性人力资源开发》,《人才开发》2004年第3期。

朱国宏:《经济社会学》,复旦大学出版社2003年版。

祝延霞、刘渐和、陈忠卫:《创业环境对女性创业的影响——以安徽省为例》,《科技与管理》2009年第7期。

Anders Lundstrom and Lois A. Stevenson, *Entrepreneurship Policy*:

Theory and Practice, New York: Springer, 2005.

Anne De Bruin, Candida G. Brush and Friederike Welter, "Advancing a Framework for Coherent on Women's Entrepreneurship", *Entrepreneurship Theory and Practice*, Vol. 31, No. 3, May 2007.

B. Uzzi, "Social, Structure and Competition in Interfirm Networks: the Paradox of Embededness", *Administrative Science Quarterly*, Vol. 42, No. 1, 1997.

C. Christopher Baughn, Bee-Leng Chua and Kent E. Neupert, "The Normative Context for Women's Participation in Entrepreneruship: A Multicountry Study", *Entrepreneurship Theory and Practice*, Vol. 30, No. 5, September 2006.

D. Brophy, *Financing the New Venture: A Report on Recent Research, The State of the Art of Entrepreneurship*, Boston: PWS Kent, 1992.

D. Clark, *The Marginal Situation*, London: Routledge and Kegan Paul, 1966.

Dimitris Skuras, "Entrepreneurial Human Capital Accumulation and the Growth of Rural Businesses: A Fourcountry Survey in Mountainous and Lagging Areas of the European Union", *Journal of Rural Studies*, Vol. 21, 2005.

George J. Borjas, "The Self-employment Experience of Immigrants", *Journal of Human Resources*, Vol. 21, No. 4, May 1986.

Lois Stevenson and Anders Lundstrom, *Patterns and Trends in Entrepreneurship/ SME Policy and Practice in Ten Economies, Entrepreneurship Policy for the Future*, Swedish Foundation for Small Business Research, 2001.

M. M. Helms, "The Challenge of Entrepreneurship in a Developed Economy: A Problematic Case of Japan", *Journal of Developmental Entrepreneurship*, Vol. 8, No. 3, 2003.

M. Polanyi, *The Tacit Dimension*, London: Routledge and Kegan, 1967.

N. Langowitz and M. Minniti, "The Entrepreneurial Propensity of Women", *Entrepreneurship Theory and Practice*, Vol. 31, No. 3, May 2007.

N. M. Carter and K. R. Allen, "Size Determinants of Women—Owned Businesses, Choice or Barriers to Resources", *Entrepreneurship and Regional Development*, Vol. 9, 1997.

Robert D. Putnam, *Bowling Alone*, New York: Simon Shuster, 2001.

R. S. Bert, *The Network Structure of Social Capital*, Greenwich: JAI Press, 2000.

T. Bates, "Self-Employment Entry Across Industry Groups", *Journal of Business Venturing*, Vol. 10, No. 2, 1995.

Zoltan J. Acs, "A Formulation of Entrepreneurship Policy", *International Studies in Entrepreneurship*, Vol. 16, 2008.

附　录

女性农民工返乡创业调查问卷（Ⅰ）

第一部分　个人基本情况

A1. 您的民族是：　　　　　　　　　　　　A1|＿|

1. 汉族　2. 少数民族（哪种民族）：_____（请填写在横线上）

A2. 您的年龄是：　　　　　　　　　　　　A2|＿|

1. 20 岁以下　2. 21—30 岁　3. 31—40 岁　4. 41—50 岁

5. 51 岁以上

A3. 您的婚姻状况：　　　　　　　　　　　A3|＿|

1. 已婚　2. 未婚

A4. 您的文化程度是：　　　　　　　　　　A4|＿|

1. 小学及以下　2. 初中或职校　3. 高中或职高

4. 大专或职院　5. 大学本科以上

A5. 您在兄弟姐妹中排行第几位？　　　　　A5|＿|

1. 第一位　2. 第二位　3. 第三位　4. 第四位　5. 其他____

A6. 您最初打工的年龄是：　　　　　　　　A6|＿|

1. 15 岁以下　2. 16—20 岁　3. 21—30 岁　4. 31—40 岁

5. 41 岁以上

A7. 您创业之前曾经在什么地点打工：　　　A7|＿|

1. 本省外县　2. 珠三角一带　3. 长三角一带　4. 京津一带

5. 其他____

A8. 您当初出来打工是受周围环境什么因素影响？　　A8|__|

1. 自己想出来闯一闯　　2. 村里有人带领

3. 周围有打工的榜样　　4. 其他_____

A9. 您创业之前主要做什么工作：　　A9|__|

1. 宾馆、餐饮服务　　2. 家政服务　　3. 服装、商品零售

4. 工厂流水线　　5. 其他____

A10. 您打工时候的年平均收入大概是多少？　　A10|__|

1. 1 万以下　　2. 1 万—3 万　　3. 3 万—5 万

4. 5 万—10 万　　5. 10 万以上

第二部分　　创业基本情况

B1. 您创业已经有多少年？　　B1|__|

1. 1 年以下　　2. 1—3 年　　3. 3—5 年

4. 5—10 年　　5. 10 年以上

B2. 您创业的主要动机是什么？　　B2|__|

1. 生活所迫　　2. 致富、有地位　　3. 自己当老板

4. 证明自己能力　　5. 其他_____

B3. 您初创业时的投资规模是多大？　　B3|__|

1. 1 万以下　　2. 1 万—3 万　　3. 3 万—5 万　　4. 5 万—10 万

5. 10 万以上

B4. 您创业的主要资金是怎样筹集的？（可多选）　　B4|__|

1. 积蓄　　2. 亲戚朋友帮助　　3. 贷款　　4. 国家政策援助

5. 其他_____

B5a. 在创业过程中，您得到过国家或地方政府的政策扶持吗？　　B5a|__|

1. 得到过　2. 没得过　3. 不知道有相关的扶持政策

4. 其他_____

b. 如果"得到过",那么您具体得到过下列哪些方面的帮助与扶持呢?(可多选)　　　　　　　　　　　　　B5b|__|

1. 提供资金或者贷款　2. 减免税收　3. 项目支持

4. 提供免费技术培训　5. 其他_____

c. 如果"得到过",您曾得到过哪些政府部门或地方组织的帮助?(可多选)　　　　　　　　　　　　　　B5c|__|

1. 妇联　2. 扶贫办　3. 经贸委　4. 乡镇企业局(中小企业局)

5. 其他_____

B6. 在创业时,您主要拥有以下哪些方面的创业条件?(可多选)　　　　　　　　　　　　　　　　　　B6|__|

1. 创业资金　2. 创业知识与技能　3. 相关经验

4. 家人和朋友帮忙　5. 其他_____

B7. 假如您创业之初能够贷到款,多少贷款额适合您。为什么?　　　　　　　　　　　　　　　　　　　　B7|__|

	1. 多了怕还不起	2. 创业规模小	3. 项目需要	4. 喜欢做大	5. 其他_____
1万以下					
1万—3万					
3万—5万					
5万—10万					
10万—20万					
20万以上					

B8. 您创业的行为主要是受周围环境什么因素的影响?(可

多选)　　　　　　　　　　　　　　　　　　　　B8|__|

　　1. 国家政策鼓励　2. 家里人支持　3. 朋友或者周围人影响

　　4. 机遇　5. 其他_____

　　B9. 您创业选择的项目主要是由下面哪些因素决定的？（可多选）　　　　　　　　　　　　　　　　　　　　B9|__|

　　1. 喜欢　2. 受朋友或周围人影响　3. 家族因素影响

　　4. 地方政府帮助　5. 其他_____

　　B10. 您创业选择的是什么行业，为什么？（可多选）

　　　　　　　　　　　　　　　　　　　　　　　B10|__|

	1. 熟悉	2. 起步费少	3. 容易赚钱	4. 喜欢	5. 家人或者朋友帮忙	6. 其他____
1. 餐饮业						
2. 服装、商品零售						
3. 美容美发						
4. 种植业						
5. 养殖业						
6. 其他						

　　B11. 您现在的年收入是多少？　　　　　　　　B11|__|

　　1. 5万以下　2. 5万—10万　3. 10万—20万

　　4. 20万—40万　5. 40万以上

　　B12a. 您在创业过程中有没有犹豫过？　　　　B12a|__|

　　1. 有过　2. 没有

　　b. 如果创业过程中"有过犹豫"，那么请问您主要是基于以下哪些原因？　　　　　　　　　　　　　　　　B12b|__|

　　（若选择多项，请将所选"答案"的序号按主次顺序排列在

下表中）

    1. 怕失败　2. 缺乏资金　3. 缺少项目　4. 无从下手

    5. 其他_____

第一原因	第二原因	第三原因	第四原因

B13a. 贵民族的风俗习惯对女性创业有阻碍吗？　　B13a|__|

1. 有　2. 没有

b. 如果"有阻碍"，是因为下面哪一种原因？　B13b|__|

1. 男主外女主内　2. 女人不能抛头露面　3. 族规限制

4. 宗教限制　5. 其他_____

B14a. 如果当初您有较稳定或者较满意的工作，您还会去创业吗？　　　　　　　　　　　　　　　　　　B14a|__|

1. 会　2. 不会

b. 如果选择"会"，是因为以下哪些因素？（可多选）

                                        B14b|__|

1. 想自己当老板　2. 想多赚钱　3. 有地位

4. 证明自己的能力　5. 其他_____

B15a. 您外出打工学到的技能和经验，对创业是否有帮助？

                                          B15a|__|

1. 有　2. 没有

b. 如果您选择"有"，是因为以下哪些因素？（可多选）

                                          B15b|__|

1. 工作经验　2. 工作技能　3. 与人沟通的技巧

4. 拼搏精神　5. 其他_____

c. 如果您选择"没有",是因为以下哪些因素?(可多选)

B15c |__|

1. 自己文化低只能做杂工　2. 做的是没有技术含量的工作
3. 虽然有文化但找不到有技术含量的工作　4. 所学技术和经验回家乡创业用不上　5. 其他_____

B16. 您创业所处的位置在:　　　　　　　　　　B16 |__|

1. 在本县内　2. 在本乡内　3. 在本村内

B17. 您选择回家乡创业,是因为以下哪些因素?(可多选)

B17 |__|

1. 这里人缘熟悉　2. 就近照顾家庭　3. 这里有合适项目
4. 这里创业政策好　5. 其他____

第三部分　创业认知

C1. 作为女性又是农民工,在创业时您认为什么因素是最重要的?　　　　　　　　　　　　　　　　C1 |__|

(若选择多项,请将所选"答案"的序号按主次顺序排列在下表中)

1. 资金　2. 技术、经验　3. 政策
4. 项目　5. 信息　6. 其他_____

第一因素	第二因素	第三因素	第四因素	第五因素

C2. 您了解国家或地方政府有关扶持女性以及农民工创业的政策并利用吗?　　　　　　　　　　　C2 |__|

1. 了解并利用　2. 了解但不会利用　3. 了解但嫌麻烦

4. 不了解　5. 其他_____

C3. 您认为女性农民工在创业过程中最需要国家或地方政府哪些方面的支持？　　　　　　　　　　　　　　　C3|__|

（若选择多项，请将所选"答案"的序号按主次顺序排列在下表中）

1. 贷款　2. 减免税收　3. 技术培训　4. 提供项目
5. 信息服务　6. 其他_____

第一支持	第二支持	第三支持	第四支持	第五支持

C4. 您认为作为女性又是农民工创业时最难以获得的因素是哪一方面？　　　　　　　　　　　　　　　　C4|__|

（若选择多项，请将所选"答案"的序号按主次顺序排列在下表中）

1. 资金　2. 扶持政策　3. 技术培训　4. 项目　5. 信息
6. 其他_____

第一因素	第二因素	第三因素	第四因素	第五因素

C5a. 您认为您的创业成功了吗？　　　　　　　　C5a|__|

1. 成功　2. 虽然成功但没有达到自己的目标
3. 不太成功　4. 其他_____

b. 如果您创业成功是指以下哪些因素达到目标？（可多选）
　　　　　　　　　　　　　　　　　　　　　C5b|__|

1. 养家糊口　2. 致富、有地位　3. 当老板的愿望

4. 证明自己能力　5. 其他____

c. 如果您创业不太成功是指以下哪些因素不太理想？

C5c|__|

1. 养家糊口　2. 致富、有地位　3. 创业项目不是自己喜欢的　4. 能力不够　5. 其他____

C6a. 同是农民工，在创业的问题上您认为需要国家政策援助方面，女性应该比男性享有特殊待遇吗？　　C6a|__|

1. 应该有　2. 没必要有

b. 如果选择"应该有"，是因为以下哪些因素？　C6b|__|

1. 女性获取资金较难　2. 女性缺少技术　3. 女性的人脉资源少

4. 女性有家务拖累　5. 其他____

c. 如果选择"没必要有"，是因为以下哪些因素？（可多选）　　C6c|__|

1. 女人缺乏的男人也缺乏　2. 男人不比女人强

3. 男人也需要政府援助　4. 其他____

结束语：本问卷问题能否代表或是否已经包括了您对创业过程中的全部想法？如果还有其他想法请提出来。调查到此结束，再次谢谢您的合作！

女性农民工返乡创业意向调查问卷（Ⅱ）

第一部分　个人情况

E1. 您的民族是：　　　　　　　　　　　　E1 |__|

1. 汉族　　2. 少数民族（哪种民族）：_____（请填写在横线上）

E2. 您的年龄是：　　　　　　　　　　　　E2 |__|

1. 20 岁以下　2. 21—30 岁　3. 31—40 岁　4. 41—50 岁

5. 51 岁以上

E3. 您的婚姻状况：　　　　　　　　　　　E3 |__|

1. 已婚　　2. 未婚

E4. 您的文化程度是：　　　　　　　　　　E4 |__|

1. 小学及以下　2. 初中或职校　3. 高中或职高

4. 大专或职院　5. 大学本科以上

E5. 您在兄弟姐妹中排行第几位？　　　　　E5 |__|

1. 第一位　2. 第二位　3. 第三位　4. 第四位　5. 其他____

E6. 您最初打工的年龄是：　　　　　　　　E6 |__|

1. 15 岁以下　2. 16—20 岁　3. 21—30 岁　4. 31—40 岁

5. 41 岁以上

E7. 您现在什么地点打工： E7|__|
1. 本省外县　2. 珠三角一带　3. 长三角一带
4. 京津一带　5. 其他____

E8. 您现在打工主要做什么工作： E8|__|
1. 宾馆、餐饮服务　2. 家政服务　3. 服装、商品零售
4. 工厂流水线　5. 其他_____

E9. 您当初出来打工是受周围环境什么因素影响？ E9|__|
1. 自己想出来闯一闯　2. 村里有人带领
3. 周围有打工的榜样　4. 其他_____

E10. 您打工的目的是什么？ E10|__|
1. 赚钱养家糊口　2. 想到城里看看　3. 像城里人一样生活
4. 想致富　5. 其他_____

E11. 您打工的年平均收入大概是多少？ E11|__|
1. 1万以下　2. 1万—3万　3. 3万—5万　4. 5万—10万
5. 10万以上

E12a. 您这次返乡是因为： E12a|__|
1. 回家过年　2. 回来就不走了
b. 如果选择"回来就不走了"是因为以下哪些因素？（可多选） E12b|__|
1. 自己创业　2. 处理一些事情暂时不走　3. 留在家里照料
4. 在外面打工收入与家乡差距不大　5. 其他_____

第二部分　创业预期

F1. 您是否准备创业？ F1|__|
1. 是　2. 没想过　3. 在犹豫　4. 先积累经验再做打算
5. 其他_____

F2. 您如果创业，动机是什么？　　　　　　　　　　F2|__|

1. 生活所迫　2. 致富　3. 自己当老板　4. 证明自己的能力

5. 其他_____

F3. 您如果创业，大部分资金将怎样筹集？　　　　　F3|__|

1. 积蓄　2. 亲戚朋友帮助　3. 贷款　4. 国家政策扶持

5. 其他_____

F4. 假如您准备创业，您拥有的创业条件主要有哪些方面？

F4|__|

（若选择多项，请将所选"答案"的序号按主次顺序排列在下表中）

1. 资金　2. 创业知识、技能　3. 相关经验　4. 家人朋友帮忙

5. 其他____

第一条件	第二条件	第三条件	第四条件

F5. 假如您准备创业，会做多大规模的投资？　　　　F5|__|

1. 1万以下　2. 1万—3万　3. 3万—5万　4. 5万—10万

5. 10万以上

F6. 假如您创业，最需要国家或地方政府给予哪些方面的支持？　　　　　　　　　　　　　　　　　　　　　　F6|__|

（若选择多项，请将所选"答案"的序号按主次顺序排列在下表中）

1. 贷款　2. 减免税收　3. 技术培训　4. 项目　5. 信息服务

6. 其他_____

第一支持	第二支持	第三支持	第四支持	第五支持

F7. 您如果创业，是周围环境哪些因素影响到您？　　　F7|__|
（若选择多项，请将所选"答案"的序号按主次顺序排列在下表中）

1. 国家政策鼓励　2. 家里人支持　3. 朋友或者周围人影响
4. 机遇　5. 其他_____

第一因素	第二因素	第三因素	第四因素

F8. 如果您创业打算选择什么行业，为什么？　　　F8|__|

	1. 熟悉	2. 起步费少	3. 容易赚钱	4. 喜欢	5. 家人朋友帮忙	6. 其他____
1. 餐饮业						
2. 服装、商品零售						
3. 美容美发						
4. 种植业						
5. 养殖业						
6. 其他_____						

F9a. 外出打工学到的技能和经验，您认为对创业是否有帮助？　　　F9a|__|

1. 有　2. 没有

b. 如果您选择"有"，是因为以下哪些因素？（可多选）

F9b|__|

1. 工作经验　2. 工作技能　3. 与人沟通的技巧　4. 拼搏精神　5. 其他_____

c. 如果您选择"没有"，是因为以下哪些因素？（可多选）

F9c |__|

1. 自己文化低只能做杂工　2. 做的是没有技术含量的工作
3. 虽然有文化但找不到有技术含量的工作　4. 所学技术和经验回家乡创业用不上　5. 其他_____

F10. 假如您创业之初能够贷到款，多少贷款额适合您，为什么？

F10 |__|

	1. 多了怕还不起	2. 创业规模小	3. 项目需要	4. 喜欢做大	5. 其他___
1万以下					
1万—3万					
3万—5万					
5万—10万					
10万—20万					
20万以上					

F11a. 贵民族的风俗习惯，对女性创业有阻碍吗？　F11a |__|

1. 有　2. 没有

b. 如果选择"有阻碍"，是下面哪一种？　F11b |__|

1. 男主外女主内　2. 女人不能抛头露面　3. 族规限制
4. 宗教限制　5. 其他_____

F12a. 如果您有较稳定或者较满意的工作，您还会创业吗？

1. 会　2. 不会　F12a |__|

b. 如果选择"会"，是因为以下哪些因素？　F12b |__|

1. 想自己当老板　2. 多赚钱　3. 有地位
4. 证明自己的能力　5. 其他_____

F13a. 如果您创业，愿意选择回家乡（本县内）还是选择其

他地方创业? F13a|__|

1. 回家乡创业 2. 在外面创业

b. 如果您选择"回家乡创业",是因为以下哪些因素?(可多选) F13b|__|

1. 这里人缘熟悉 2. 就近照顾家庭 3. 这里有合适项目

4. 这里创业政策好 5. 其他_____

c. 如果您选择"在外面创业",是因为以下哪些因素?(可多选) F13c|__|

1. 已经适应这里 2. 外面有利于发展 3. 这里有合适项目

4. 这里创业政策好 5. 其他_____

第三部分 创业认知

G1. 作为女性又是农民工创业时,您认为下面哪些因素最重要? G1|__|

(若选择多项,请将所选"答案"的序号按主次顺序排列在下表中)

1. 资金 2. 技术、经验 3. 政策 4. 项目 5. 信息

6. 其他_____

第一因素	第二因素	第三因素	第四因素	第五因素

G2a. 同是农民工,在创业的问题上您认为需要国家政策援助方面,女性应该比男性享有特殊待遇吗? G2a|__|

1. 应该有 2. 没必要有

b. 如果选择"应该有",是因为以下哪些因素?(可多选)

G2b |__|

1. 女性获取资金较难 2. 女性缺少技术 3. 女性的人脉资源少
4. 女性有家务拖累 5. 其他____

c. 如果选择"没必要有",是因为以下哪些因素?(可多选)

G2c |__|

1. 女人缺乏的男人也缺乏 2. 男人不比女人强 3. 男人也需要政府援助 4. 其他____

G3. 作为女性又是农民工创业,您认为以下哪些因素是最不容易获取的? G3 |__|

(若选择多项,请将所选"答案"的序号按主次顺序排列在下表中)

1. 资金 2. 扶持政策 3. 技术培训 4. 项目 5. 信息
6. 其他_____

第一因素	第二因素	第三因素	第四因素	第五因素

G4. 您认为作为女性又是返乡农民工创业最需要来自哪些方面的支持? G4 |__|

(若选择多项,请将所选"答案"的序号按主次顺序排列在下表中)

1. 家人 2. 亲戚朋友 3. 国家或地方政策 4. 其他_____

第一支持	第二支持	第三支持

G5. 您了解国家或地方政府有关扶持女性及返乡农民工创业的政策并利用吗? G5|__|

1. 了解并利用　2. 了解但不会利用　3. 了解但嫌麻烦

4. 不了解　5. 其他_____

G6. 在准备创业的过程中,以下什么因素可能会使您产生犹豫? G6|__|

(若选择多项,请将所选"答案"的序号按主次顺序排列在下表中)

1. 怕失败　2. 缺乏资金　3. 缺少项目　4. 无从下手

5. 其他_____

第一因素	第二因素	第三因素	第四因素

G7. 您认为国家或地方组织应该从哪些方面扶持女性农民工创业? G7|__|

(若选择多项,请将所选"答案"的序号按主次顺序排列在下表中)

1. 贷款　2. 减免税收　3. 技术培训　4. 提供项目

5. 信息服务　6. 其他_____

第一方面	第二方面	第三方面	第四方面	第五方面

结束语:问卷问题能否代表或是否已经包括了您对创业过程中的全部想法?如果还有其他想法请提出来。调查到此结束,再次谢谢您的合作!

男性农民工返乡创业调查问卷（I）

第一部分　个人基本情况

A1. 您的民族是：　　　　　　　　　　　　　　A1|__|

1. 汉族　2. 少数民族（具体民族）：_____（请填写在横线上）

A2. 您的年龄是：　　　　　　　　　　　　　　A2|__|

1. 20 岁以下　2. 21—30 岁　3. 31—40 岁　4. 41—50 岁

5. 51 岁以上

A3. 您的婚姻状况：　　　　　　　　　　　　　A3|__|

1. 已婚　2. 未婚

A4. 您的文化程度是：　　　　　　　　　　　　A4|__|

1. 小学及以下　2. 初中或职校　3. 高中或职高

4. 大专或职院　5. 大学本科以上

A5. 您在兄弟姐妹中排行第几位？　　　　　　　A5|__|

1. 第一位　2. 第二位　3. 第三位　4. 第四位　5. 其他____

A6. 您最初打工的年龄是：　　　　　　　　　　A6|__|

1. 15 岁以下　2. 16—20 岁　3. 21—30 岁　4. 31—40 岁

5. 41 岁以上

A7. 您创业之前曾经在什么地点打工：　　　　　A7|__|

1. 本省外县 2. 珠三角一带 3.长三角一带 4. 京津一带
5. 其他____

A8. 您当初出来打工是受周围环境什么因素影响？　　A8|__|
1. 自己想出来闯一闯 2. 村里有人带领
3. 周围有打工的榜样 4. 其他_____

A9. 您创业之前主要做什么工作：　　　　　　　　A9|__|
1. 服务性质 2. 建筑工地 3. 房屋装修 4. 服装、商品零售 5. 工厂 6. 其他_____

A10. 您打工时候的年平均收入是多少？　　　　　A10|__|
1. 1万以下 2. 1万—3万 3. 3万—5万 4. 5万—10万
5. 10万以上

第二部分　创业基本情况

B1. 您创业已经有多少年？　　　　　　　　　　　B1|__|
1. 1年以下 2. 1—3年 3. 3—5年 4. 5—10年 5. 10年以上

B2. 您创业的主要动机是什么？　　　　　　　　　B2|__|
1. 生活所迫 2. 致富、有地位 3. 自己当老板 4. 证明自己的能力 5. 其他_____

B3. 您初创业时的投资规模是多大？　　　　　　　B3|__|
1. 2万以下 2. 2万—5万 3. 5万—10万 4. 10万—20万
5. 20万以上_____

B4. 您创业的主要资金是怎样筹集的？　　　　　　B4|__|
1. 积蓄 2. 亲戚朋友帮助 3. 贷款
4. 国家政策援助 5. 其他_____

B5. a. 在创业过程中，您得到过国家或地方政府的政策扶持

吗? B5a |__|

 1. 得到过 2. 没得过 3. 不知道有相关的扶持政策 4. 其他_____

 b. 如果"得到过",那么您具体得到过下列哪些方面的帮助与扶持呢?(可多选) B5b |__|

 1. 提供资金或者贷款 2. 减免税收 3. 项目支持

 4. 提供免费技术培训 5. 其他_____

 c. 如果"得到过",您曾得到过哪些政府部门或地方组织的帮助?(可多选) B5c |__|

 1. 扶贫办 2. 经贸委 3. 乡镇企业局(中小企业局)

 4. 其他_____

 B6. 在创业时,您主要拥有以下哪些方面的创业条件?(可多选) B6 |__|

 1. 创业资金 2. 创业知识与技巧 3. 生意经验

 4. 家人朋友帮忙 5. 其他_____

 B7. 假如您创业之初能够贷到款,多少贷款额适合您。为什么? B7 |__|

	1. 多了怕还不起	2. 创业规模小	3. 项目需要	4. 喜欢做大	5. 其他_____
1万以下					
1万—3万					
3万—5万					
5万—10万					
10万—20万					
20万以上					

 B8. 您创业的行为主要是受周围环境什么因素的影响?(可

多选) B8|__|

1. 国家政策鼓励 2. 家里支持 3. 朋友或者周围人 4. 机遇 5. 其他_____

B9. 您创业选择的项目主要是由下面哪些因素决定的？（可多选） B9|__|

1. 喜欢 2. 受朋友或周围人影响 3. 家族因素 4. 地方政府帮助 5. 其他_____

B10. 您创业选择的是什么行业，为什么？（可多选）

B10|__|

	1. 熟悉	2. 起步费少	3. 容易赚钱	4. 喜欢	5. 家里人或者朋友帮忙	6. 其他____
1. 餐饮业						
2. 服装、商品零售						
3. 办实体企业						
4. 种植业						
5. 养殖业						
6. 其他_____						

B11. 您现在的年收入是多少？ B11|__|

1. 5万以下 2. 5万—10万 3. 10万—20万 4. 20万—40万 5. 40万以上

B12a. 您在创业过程中有没有犹豫过？ B12a|__|

1. 有过 2. 没有

b. 如果创业过程中"有过犹豫"，那么请问您主要是基于以下哪些原因？ B12b|__|

（若选择多项，请将所选"答案"的序号按主次顺序排列在下表中）

1. 怕失败　2. 缺乏资金　3. 缺少项目
4. 无从下手　5. 其他_____

第一原因	第二原因	第三原因	第四原因

B13. 您创业选择的项目主要是由下面哪些因素决定的？（可多选）　　　　　　　　　　　　　　　　　B13|__|

1. 喜欢　2. 受朋友或周围人影响　3. 家族因素
4. 地方政府帮助　5. 其他_____

B14a. 贵民族的风俗习惯对女性创业有阻碍吗？　B14a|__|

1. 有　2. 没有

b. 如果"有阻碍"，是因为下面哪一种原因？　B14b|__|

1. 男主外女主内　2. 女人不能抛头露面　3. 族规限制
4. 宗教限制　5. 其他_____

B15a. 如果当初您有较稳定或者较满意的工作，您还会去创业吗？　　　　　　　　　　　　　　　　　　B15a|__|

1. 会　2. 不会

b. 如果选择"会"，是因为以下哪些因素？（可多选）

　　　　　　　　　　　　　　　　　　　　　B15b|__|

1. 想自己当老板　2. 想多赚钱　3. 有地位
4. 证明自己的能力　5. 其他_____

B16a. 您在外面打工学到的技能和经验，对创业是否有帮助？

1. 有　2. 没有　　　　　　　　　　　　　　B16a|__|

b. 如果您选择"没有"，是因为以下哪些因素？（可多选）

　　　　　　　　　　　　　　　　　　　　　B16b|__|

1. 自己文化低只能做杂工　2. 做的是没有技术含量的工作
3. 虽然有文化但找不到有技术含量的工作　4. 所学技术和经验回家乡创业用不上　5. 其他_____

B17. 您创业所处的位置在：　　　　　　　　　　B16 |__|
1. 在本县内　2. 在本乡内　3. 在本村内

B17. 您选择回家乡创业，是因为以下哪些因素？（可多选）
　　　　　　　　　　　　　　　　　　　　　B17 |__|
1. 这里人缘熟悉　2. 就近照顾家庭　3. 这里有合适项目
4. 这里创业政策好　5. 其他_____

第三部分　创业认知

C1. 作为返乡农民工，在创业时您认为什么因素是最重要的？　　　　　　　　　　　　　　　　　　　　　C1 |__|
（若选择多项，请将所选"答案"的序号按主次顺序排列在下表中）
1. 资金　2. 技术、经验　3. 政策　4. 项目　5. 信息
6. 其他_____

第一因素	第二因素	第三因素	第四因素	第五因素

C2. 您了解国家或地方政府有关扶持返乡农民工创业的政策并利用吗？　　　　　　　　　　　　　　　　C2 |__|
1. 了解并利用　2. 了解但不会利用　3. 了解但嫌麻烦
4. 不了解　5. 其他_____

C3. 您认为返乡农民工在创业过程中最需要国家或地方政府

哪些方面的支持？　　　　　　　　　　　　　　　　C3 |__|

（若选择多项，请将所选"答案"的序号按主次顺序排列在下表中）

1. 贷款　2. 减免税收　3. 技术培训　4. 提供项目
5. 信息服务　6. 其他_____

第一支持	第二支持	第三支持	第四支持	第五支持

C4. 您认为作为返乡农民工创业时最难以获得的因素是哪一方面？　　　　　　　　　　　　　　　　C4 |__|

（若选择多项，请将所选"答案"的序号按主次顺序排列在下表中）

1. 资金　2. 扶持政策　3. 技术培训　4. 项目　5. 信息
6. 其他_____

第一因素	第二因素	第三因素	第四因素	第五因素

C5a. 您认为您的创业成功了吗？　　　　　　　　C5a |__|

1. 成功　2. 虽然成功但没有达到自己的目标　3. 不太成功
4. 其他_____

b. 如果您创业成功是指以下哪些因素达到目标？（可多选）
　　　　　　　　　　　　　　　　　　　　　　C7b |__|

1. 养家糊口　2. 致富、有地位　3. 当老板的愿望
4. 证明自己能力　5. 其他____

c. 如果您创业不太成功是指以下哪些因素不太理想？（可多选） C7c|__|

1. 养家糊口 2. 致富、有地位 3. 创业项目不是自己喜欢的 4. 能力不够 5. 其他____

C6a. 同是农民工，在创业的问题上您认为需要国家政策援助方面，女性应该比男性享有特殊待遇吗？

1. 应该有 2. 没必要有   C6a|__|

b. 如果选择"应该有"，是因为以下哪些因素？（可多选）
                                        C6b|__|

1. 女性获取资金较难 2. 女性缺少技术 3. 女性的人脉资源少 4. 女性有家务拖累 5. 其他____

c. 如果选择"没必要有"，是因为以下哪些因素？（可多选）   C6c|__|

1. 女人缺乏的男人也缺乏 2. 男人不比女人强 3. 男人也需要政府援助 4. 其他____

结束语：本问卷问题能否代表或是否已经包括了您对创业以及过程中的全部想法？如果还有其他想法请提出来。调查到此结束，再次谢谢您的合作！

男性农民工返乡创业意向调查问卷（Ⅱ）

第一部分　个人情况

E1. 您的民族是：　　　　　　　　　　　　　E1|__|

1. 汉族　　2. 少数民族（具体民族）：_____（请填写在横线上）

E2. 您的年龄是：　　　　　　　　　　　　　E2|__|

1. 20 岁以下　2. 21—30 岁　3. 31—40 岁　4. 41—50 岁
5. 51 岁以上

E3. 您的婚姻状况：　　　　　　　　　　　　E3|__|

1. 已婚　　2. 未婚

E4. 您的文化程度是：　　　　　　　　　　　E4|__|

1. 小学及以下　2. 初中或职校　3. 高中或职高
4. 大专或职院　5. 大学本科以上

E5. 您在兄弟姐妹中排行第几位？　　　　　　E5|__|

1. 第一位　2. 第二位　3. 第三位　4. 第四位　5. 其他____

E6. 您现在打工的地点是：　　　　　　　　　E6|__|

1. 本省外县　2. 珠三角一带　3. 长三角一带　4. 京津一带
5. 其他_____

E7. 您最初打工的年龄是： E7|__|

1. 15 岁以下 2. 16—20 岁 3. 21—30 岁 4. 31—40 岁 5. 41 岁以上

E8. 您现在主要做什么工作： E8|__|

1. 服务性质工作 2. 建筑工地 3. 装修 4. 服装、商品零售 5. 工厂 6. 其他_____

E9. 您当初出来打工是受周围环境什么因素影响？ E9|__|

1. 自己想出来闯一闯 2. 村里有人带领 3. 周围有打工的榜样 4. 其他_____

E10. 您打工的年平均收入是多少？ E10|__|

1. 1 万以下 2. 1 万—3 万 3. 3 万—5 万 4. 5 万—10 万 5. 10 万以上

E11. 您打工的目的是什么？ E11|__|

1. 赚钱养家糊口 2. 想到城里看看 3. 像城里人一样生活 4. 想致富 5. 其他____

E12a. 您这次返乡是因为什么原因： E12a|__|

1. 回家过年 2. 回来就不走了

b. 如果选择"回来就不走了"是因为以下哪些因素？（可多选） E12b|__|

1. 自己创业 2. 处理一些事情暂时不走 3. 留在家里照料 4. 在外面打工收入与家乡差距不大 5. 其他_____

第二部分　创业预期

F1. 您是否准备创业？ F1|__|

1. 是 2. 没想过 3. 在犹豫 4. 先积累经验再做打算 5. 其他_____

F2. 您如果创业，动机是什么？　　　　　　　　　　F2|__|

1. 生活所迫　2. 致富　3. 自己当老板　4. 证明自己的能力

5. 其他_____

F3. 您如果创业，大部分资金将怎样筹集？　　　　F3|__|

1. 积蓄　2. 亲戚朋友帮助　3. 贷款　4. 国家政策扶持

5. 其他_____

F4. 假如您准备创业，您拥有的创业条件主要有以下哪些方面？　　　　　　　　　　　　　　　　　　　　　F4|__|

（若选择多项，请将所选"答案"的序号按主次顺序排列在下表中）

1. 资金　2. 创业知识、技巧　3. 生意经验　4. 家人朋友帮忙

5. 其他_____

第一条件	第二条件	第三条件	第四条件

F5. 假如您准备创业，会做多大规模的投资？　　　F5|__|

1. 2万元以下　2. 2万—5万元　3. 5万—10万元

4. 10万—20万元　　　　　5. 20万元以上

F6. 假如您创业，最需要国家或地方政府给予哪些方面的支持？　　　　　　　　　　　　　　　　　　　　　F6|__|

（若选择多项，请将所选"答案"的序号按主次顺序排列在下表中）

1. 贷款　2. 减免税收　3. 技术培训　4. 项目　5. 信息服务　6. 其他_____

第一支持	第二支持	第三支持	第四支持	第五支持

F7. 您如果创业，是周围环境哪些因素影响到您？　　F7 |__|
（若选择多项，请将所选"答案"的序号按主次顺序排列在下表中）

1. 国家政策鼓励　2. 家里人　3. 朋友或者周围人　4. 机遇
5. 其他_____

第一因素	第二因素	第三因素

F8. 如果您创业打算选择什么行业，为什么？　　F8 |__|

	1. 熟悉	2. 起步费少	3. 容易赚钱	4. 喜欢	5. 家里人或者朋友帮忙	6. 其他____
1. 餐饮业						
2. 服装、商品零售						
3. 办实体企业						
4. 种植业						
5. 养殖业						
6. 其他_____						

F9a. 在外面打工学到的技能和经验，您认为对创业是否有帮助？　　F9a |__|

1. 有　2. 没有

b. 如果您选择"有",是因为以下哪些因素?(可多选)

F9b|__|

1. 工作经验　2. 工作技能　3. 与人沟通的技巧　4. 拼搏精神　5. 其他_____

c. 如果您选择"没有",是因为以下哪些因素?(可多选)

F9c|__|

1. 自己文化低只能做杂工　2. 做的是没有技术含量的工作　3. 虽然有文化但找不到有技术含量的工作　4. 所学技术和经验回家乡创业用不上　5. 其他_____

F10. 假如您创业之初能够贷到款,多少贷款额适合您,为什么? F10|__|

	1. 多了怕还不起	2. 创业规模小	3. 项目需要	4. 喜欢做大	5. 其他_____
1万以下					
1万—3万					
3万—5万					
5万—10万					
10万—20万					
20万以上					

F11. a. 您认为贵民族的风俗习惯对女性创业有阻碍吗?

F11a|__|

1. 有　2. 没有

b. 如果选择"有阻碍",是下面哪一种?　　F10b|__|

1. 男主外女主内　2. 女人不能抛头露面　3. 族规限制　4. 宗教限制　5. 其他_____

F12a. 如果您有较稳定或者较满意的工作，您还会创业吗？

F12a|__|

1. 会　2. 不会

b. 如果选择"会"，是因为以下哪些因素？　　F12b|__|

1. 想自己当老板　2. 多赚钱　3. 有地位　4. 证明自己的能力

5. 其他_____

F13a. 如果您创业，愿意选择回家乡（本县内）还是选择其他地方创业？　　F13a|__|

1. 回家乡创业　2. 在外面创业

b. 如果您选择"回家乡创业"，是因为以下哪些因素？（可多选）　　F13b|__|

1. 这里人缘熟悉　2. 就近照顾家庭　3. 这里有合适项目

4. 这里创业政策好　5. 其他_____

c. 如果您选择"在外面创业"，是因为以下哪些因素？（可多选）　　F13c|__|

1. 已经适应这里　2. 外面有利于发展　3. 这里有合适项目

4. 这里创业政策好　5. 其他_____

第三部分　创业认知

G1. 作为返乡农民工创业时，您认为下面哪些因素最重要？

G1|__|

（若选择多项，请将所选"答案"的序号按主次顺序排列在下表中）

1. 资金　2. 技术、经验　3. 政策　4. 项目　5. 信息

6. 其他_____

第一因素	第二因素	第三因素	第四因素	第五因素

G2a. 同是农民工，在创业的问题上你认为在需要国家政策援助方面，女性应该比男性享有特殊待遇吗？　　　　　G2a|__|

1. 应该有　2. 没必要有

b. 如果选择"应该有"，是因为以下哪些因素？（可多选）

　　　　　　　　　　　　　　　　　　　　　G2b|__|

1. 女性获取资金较难　2. 女性缺少技术　3. 女性的人脉资源少　4. 女性有家务拖累　5. 其他____

c. 如果选择"没必要有"，是因为以下哪些因素？（可多选）　　　　　　　　　　　　　　　　　　G2c|__|

1. 女人缺乏的男人也缺乏　2. 男人不比女人强　3. 男人也需要政府援助　4. 其他____

G3. 您了解国家或地方政府有关扶持返乡农民工创业的政策并利用吗？　　　　　　　　　　　　　　　G3|__|

1. 了解并利用　2. 了解但不会利用　3. 了解但嫌麻烦

4. 不了解　5. 其他_____

G4. 作为返乡农民工创业，您认为以下哪些因素是最不容易获取的？　　　　　　　　　　　　　　　G4|__|

（若选择多项，请将所选"答案"的序号按主次顺序排列在下表中）

1. 资金　2. 扶持政策　3. 技术培训　4. 项目　5. 信息

6. 其他_____

第一因素	第二因素	第三因素	第四因素	第五因素

G5. 您认为作为返乡农民工创业最需要来自哪些方面的支持？　　　　　　　　　　　　　　　　　　　G5|__|

（若选择多项，请将所选"答案"的序号按主次顺序排列在下表中）

1. 家人　2. 亲戚朋友　3. 国家或地方政策　4. 其他_____

第一支持	第二支持	第三支持

G6. 在准备创业的过程中，什么因素可能会使您产生犹豫？　　　　　　　　　　　　　　　　　　　　G6|__|

（若选择多项，请将所选"答案"的序号按主次顺序排列在下表中）

1. 怕失败　2. 缺乏资金　3. 缺少项目　4. 无从下手
5. 其他_____

第一因素	第二因素	第三因素	第四因素

G7. 您认为国家或地方组织应该从哪些方面扶持返乡农民工创业？　　　　　　　　　　　　　　　　　　G7|__|

（若选择多项，请将所选"答案"的序号按主次顺序排列在下表中）

1. 贷款　2. 减免税收　3. 技术培训　4. 提供项目
5. 信息服务　6. 其他_____

第一方面	第二方面	第三方面	第四方面	第五方面

结束语：问卷问题能否代表或是否已经包括了您对创业以及过程中的全部想法？如果还有其他想法请提出来。调查到此结束，再次谢谢您的合作！